Les contes égyptiens anciens et les contes de l'Afrique subsaharienne

Dépôt légal: 2014
Bibliothèque et Archives nationales du Québec
Bibliothèque et Archives Canada
©Editions de l'Erablière
5-2130 Rue Galt Crescent, Montréal
Québec, Canada (H4E1H6)
7-450 51ᵉ Rue Ouest Charlesbourg
Québec, Québec, Canada (G1H5C5)
ISBN 978-2-9813004-7-8

Magloire D.E. TESSOH

LES CONTES ÉGYPTIENS ANCIENS ET LES CONTES DE L'AFRIQUE SUBSAHARIENNE

Esquisse d'une analyse comparée

Editions de l'Erablière

DEDICACE

A ma maman MATENE LYDIA, à tous les jeunes Africains dont dépend l'avenir de notre continent je dédie cet ouvrage.

« *Tout homme qui meurt avec la conscience d'avoir vécu en paix et en conformité avec la loi de Dieu et/ou les lois positives des ancêtres, celui-là n'a rien à redouter* »
Dieudonné WATIO

« *Les morts sont les invisibles, ils ne sont pas absents* ».
Victor Hugo

PREFACE

J'ai pris le temps à la demande de Magloire Mpembi de lire l'ouvrage de Magloire Tessoh.

Ce livre est très riche. Il étale sous les yeux des lecteurs la richesse et la profondeur de la pensée africaine. L'abondance des thèmes et la manière dont ils sont traités dévoilent non seulement le génie culturel (thèmes) des Africains, mais aussi leur créativité littéraire (traitement).

Dans sa présentation, l'auteur dit que son livre est original en ce qu'il traite des œuvres littéraires. Cela Cheikh Anta Diop, Théophile Obenga, Aboubacry Moussa Lam, Mubabinge Bilolo, Oum Ndigi ne l'auraient pas fait.

Cette affirmation de bonne de foi de la part de l'auteur devrait être relativisée. Certes, l'accès à une documentation à jour dans nos pays africains est difficile. Néanmoins, si l'auteur avait connu mon livre **De l'origine kamite des civilisations africaines. Lecture afrocentrique de quelques récits** ([Paris], Menaibuc, 2008, 130 p), il ne l'aurait pas déclaré comme il l'a fait. Car alors, il aurait réalisé que son livre entre dans une histoire de l'étude systématique des récits égyptiens et néo-égyptiens (africains). Il serait souhaitable qu'à l'avenir l'auteur retrouve mon livre et situe le sien par rapport au mien. Il verrait ainsi plus clairement quelle est l'originalité de son livre. En tout cas, pas celle qu'il croit pour le moment, surtout que certains contes analysés ici l'ont déjà été. Je ne doute pas que ce travail sera réalisé dans une autre édition révisée et mise à jour du présent ouvrage qui mérite l'attention du public.

Mon livre soutient une thèse, celle de l'origine kamite des civilisations africaines. Je me suis servi des récits pour illustrer cette thèse, pour la prouver. Je montre, à partir des paradigmes afrocentriques de Molefi Kete Asante, que les similitudes sont profondes et incontestables entre les récits égyptiens et les récits de l'Afrique noire. Au demeurant, il s'agit de mêmes récits. Les récits égyptiens sont continués et actualisés dans les récits négro-africains. C'est en cela que ces derniers peuvent être qualifiés des néo-pharaoniques.

Convaincu de la relation acquise entre les récits égyptiens et les récits négro-africains, Magloire Tessoh cherche à révéler la structure et les thèmes (communs et spécifiques) de ces contes. C'est dans cet effort, d'une érudition certaine, que réside l'originalité de ce livre.

Magloire Tessoh recourt, dans ses analyses, à la sémiotique d'Algirdas Greimas, auteur que j'ai également exploité dans ma thèse de doctorat. Celle-ci met aussi en scène des récits de l'Egypte ancienne et de l'Afrique noire. À ces récits s'ajoute l'hymne aux Philippiens (Philippiens 2, 6-11). La thèse s'intitulait **"Jésus-Christ et la religion africaine. Réflexion christologique à partir de l'analyse des mythes d'Osiris, de Gueno, d'Obatala, de Kiranga et de Nzala Mpanda"** (Roma: Gregorian and Biblical Press, 2010, 185 p.).

Le livre de Magloire Tessoh sera sûrement très apprécié par les lecteurs. En plus d'être un livre d'analyse, c'est aussi une anthologie. On est en fait content de rencontrer les contes à la fin de l'ouvrage. Les sources où ils sont puisés permettent aux lecteurs de retrouver d'autres contes.

C'est donc avec entrain que je recommande la lecture de l'ouvrage de Magloire Tessoh.

Luka Lusala lu ne Nkuka, SJ. PhD
Professeur invité de missiologie
au Grand Séminaire de Murhesa,
Professeur invité de langue et de philosophie africaines
à l'Université officielle de Bukavu (UOB)

INTRODUCTION

Motivations du choix du sujet

Le continent africain et plus particulièrement l'Afrique noire a été pendant longtemps considérée comme une vacuité historique. Dans le but d'expulser définitivement l'Afrique du concert de l'humanité et par conséquent hors de l'histoire universelle, plusieurs penseurs occidentaux vont sous le couvert de l'écriture définir l'histoire comme étant la connaissance du passé basée sur les écrits. Cette définition qui prétend que seules les écrits sont la seule source pour l'investigation du passé d'un peuple à faire dire à Hegel que l'Afrique est un continent anhistorique parce qu'elle n'a pas d'écriture. Dans sa logique il n'hésitera pas à déclarer :

> L'Afrique n'est pas une partie historique du monde. Elle n'a pas de mouvement, de développement à montrer (...) sa partie septentrionale appartient au monde européen et asiatique, ce que nous entendons par Afrique est l'esprit anhistorique, l'esprit non développé encore enveloppé dans les conditions de naturel[1]

Ces propos de Hegel seront récupérés par la quasi-totalité des égyptologues européens. Animés par l'européocentrisme qui était caractérisé, par la nécessité de détruire à tout prix l'idée d'une Egypte nègre, ils vont à leur tour essayer de démontrer de manière historique l'absence d'une culture et d'une histoire africaine propre. Ce faisant, ils vont valoriser la thèse d'une prétendue origine méditerranéenne de la civilisation égyptienne

---

[1] Hegel, *cours sur la philosophie de l'histoire* professé en 1830 en Allemagne, cité par Joseph Ki-zerbo in *Histoire de l'Afrique noire d'hier à demain*, Hâtier, Paris, 1978, P.10.

ancienne. C'est ainsi que des mythes stéréotypés seront élaborés dans le souci de prouver que l'Egypte ancienne berceau de la civilisation n'était pas peuplée de Noirs. C'est précisément cette définition lacunaire de l'histoire qui semble délibérément ignorer l'existence de sources historiques orales telles que les légendes, les mythes et les contes qui a fondé l'objet de notre étude.

En effet, nous essayons sans être historien de rétablir la vérité historique en montrant à travers les contes la parenté culturelle entre les Egyptiens anciens et les Négro-africains. D'où l'intitulé de notre sujet : « **Les Contes Egyptiens anciens et les contes de l'Afrique Subsaharienne : esquisse d'une analyse comparée** ».

Le conte est un mot plurivoque. Le définissant, Jean Cauvin déclare :

> *Le conte est une manifestation de la société orale qui se présente sous la forme d'un texte constitué d'une succession de phrases ayant une situation initiale, une situation finale et entre les deux, une certaine évolution et des éléments divers*[2]

Pour Propp, le conte est :

> *Un récit qui se présente comme un ensemble structuré où tout se tient logiquement, les chaînes isolables formant une structure hiérarchique dans laquelle certaines épreuves se terminent chacune, un échelon nécessaire pour aborder la suivante d'où certaines valeurs reconnues*

---

[2] Jean Cauvin, *comprendre les Contes*, Paris, les Classique africaines 1972, P11.

par le conteur sont les seuls moyens
d'atteindre d'autres buts [3]

Mamby Sidibi quant à lui le définit comme étant :

> *Un récit d'aventures imaginaires où*
> *l'extraordinaire, le merveilleux se mêlent*
> *au réel. C'est un échafaudage de*
> *l'imagination ; mais il s'agit d'une fiction*
> *contenant un grain de vérité. La fiction*
> *séduit et attire ses fantasmes, ses images,*
> *ses épisodes comiques, voire tragi-*
> *comiques ; cependant, le grain de vérité*
> *suspend le rire et incline le front* [4]

Les définitions qui précèdent étant conformes à notre étude, il convient à présent de présenter notre corpus qui sera composé de 30 contes. Soit 8 contes Egyptiens anciens ou pharaoniques et 22 contes de l'Afrique Subsaharienne répartis ainsi qu'il suit : 6 contes Burkinabés, 7 contes camerounais, 5 contes Ivoiriens, 2 contes Ethiopiens et 2 contes Malgaches. Le choix des contes de l'Afrique subsaharienne issus des pays différents trouve sa motivation dans le profond souci de mettre en exergue quelques éléments culturels propres à toutes les cultures négro-africaines afin de voir dans quelle mesure, l'Egypte pharaonique survit toujours en Afrique noire profonde.

ETAT DE LA QUESTION

Tout travail de recherche venant le plus souvent se greffer aux travaux qui l'ont précédé, nous tenons à rappeler que notre initiative n'est pas nouvelle car la voie comparative Egypte antique Afrique noire a été inaugurée par Cheikh Anta Diop. Celui-ci va s'illustrer par un positionnement scientifique

---

[3] Vladimir Propp, *la Morphologie des Contes*, Paris, le point, 1977, P.112.
[4] S. Mamby cité par F.N, Bikoi in *le français en seconde*, Paris, Edicef, 1999 ,
P. 109.

11

contraire aux thèses européocentristes en cours. En puisant dans sa formation multidisciplinaire, il va trouver le fil conducteur qui lui permettra de démontrer le haut degré de civilisation que les peuples noirs ont atteint dans leur passé lointain. Pour établir la vérité historique sur l'origine nègre de la civilisation Egypto-pharaonique, il mènera avec minutie des recherches en histoire dans lesquelles il réfutera les thèses européocentristes en montrant l'antériorité de la civilisation noire dans l'histoire de l'humanité.[5] Du point de vue linguistique, il va établir l'unité linguistique ente l'égyptien ancien et les langues négro-africaines.[6]Dans le domaine de l'anthropologie culturelle, il apportera des évidences scientifiques sur l'identité qui existe entre les Egyptiens anciens et les Négro-africains. Au niveau de l'anthropologie physique, il analysera les momies par rapport à l'ostéologie et le taux de mélanine.

Plusieurs autres chercheurs africains vont continuer à approfondir les pistes de recherches déblayées par le maître Cheikh Anta Diop. Le plus connu d'entre eux est incontestablement son disciple Théophile Obenga. A partir d'une maîtrise profonde de l'écriture hiéroglyphique, ce dernier va peaufiner les recherches sur la parenté linguistique entre l'égyptien ancien et les langues négro-africaines contemporaines[7]. Il mettra également en évidence la parenté historique noire traditionnelle[8].

Aboubacry Moussa Lam de l'université Cheikh Anta Diop de Dakar au Sénégal établira un rapport entre l'égyptien ancien et

---

[5] Cheikh Anta Diop, *Antériorité des civilisations nègres, mythe ou vérité historique ?* Paris, présence Africaine, 1967.

[6] Cheikh Anta Diop, *Nations Nègres et cultures*, paris, présence Africaine, 1955.

[7] Théophile Obenga, *l'origine commune de l'égyptien ancien, du copte et les langues négro-africaines modernes*, paris harmattan, 1993.

[8] T. Obenga, *la philosophie africaine de la période pharaonique 2780-330 avant notre ère (extraits choisis)* Paris, harmattan, 1990.

le pulsar[9]. Mubabinge Bilolo quant à lui va mener une étude comparative entre la cosmo théologie égyptienne de la naissance du monde et celle de l'Afrique noire actuelle.[10]. Plus près de nous nous avons Oum Ndigi qui a fait un travail d'égyptologie comparée intitulé : « *les Basaa du Cameroun et l'Antiquité pharaonique égypto nubienne : recherche historique et linguistique comparative sur leurs rapports culturels à la lumière de l'égyptologie* ».[11]

ORIGINALITÉ ET INTÉRÊTS DU SUJET

Les travaux qui précèdent et bien d'autres encore attestent que nous ne sommes pas sur une terre vierge. Seulement, ces sources sur l'origine d'une Egypte ancienne nègre sont généralement des sources historiques, anthropologiques, archéologiques ou linguistiques. Dès lors, l'originalité de notre travail et sa pertinence viennent du fait qu'il se démarque des sentiers battus par nos prédécesseurs pour répondre à un besoin littéraire. Outre l'intérêt scientifique qui découle logiquement de son originalité à savoir une source littéraire, notre travail se veut une contribution à l'éveil de l'Afrique. En effet, nous intéresser aux contes Egyptiens dénote de notre ambition d'apporter notre participation à l'effort de confirmer l'existence des liens réels entre les pratiques de l'Egypte ancienne et celles de notre continent. La connaissance de ces liens dans le développement politique, économique, culturel et social du pays des pharaons pourrait à notre sens être d'un très grand intérêt dans les travaux menant à la renaissance de l'Afrique.

---

[9] Aboubacry Moussa Lam, lire à ce propos ses travaux publiés dans la revue ANKH, n°3.

[10] Mubabinge Bilolo, *les cosmos théologies philosophiques* d'Héliopolis d'Hermopolis, *essai de la schématisation et de la systématisation* P.U.A, 1986.

[11] Oum Ndigi, Thèse de doctorat, Université Lumière Lyon II, Institut d'égyptologie Victor Loret, France, 1997.

Cette préoccupation rejoint celle du maître Cheikh Anta Diop qui disait :

> *Pour nous, le retour à l'Egypte dans tous les domaines est la condition nécessaire pour réconcilier les civilisations africaines avec l'histoire, pour pouvoir bâtir un corps de sciences humaines modernes, pour rénover la culture africaine. Loin d'être une délectation sur le passé, un regard vers l'Egypte antique est la meilleure façon de concevoir et bâtir notre futur culturel. L'Egypte jouera dans la culture africaine repensée et rénovée, le même rôle que les antiquités gréco-latines dans la culture occidentale*[12]

PROBLÉMATIQUE ET HYPOTHÈSE

Les jalons posés par les travaux de recherches de nos prédécesseurs et l'intitulé de notre sujet nous ont permis d'arriver à une problématique qui se fonde sur les contes comme manifestation d'une vérité historique incontestable et infalsifiable quant à la parenté culturelle entre l'Egypte ancienne et l'Afrique Noire. Cette problématique fait appel à une préoccupation essentielle : Peut-on établir à la lumière des contes un continuum culturel entre l'Egypte ancienne et l'Afrique Noire ?

Une telle problématique s'inspire de l'hypothèse selon laquelle :

> *La tradition orale, (...) naguère méconnue apparaît aujourd'hui comme une source précieuse de l'histoire de*

---

[12] Cheikh Anta Diop, *Civilisation ou barbarie*, Paris Présence Africaine, 1981, P. 12.

l'Afrique, permettant de suivre le cheminement de ces différents peuples dans l'espace et dans le temps, de comprendre de l'intérieur la vision africaine du monde, de saisir les caractères originaux des valeurs qui fondent les valeurs et institutions du continent [13]

Par ailleurs, en partant de l'idée selon laquelle certains peuples vivant dans les espaces géographiques différents mais ayant en commun la même histoire présentent des similitudes dans leur langue, leur mode de vie, leur culture et leur littérature orale, on peut être fondé à émettre l'hypothèse selon laquelle les contes Egyptiens anciens trahiraient ou laisseraient apparaître de manière flagrante la survivance de la culture Egyptienne ancienne en Afrique Noire.

MÉTHODOLOGIE

L'étude des contes nous offre une myriade d'approches. Dans le souci de bien mener notre tâche qui consistera à dépiauter les contes de notre corpus l'un après l'autre, nous ferons appel au structuralisme. D'après Gerald Gengembre c'est un courant de pensée qui

« étudie les faits des hommes en décrivant les structures c'est-à-dire le système formé par un ensemble de phénomènes solidaires les uns aux autres » [14]

Aux dires de Propp[15] et de Lévi-Strauss[16], cette approche permet de mieux expliquer et de saisir les contes dans

---

13 Am Mbow, cité par Corine Mitambo, in « *Préface* » à l'histoire *Générale de l'Afrique*, vol 1, Paris, Jeune Afrique stock/Unesco, 1980, P.2.

14 Gerald Gengembre, *les grands courants de la critique littéraire*, Paris, Seuil, 1996, P.60.

15 Vladimir Propp, *Morphologie du conte*, Paris, Le point, 1977.

l'historique des disciplines structuralistes. Nous focaliserons notre attention sur les grilles d'analyses de Greimas[17] qui relève qu'un texte narratif a au moins trois niveaux d'analyse : la manifestation, les structures narratives et les structures discursives. En considérant les actants du point de vue de leur rôle et en définissant les relations qu'ils entretiennent entre eux, le model de Greimas a l'avantage de faciliter la lecture car à partir de ses schémas on obtient aisément un résumé du récit.

Nous compléterons ce modèle de Greimas avec la démarche de Paulme qui s'applique aux contes africains et montre comment les combinaisons peuvent être possibles à l'intérieur d'un conte.

Le caractère comparatif de notre sujet nous oblige à convoquer le comparatisme. S'agissant de la critique comparative nous dirons qu'elle est comme le proposent Pierre Brunel, Claude Pichois et Michel Rousseau, l'art méthodique à travers une recherche d'analogies, de parentés, d'influences, de similitudes, de convergences, de divergences qui permet de rapprocher la littérature des autres domaines de l'expérience et de la connaissance ou bien les faits et les textes littéraires entre eux, distants ou non dans le temps et dans l'espace, pourvu qu'ils appartiennent à plusieurs cultures. Cette approche comparative est définie par Yves Chevreuil comme étant cette « *démarche intellectuelle visant à étudier tout objet dit, ou pouvant être dit littéraire, en le mettant en relation avec d'autres éléments constitutifs d'une culture* »

Pour Pierre Brunel et compagnie elle est :

---

[16] Lévi-Strauss, *la vie des masques*, Editions Albert Skira 1960.
[17] Julien Algirdas Greimas, *du sens*, Paris seuil, 1970. *Sémantique structurale*, Paris Larousse 1966.
18 Yves Chevreuil, *La littérature comparée*, Paris, PUF, coll. « Que sais-je ? »1ère édition, 1989.
19 Pierre Brunel et alii, *Qu'est-ce la littérature comparée ?* Paris, Armand colin, 1996, P.151.

Une description analytique, comparaison méthodique et différentielle ou interculturelle synthétique des phénomènes inter linguistiques ou interculturels, par l'histoire, la critique et la philosophie afin de mieux comprendre la littérature comme fonction spécifique de l'esprit humain.

PLAN

Fondant nos analyses sur ces méthodes et compte tenu de l'intitulé de notre sujet, nous sommes arrivés à un plan en quatre chapitres.

Le chapitre 1 qui s'attardera sur la manifestation des contes sera libellé : la manifestation et les procédés stylistiques. Il s'agira de voir si sur le plan de la manifestation et du style l'on peut relever des ressemblances et des divergences entre les contes négro-africains et Egyptiens anciens.

Le chapitre 2 intitulé : les structures narratives sera consacré à l'examen des schémas actantiels, fonctionnels et la classification typologique des contes du corpus.

Dans le chapitre 3 titré : l'étude du fonctionnement des personnages, nous verrons si les personnages des contes Egyptiens anciens peuvent faire l'objet d'une étude similaire à ceux des contes négro-africains.

Le quatrième et dernier chapitre sera libellé les structures discursives. Nous nous attarderons sur les thèmes et les significations des contes négro-africains et Egyptiens anciens.

I. LA MANIFESTATIONS ET LES PROCEDES STYLISTIQUES

I-1 LA MANIFESTATION

Notre souci dans ce chapitre inaugural est d'examiner comparativement les contes Egyptiens anciens et les contes de l'Afrique Subsaharienne sur le plan de la manifestation et des procédés stylistiques. Etudier la manifestation dans un texte narratif c'est procéder à l'étude des structures superficielles qui jonchent le récit. Il s'agira des formules, des chants et des répétitions. Les figures de styles qu'affectionnent les conteurs négro-africains sont plurielles, nous nous limiterons aux plus fréquents à savoir : l'usage des proverbes, le discours indirect, l'anthropomorphisation.

Le but escompté dans ce chapitre est de ressortir sur ce double plan les convergences et les divergences qui existeraient dans ces contes respectifs. Toutefois, avant d'entreprendre l'analyse de la manifestation proprement dit, il serait judicieux que nous nous attardions sur les titres.

La structure tripartite du conte est légèrement modifiée lors de son passage de l'oralité à l'écriture. A l'écrit les contes ont en plus des trois parties reconnues, une quatrième partie appelée titre.

I-1-1 LES TITRES

Le mot titre est plurivoque, il peut être un mot, une expression, une phrase, etc....servant à désigner un écrit, une de ses parties, une œuvre littéraire ou artistique, une émission, etc. ; à en donner le sujet. Il peut désigner la subdivision du livre employée dans les recueils de lois, les ouvrages juridiques. Dans la presse il renvoie à un texte en gros caractères qui coiffe un article et en annonce le sujet. Il peut aussi être la dénomination d'une dignité, d'une charge, d'une fonction souvent élevée ou la qualité de vainqueur ou de champion dans une compétition sportive. Des définitions qui précèdent, seule la première nous est avantageuse parce qu'elle convient à notre étude.

Les titres de contes négro-africains sont pour la plupart des phrases non verbales ou nominales dans lesquelles on note l'absence de verbes conjugués. Elles sont généralement construites autour d'un nom qui, en l'absence du verbe, devient le socle de la phrase.

Des contes de l'Afrique subsaharienne de notre corpus, 16 obéissent à cette logique. Ce sont les contes :

n°9 "Le prince"
n°10 "Le cultivateur, sa femme et les génies"
n°11 "Les coépouses "
n°12 " La jeune fille et le lion"
n°13 "Le lièvre et l'hyène"
n°14 "L'ingratitude"
n° 15 "La femme de Mesha'atshang "
n° 16 "Le fils de Nkan"
n° 17 "Les épouses de Kalak"
n°20 "La destitution de Memvü- le chien.
n° 21 "La dette de Kimanga- la tortue"
n° 22 "L'origine du divorce"
n° 26 "Les trois antilopes"
n°28 " Le prince de la pluie"
n° 29 "Les trois sœurs et Itrimoubé"
n° 30 L'histoire de Raboutity

A l'instar des titres qui précèdent tous les titres de contes Egyptiens de notre corpus sont des phrases simples ou nominales.

Conte n° 1 "La légende des deux frères"
Conte n° 2 " Le conte de Rhampsinité"
Conte n° 3 "Le duel de vérité et de mensonge"
Conte n° 4 " L'amitié des deux chacals"
Conte n° 5 "La femme adultère"
Conte n° 6 "La boucle de la rameuse"

Conte n° 7 " Le pharaon et le tisserand"
Conte n° 8 "Le prince prédestiné"

Un coup d'œil global sur les 30 contes qui constituent notre corpus nous permet de constater que certains titres sont des titres introductifs. Ils dévoilent de manière flagrante le contenu du conte. Appartiennent à cette catégorie les contes n° 5 **"la femme adultère"**,

n° 14 **"l'ingratitude"**, n ° 23 **"Et le ciel recula"**, n° 24 **"Pourquoi y a-t-il tant d'idiots dans le monde ?** n° 27 **"Comment le tambour est arrivé sur terre ".** Ces titres lèvent un pan de voile sur le contenu des contes. Tous donnent un aperçu de l'objet du récit. A titre d'illustration, le n°5 préfigure l'histoire d'une femme qui a eu des rapports sexuels avec au moins un homme autre que son mari. Le n°14 sera sans doute un récit où un ou plusieurs personnages méconnaîtrons les bienfaits reçus et n'exprimeront pas leur gratitude à l'endroit de leur bienfaiteur. Le n°23 tentera de nous expliquer pourquoi le ciel est reculé de la terre et le n°27 dévoile les causes de l'idiotie dans le monde.

Au rebours de ces titres introductifs, les autres titres ne nous plongent aucunement dans le contenu du conte. Il faut par conséquence s'armer de patience et avoir véritablement un pied dans le récit pour comprendre la connexité qui existe entre le titre et le contenu du conte. Les conteurs négro-africains entament généralement leur récit par des formules.

I-1-2 *LES FORMULES*

Les contes négro-africains sont souvent encadrés par ses expressions récurrentes appelées formules. Ces dernières marquent le passage du monde réel au monde imaginaire ; symbolique, un ailleurs où tout devient possible. Elles traduisent par la même occasion le caractère mensonger ou fictif du conte. Il existe trois types de formules : les formules initiales, les formules intermédiaires et les formules finales.

I-1-2-1 LES FORMULES INITIALES OU D'ENTRÉE

Les formules initiales ou d'entrée sont les propos liminaires ou introductifs que l'on retrouve généralement au début du conte. A l'observation des contes subsahariens 15 sur 22 comportent des formules initiales. Ce sont :

Conte n°9 **"Le prince. "** « *Il y a bien longtemps* »
Conte n° 10 " **le cultivateur, sa femme et les génies"** « *Il y a longtemps,* »
Conte n°11 **"Les coépouses"** « *il était une fois,* »
Conte n° 12**"La jeune fille et le lion"** « *Il était une fois,* »
Conte n°15 **"La femme et Mesha'atsang"** « *il était une fois,* »
Conte n° 20 **"La destitution de Memvü-le chien".** « *de temps immémorial,* »
Conte n° 22 **"L'origine du divorce"** « *Il était une fois,* »
Conte n° 23 **"Et le ciel recula"** « *Il y a longtemps, bien longtemps* »
Conte n° 24 **"Pourquoi y a –t-il tant d'idiots dans le monde ? "** « *autrefois,* »
Conte n°26 **"Les antilopes"** « *autrefois,* »
Conte n°27 **"Comment le tambour est arrivé sur terre".** « *Il y a très longtemps* »
Conte n° 28 **"Le prince de la pluie"** « *Il y a très longtemps* »
Conte n° 29 **"les trois sœurs et Itrimoubé "** « *un jour,* »
Pour Pierre Ndakan, ces formules initiales sont « *destinées à faire oublier le présent et à emporter l'auditoire dans un passé lointain* »[18].A la suite des formules initiales nous avons les formules intermédiaires.

I-1-2-2- LES FORMULES INTERMÉDIAIRES

Les formules intermédiaires sont des formules magiques que l'on retrouve dans le conte. Un seul conte subsaharien a des

---

[18] P, Ndakan, *Le conte africain et l'éducation*, Paris, l'Harmathan, 1984, P183.

formules intermédiaires, il s'agit du conte n ° 29 **"les trois sœurs et Itrimoubé"**. Afin d'échapper au géant Itrimoubé, la petite Ifara sous la dictée d'une petite souris s'équipe d'un œuf, un balai, un béton et un caillou bien roulé et poli. Se sentant menacée par le géant Itrimoubé, la petite Ifara jette à terre son balai en disant

« *par ma mère et par mon père, que ce balai devienne un fourré qu'Itrimoubé ne puisse pas traverser* ».

Le balai s'allonge, grossit et devient un énorme fourré. Elle jette ensuite l'œuf en disant « *Par mon père, par ma mère, que cet œuf devient un étang qu'Itrimoubé ne puisse pas traverser* ». L'œuf se cassa et devient un étang profond.

Après l'œuf elle jette le bâton en criant « *par mon père et par ma mère que ce bâton devienne une forêt qu'Itrimoubé ne puisse pas traverser* » le bâton devint une forêt dont toutes les branches s'entrelaçaient.

Elle jette enfin un caillou roulé en criant « *Par mon père et par ma mère que ce caillou grossit, grandit et devint un rocher perpendiculaire* », et il fut impossible à Itrimoubé de le gravir.

Outre les formules initiales et intermédiaires nous avons les formules finales.

I-1-2-3- LES FORMULES FINALES OU DE SORTIE

Les formules finales ou de sortie sont celles qui marquent la fin du récit, elles assurent la transmission du conte et permettent l'enchaînement entre les contes. Elles incitent d'autres personnes à prendre la parole et marquent également le retour au monde réel. On les retrouve dans les contes subsahariens n° 9 **"Le prince"** « *Depuis ce temps, le chien et le chat vivent avec les humains et on dit qu'il ne faut pas envier le bien d'autrui* » ;

n°10 **"Le cultivateur, sa femme et les génies"** « *Depuis ce jour, quand quelqu'un demande un champ, le chef de terre exige soit un mouton, soit une chèvre, soit une poule ou une pintade pour* l'offrir aux génies. C'est cette femme qui a provoqué cela : habituer les génies à manger les animaux. »

conte n° 11"**Les coépouses**" « *Voici pourquoi les fesses de la femme sont plus grosses que celle de l'homme.* »

conte n° 12 "**La jeune fille et le lion**" « *C'est pourquoi la femme bobo n'a que le bâton simple comme appui tandis que l'homme a le bâton armé du fer de lance. Ainsi prend fin cette histoire sur l'origine du courage de la femme* »

Conte n°13"**Le lièvre et l'hyène**" « *Depuis ce jour-là, elle (l'hyène) n'aime plus beaucoup discuter* ».

Conte n° 15 "**La femme de Mesha'atsang**" « *Voilà la situation que j'y ai laissé. Mesha'Atsang et sa femme se remirent à parler* ».

Conte n° 21 "**La dette de Kimanga- la –tortue**"

Depuis ce temps-là toute la gent animale se méfie de Kimanga la tortue et personne n'entretient plus avec lui des rapports amicaux. Son acte d'ingratitude fut condamné par tous et l'on de demanda pourquoi cet obscur personnage avait un cœur de pierre et toujours prompt à rendre le bien par le mal.

Conte n° 22 "**L'origine du divorce**" « *Depuis ce jour, par eux, arriva le premier divorce* ».

Conte n° 23 " **Et le ciel recula**"

Depuis ce jour, le ciel se retira loin de la terre. Il ne consentit plus jamais à descendre jusqu'à une distance de contact avec les humains. Quelques morceaux de pâte de maïs flottaient dans l'eau qui le toucha. Ils y restèrent collés et forment aujourd'hui les étoiles. C'est ainsi que par l'inadvertance d'une femme la face du monde fut irrémédiablement changée.

Conte n°25 "**Le roi qui voulait marier sa fille**"

C'est pourquoi quand on croise un écureuil entrain de fouiller dans un champ d'arachide, il montre son bras pour dire qu'il cherche le bracelet de son fils avant de se réfugier dans les arbres. D'autres que les wobés diraient que l'animal fait un bras, d'honneur au propriétaire du champ dont il a mangé les graines.

Conte n° 26 " **Les trois antilopes**" « *Depuis ce temps, les antilopes se multiplièrent au point qu'aujourd'hui nul ne saurait les compter.* »

Conte n° 27 "**Comment le tambour est arrivé sur la terre**" « *C'est depuis ce temps-là qu'il y a des tambours sur la terre pour danser et faire la fête, c'est depuis ce temps-là aussi qu'il n'y a plus de lien entre le ciel et la terre* »

Conte n° 28 "**Le prince de la pluie**" « *Depuis ce jour-là, il n'y eut plus jamais de sécheresse dans le royaume d'Anga qui devint le pays le plus fertile d'Afrique* ».

Ce que nous pouvons remarquer c'est que les contes n° 9, n°11, n°12, n°22, n°23, n°27 de par leur titre ou leur formule finale sont des contes étiologiques, c'est-à-dire des contes qui visent à expliquer par certains faits réels ou mythiques, les origines, la signification d'un phénomène naturel, d'un nom, d'une institution, etc.

La formule finale du premier conte (n°9) montre que ce dernier a été une tentative d'explication sur les origines de la domestication du chien et du chat par l'homme.

La seconde (conte n° 11) nous renseigne sur la grosseur du postérieur de la femme. La troisième (conte n°12) nous a dévoilé les origines du courage de la femme. Le quatrième conte cité (n° 22) de par son titre et sa formule finale a édifié sur l'origine du divorce. Le cinquième (conte n° 23) comme le précédent est celui qui a essayé de nous démontrer pourquoi le ciel a reculé de la terre.

Le sixième conte (n° 27) est, à l'instar des deux derniers cités, celui dont le titre et la formule finale nous donnent des informations sur l'origine du tambour sur terre et la rupture des liens entre le ciel et la terre.

25

Parallèlement aux contes de l'Afrique Subsaharienne, les contes Egyptiens contiennent des formules initiales, intermédiaires et finales.

Les formules initiales des contes Egyptiens sont formulées de deux manières. Dans le premier cas, il s'agit des expressions courantes qui inaugurent un conte. C'est le cas des contes :

n°1 "**La légende des deux frères**" « *Il y avait dit-on,* »
n°4 "**L'amitié des deux chacals**" « *Il y a fort longtemps,* »
n°8 "**Le prince prédestiné**" « *Il y avait une fois dit-on,* ».

Dans le second cas nous avons une longue introduction. Appartiennent à ce registre les contes n° 5 "**La femme adultère**" « *Alors le fils du roi, Khephren, se leva pour parler et dit : je vais raconter à ta majesté une histoire merveilleuse qui est arrivée au temps de ton père* »

n°6 "**La bouche de la rameuse**" « *Alors Baouefrê se leva pour parler et dit : Je vais faire que ta Majesté puisse avoir connaissance d'une autre histoire merveilleuse, qui est arrivée au temps de ton père* ».

Tout comme les contes subsahariens, seul le conte n°5 "**La femme** adultère" a une formule intermédiaire. Informé par son intendant, Oubaoner le mari cocu décide de se venger. Pour atteindre son objectif, il met son intendant à contribution. Ensemble ils fabriquent un crocodile de cire, de sept pouces de long.

« *Il récita sur ce crocodile la formule magique suivante :* « *Quiconque viendra pour se baigner dans mon étang, saisis-le et notamment cet homme vil* ».

Trois contes Egyptiens ont des formules finales.

Conte n°4 "**L'amitié des deux chacals** " « *Sur ce, le roi du désert disparut et depuis ce jour, il accorda la paix aux deux chacals* ». Conte n°5 "**La femme adultère**"

Vois, ceci est une histoire merveilleuse qui fût accomplie au temps de ton père, le roi de Haute et de Basse Egypte, Nebka et qui fut le fait du prêtre lecteur en chef Oubaoner.

Alors la Majesté du roi de Haute et de Basse Egypte, Kheops, juste de voix dit : « Que l'on donne en offrande mille pains, cent cruches de bière, un bœuf et deux mesures d'encens au roi de Haute et Basse Egypte, juste de voix. En même temps, que l'on donne un pain, une cruche de bière, un morceau de viande et une mesure d'encens au prêtre lecteur en Chef Oubaoner, car j'ai pu constater un exemple de son savoir magique et l'on agit conformément à tout ce que sa Majesté avait ordonné.

Conte n° 6 "**La boucle de la rameuse**"

Vois, ceci est une histoire merveilleuse qui est arrivée au temps de ton père, le roi de Haute et Basse Egypte, Snefrou, juste de voix, et qui fut le fait du prêtre lecteur en Chef, rédacteur des livres sacrés, Djaddemankh.

Alors la Majesté du roi de Haute et Basse Egypte, Kheops, juste de voix, dit : Que l'on donne en Offrande mille pains, cent cruches de bière, un bœuf et deux mesures d'encens à la Majesté du roi de Haute et Basse Egypte, Snzfrou, juste de voix. En même temps, que l'on donne un pain, une cruche de bière et une mesure d'encens au prêtre lecteur en chef, rédacteur des livres sacrés, Djadjaemankh, car j'ai pu constater un exemple de son savoir magique". Et l'on agit conformément à tout ce que sa Majesté avait ordonné

Au regard de ce qui précède nous pouvons dire que les formules ne renvoient à aucune indication temporelle. L'époque à laquelle le conte a eu lieu est toujours vague et n'est jamais indiqué avec précision. Cette dimension imprécise dont raffole le conte a fait dire à Françoise Tsoungui que : « *C'est toujours un lointain passé dans lequel le narrataire est généralement plongé dès le début, par des formules* ».[19] A la suite des formules nous avons comme autre aspect de la manifestation les répétitions.

I-1-3 – LES RÉPÉTITIONS

Faut-il le rappeler, le conte est un genre narratif oral qui exige nécessairement la présence d'un orateur et d'un auditoire. Cette situation oblige par moment l'orateur à se répéter afin que ceux des auditeurs qui étaient distraits puissent se rattraper. Six contes subsahariens sont riches en répétitions.

Conte n°10 "**Le cultivateur, sa femme et les génies**"

Dans ce conte, un vieux génie envoie son plus jeune fils chercher du feu chez une femme. Le jeune fils tarde à revenir, inquiet, le père envoie l'aîné s'enquérir de la situation, ce dernier trouve son petit frère assis et l'interroge : « *Kunkelen, le vieux t'a envoyé chercher du feu et tu es venu t'asseoir ?* ». Le jeune tente de se disculper en répondant « *C'est cette femme bavarde qui veut me raser* ». Et le grand frère de réagir : « *Elle va me raser aussi* ». Cette même question est posée successivement par le fils cadet et le vieux génie et à chaque fois nous avons la même réponse. « *C'est cette femme bavarde qui veut me raser* » et la même réaction « *Elle va me raser aussi* ». Dans le conte n°14 "**L'ingratit**e" nous avons deux séquences de répétitions qui reviennent en trois temps. Nous avons dans un premier temps la répétition de la question. « *N'est-ce pas toi qui nous a aidés à sortir du puis l'autre jour ?* » Cette question est posée successivement par le singe, le lion et le serpent. A chaque fois l'homme répond « *C'est bien moi !* » A la deuxième séquence nous avons la répétition en trois temps de la phrase : « *Chez nous un serpent ne peut pas nous faire de mal. S'il mord l'un d'entre nous, notre médicament le protègera ou le ressuscitera* ». Au conte n° 16 "**Le fils de Nkan** " nous avons comme dans les deux contes précédents la répétition en trois temps de cette réplique de Nkan.

---

[19] TSOUNGUI, Françoise, *Clefs pour le conte africain et créole*, Paris, CILF, Coll. Fleuve et Flamme ,1986, P.68.

"Apporte-moi l'enfant !
Sur le bras, sur le bras ;
Que je l'asseye sur le tabouret lè dok,
Et lui applique les cornes sur la cuisse lè tok
Dzail !

Quant au conte n° 24"**pourquoi- y a-t-il tant d'idiots de par le monde ?** " Nous relevons la répétition de « *Tiens, je n'y ai pas pensé* » par les trois idiots.

Dans le conte n°29 "**Les trois sœurs et Itrimoubé**", nous avons comme dans le conte n° 14 une double répétition. Dans le premier cas nous pouvons relever dans le récit : "*Il sortit et huma l'air vers le nord : rien ; il huma l'air vers l'est rien, vers l'ouest rien ; il huma l'air enfin vers le sud : Ah ! Cette fois, je la tiens !* ". Les répétitions de « huma l'air vers » (3 fois) et de « rien » (3 fois). Nous avons ensuite cette phrase « *Maintenant, je t'aurai* », qu'Itrimoubé répète trois fois.

Le dernier conte "**L'histoire de Raboutity**" comporte une double répétition. Il s'agit de la répétition de « *Il n'y rien de plus fort que ....* » qui apparaît onze fois et la répétition de « *C'est vraie, je suis fort (e)...* » qui revient treize fois.

Parallèlement aux contes Subsahariens, les contes Egyptiens comportent des répétitions. Ce sont notamment les contes n°1, n°3, n° 4 et n°8

Dans le premier "**La légende des deux frères**" nous avons la répétition en trois temps de "*tu savais bien...* »

Quant au second, conte n°3 "**Le duel de vérité et de mensonge**", on peut relever la répétition de « *Après de nombreux jours* » qui revient quatre fois. Dans le conte n°4 "**L'amitié des deux chacals**" nous avons "*Ensemble*" qui revient quatre fois.

Le dernier conte Egyptien "**Le prince prédestiné**" comporte la répétition de : « *Après que les jours eurent passé là-dessus* » qui apparaît sept fois dans le conte.

Au total, les contes subsahariens et Egyptiens contiennent des répétitions. Ces répétitions que tolère. L'oralité permet également aux auditeurs, surtout les jeunes à retenir ou à mémoriser facilement le conte. Outre cette valeur mnémotechnique, les répétitions ont une valeur comique. Il est comique que le vieux génie et ses enfants répondent « *Elle va me raser aussi* ». Outre les répétitions, le conteur peut réveiller et divertir l'auditoire avec les chants

I-1-4 *LES CHANTS*

Pendant sa prestation, le conteur peut improviser ou imiter un personnage en chantant. Si l'auditoire est en symbiose avec le conteur, il va l'accompagner en battant des mains ou en jouant les chœurs. Cette symbiose qui existe entre le conteur et l'auditoire a amené Paulette Roulon a affirmé :

« *Les contes sont pour la plupart des chantefables, c'est-à-dire qu'ils constituent un chant que le conteur lance et que l'auditoire reprend* »[20]

Il s'en suit que la poéticité du conte lui confère le nom de chantefable. Eno Belinga défini la chantefable comme étant :

« *Un récit oral de fable ou de conte mêlé de strophes chantées ; le récit et la mélodie se coupant mutuellement avec harmonie* » [21]

Dans notre corpus, sept contes négro-africains sont des chantefables. Ce sont les contes

n° 11 "les coépouses"
n°12 "La jeune fille et le lion"
n° 16 "Le fils de Nkan"

---

[20] Paulette, Roulon, *Wardo et l'origine des choses, contes d'origines gbàyà-Kara*, Paris, l'Harmattan, 1977. p.12.
[21] Martin, Eno Bélinga, *Découverte des chantefables au Cameroun*, Klincksieck, Paris, 1970, P.27.

Dans le conte n°11 intitulé **"Les coépouses"** nous avons deux chansons. La première est :

Bonjour, la bien aimée de mon mari
Je passe, je vais porter le repas à ton mari,
Je sais que tu as faim, toi et ton enfant
Mais que faire,
Il n'y a pas d'ouverture
Pour que je te donne à manger.
Oh ! Pauvre femme.
Le ciel s'occupera de toi,
Au revoir, je suis partie.

Cette chanson est indubitablement une ironie, une raillerie, une moquerie de la part de la première femme à l'endroit de sa coépouse. Elle est aussi l'expression de l'esprit machiavélique de la première épouse qui, par jalousie va trouver un exutoire qui consistera à enfermer sa rivale dans un arbre. Son objectif atteint, elle viendra chaque fois qu'elle pourra narguer cette dernière. La seconde chanson est la suivante :

Arbre, ouvre-toi,
Je te supplie, ouvre-toi,
Je reconnais mes torts,
Ouvre-toi
Je ne recommencerai plus, pardon, ouvre-toi.

Cette chanson à l'allure d'une formule magique est une confession, une repentance de la première femme qui, après avoir été menacée de mort par son mari passe aux aveux et reconnaît son forfait (son ignoble crime).

Dans le conte n°12 **"La jeune fille et le lion"** nous avons la chanson suivante :

Bonjour Warimangan !
Warimangan tambour jembe bonjour
Mon père m'avait dit
Qu'il tuerait un lion pour moi
Un lion très galant pour moi
Et faire un tambour avec sa peau pour moi
C'est ce jour qui est arrivé.

Ce chant repris 3 fois par la petite Warimangan est une arme ou plus exactement une astuce, une hardiesse dont la petite use pour faire fuir le lion chaque fois que ce dernier s'approche d'elle.

Dans ce conte n° 16 **"Le fils de Nkan"**.

Un homme nommé Nkan a trois femmes. Kooko, Gang et Itiitii à qui il avait ordonné de n'accoucher que les filles et jamais de garçons. Kooko et Gang accouchent chacune d'une fille. Itiitii quant à elle accouche d'un garçon. Ne voulant pas d'un fils, Nkan prit son fils et le jeta dans un tas de fourmis. Ce dernier sera récupéré par Kpong-l'antilope naine. L'enfant grandit et fabrique une flûte de roseau avec laquelle il joue la chanson suivante :

Fooori fori fooori fori
Foro fori fori
Foro fori foriii
Mon père m'avait jeté dans un tas de fourmis
N'eût été Kpong- l'antilope naine
J'aurais perdu la vie
Fooo.

Ce chant qui apparaît deux fois dans le texte a une double valeur. Il est une satire et une louange. Sa valeur satirique est perceptible à travers la dénonciation de l'ignoble crime dont il a été victime, le criminel étant contre toute attente son papa. Ce chant exprime le mécontentement du fils vis-à-vis de son papa qui a voulu le tuer en le jetant dans un tas de fourmis comme l'atteste ce vers « *Mon père m'avait jeté dans un tas de fourmis* ». Ce faisant, le fils punit par la même occasion son père en le faisant avoir des remords et la honte. Outre cet aspect satirique, ce chant est une louange à l'endroit de l'antilope. En le faisant, le fils exprime ainsi sa gratitude à l'égard de son bienfaiteur Kpong-l'antilope sans qui il serait mort dans ce tas de fourmis.

> « *N'eût été Kpong-l'antilope naine*
> *J'aurais perdu la vie.* »

Le conte n° 22 **"L'origine du divorce"** est celui qui parle d'un couple, jadis heureux, qui a fini par sombrer dans le divorce. Le mari est chasseur et la femme est cultivatrice. Elle a un grand champ de maïs qu'un groupe de gorilles vient le plus souvent piller la récolte. Devant le refus de son mari à vouloir l'aider à chasser les gorilles, la femme décide d'aller elle-même à la chasse aux gorilles. Elle s'arme du carquois et de l'arc de son mari ; et réussit à abattre le chef des gorilles. De retour au village, la femme qui s'attendait aux félicitations de la part de son mari, reçoit plutôt un savon de ce dernier qui lui demande de retourner illico sur ses pas récupérer sa flèche. Dans son chagrin, elle se met à chanter.

> *Mince alors ! Aller chez les gorilles, aller cher les gorilles, mince alors !*
> *La flèche a atteint quelle partie d'abord ? Mince alors !*
> *La jambe ou le bras ? Mince alors !*
> *Le bras ou la jambe ? Mince alors !*
> *La tête ou le ventre ? Mince alors !*
> *Le ventre ou la tête ? Mince alors ! (Etc.)*

Ce chant est incontestablement une complainte. Elle est l'expression du chagrin de la femme qui lance un appel ; une demande d'assistance à tous ceux qui peuvent l'aider à identifier avec précision la partie du corps du gorille atteinte par la flèche.

Dans le conte n° 25 "**Le roi qui voulait marier sa fille**" il s'agit de l'histoire d'un roi et sa très belle fille. Visiblement exigeant, ce dernier décide d'enfermer sa fille dans une case sans issue afin qu'elle ne puisse pas tomber amoureuse de n'importe quel homme. Les prétendants défilent, mais le roi ne trouve aucun à son goût. Un jour les servantes qui donnaient à manger à la princesse entendent les pleurs d'un nouveau-né. Courroucé par cette situation, le roi convoque une assemblée afin que le géniteur de l'enfant soit identifier et tuer. Pour ce faire, chacun vient chanter devant l'enfant cette chanson.

Enfant qui commence à marcher oh,
A pas mal assuré,
Enfant qui commence à marcher oh,
A pas mal assuré,
Si tu es mon fil,
Marches et viens vers moi,
A pas mal assuré.

Ce chant est un test de paternité que tous les membres de l'assemblée convoquée par le roi doivent chanter afin que l'enfant désigne son père en s'avançant vers lui.

Dans le conte n°29 "**Les trois sœurs et Itrimoubé**"

Un couple vit avec ses trois filles Ramatou, Raïvou et Ifara. Ifara la plus jeune est également la plus jolie. Jalouses, ses aînées décident de l'éliminer, pour ce faire elles vont mettre sur pied un plan diabolique, qui la conduira dans les filets du monstre Itrimoubé. Le monstre décide de l'engraisser afin qu'elle soit bien dodue et bonne à rôtir. Le jour J, une petite souris aide Ifara à s'enfuir. Le monstre Itrimoubé hume l'air et réussit à la rejoindre. La pauvre Ifara qui ne retrouve plus son chemin aperçut un corbeau à qui elle demanda de l'aide en chantant :

Joli corbeau, joli corbeau,
Je lisserai tes plumes noires,
Si tu veux m'emporter avec toi, vers le puits de mon père.

34

Le corbeau refuse de l'aider en lui rappelant qu'elle avait raconté à tout le monde qu'il mangeait les arachides vertes « *Non, dit le corbeau, je ne t'emporterai pas ; tu n'aurais pas dû raconter que je mangeais des arachides vertes* ».

Après le corbeau, elle aperçut un milan et lui chanta :

Mon beau Milan, mon beau milan,
Je lisserai tes plumes grises,
Si tu veux m'emporter avec toi,
Vers le puits de mon père.

Comme le corbeau, le milan refusa Ifara et lui tint ces propos « *Je ne t'emporterai pas. Tu n'aurai pas dû raconter que je mangeais des rats morts* ».

Pendant qu'elle regrettait d'avoir été très bavarde, elle aperçut un pigeon à qui elle chanta.

Joli pigeon, joli pigeon,
Je lisserai tes plumes bleues,
Si tu veux m'emporter avec toi,
Vers le puits de mon père.

Au rebours du corbeau et du milan, le pigeon éprouva de la pitié pour la jeune fille et l'emporta vers le puits de son papa.

Ces trois chansons sont à priori des flatteries dans lesquelles la petite Ifara confondue à une enjôleuse comme l'attestent les premiers vers de chaque chanson.

« *Joli corbeau, joli corbeau* » *chanson 1*
« *Joli milan, joli milan* » *chanson 2*
« *Joli pigeon, joli pigeon* » *chanson 3*

Mais la situation ou plus exactement le contexte de ces chants montrent qu'il s'agit plutôt d'un signal de détresse, d'un appel à l'aide que la petite qui ne retrouve plus son chemin lance à l'endroit des oiseaux afin que ces derniers l'emportent chez ses parents.

En clair, nous pouvons dire que les chansons ne sont pas facultatives dans les contes. Elles sont à contrario plurivoques. Elles concourent à l'évolution dramatique du récit en facilitant sa compréhension, elles provoquent la gaieté ou la mélancolie. Face à un public exigeant elles peuvent être une bonification pour le narrateur. Justifiant l'omniprésence des chants dans les contes africains, Roland Colin a pu dire :

> *Toute la courbe littéraire africaine est poésie ou brodée d'une frange poésie qui est chanson, rythme et danse des mots. Le conte est d'ailleurs tout imprégné de poésie véritable : à chaque instant, une chanson légère ou poignante y naît comme le retour du thème d'une symphonie.*[22]

Après cette étude sur la manifestation, intéressons-nous à présent aux procédés stylistiques.

I-2- LES PROCÉDÉS STYLISTIQUES

Il n'existe pas une manière figée ou étalon de dire les contes. Chaque conteur peut selon sa fantaisie faire appel aux procédés stylistiques de son choix. Néanmoins, les contes négro-africains se caractérisent par trois procédés stylistiques récurrents : le discours direct, l'usage du proverbe et l'anthropomorphisation.

---

[22] Roland, Colin, Les Contes noirs de l'ouest-africains, Paris présence Africaine, 1957, P.55.

I-2-1- LE DISCOURS DIRECT OU STYLE DIRECT OU CONVERSATIONNEL.

L'univers du conte négro-africain proscrit systématiquement l'emploi de la première personne du singulier ou du pluriel. C'est sans doute pourquoi quoiqu'omniscient et omniprésent, le narrateur ne se met pas directement en scène. Il raconte toujours ce qui est arrivé aux autres et dont il était le seul témoin oculaire. Son discours est en permanence un discours à la troisième personne où il se contente d'imiter tous les protagonistes à travers un discours direct.

D'une manière générale le discours direct est la transcription des propos ou des pensées tels qu'ils sont censés avoir été exprimés par un personnage. Dans un texte narratif il se caractérise par deux points précédés par un verbe introducteur qui peut être une déclaration, une interrogation, une réponse, un ordre. Il se traduit également par les guillemets et par le retour à la ligne avec des répliques précédées par les tirets qui traduisent le passage d'un personnage à un autre. Il s'en suit donc dans les contes que le style direct est marqué par des séquences dialoguées qui reflètent parfois le parler quotidien. C'est précisément ce parler quotidien que tous les contes subsahariens ou presque essayent de reproduire. Quelques extraits ou fragments viennent à point nommé. Notamment ceux des contes subsahariens suivants : numéros 9,10,12,13,14, 15, 16, 17, 18 ,19, 20, 21, 24, 26 , 29.

Conte n°9 "Le prince"

Un jour, le prince fait une mauvaise chasse et ne rapporte même pas un oiseau. Il revient s'asseoir et regarde ses petits animaux ; il ne sait que faire ni où trouver à leur donner à manger. Ce jour-là, le petit charognard dit à ses compagnons : « Aujourd'hui, notre tuteur a le cœur triste car il n'a rien pour nous, mais je vais l'aider. » Il part dire au prince : « Aujourd'hui, je vais t'aider, je vais te conduire chez moi, dans mon village » Le prince est d'accord et va avertir sa mère qui lui dit :" Qu'est-ce que j'ai à voir avec tes promenades inutiles ?

Conte n°10 " **Le cultivateur, sa femme et les génies**"

Quelques temps après, le mari revient et voit sa cour remplie de génies. Pris de peur, il ne s'approche pas. Il reste à distance et demande à sa femme : « Pourquoi ces génies sont-ils dans la cour ? ». La femme répond : « Le plus petit est venu chercher du feu et je lui ai demandé de s'asseoir, lui disant qu'après ton retour, j'allais le raser. Les autres sont ensuite arrivés un à un en lui demandant : « Tu es venu t'asseoir, tu es venu t'asseoir ?

Conte n° 12 " **La jeune fille et le lion**"

Chaque jour les choses se passaient ainsi, et la fille n'osait rien dire à ses parents. Un jour elle se décida à en parler à ses parents : « Papa, chaque fois que je vais au champ un lion vient me provoquer pour me manger, je chante pour lui en disant que mon père va le tuer, alors il prend peur et s'enfuie.

Le papa répondit à sa fille : « Ne t'inquiète pas, demain nous irons ensemble aux champs et ce vieux lion je vais le tuer. S'il vient te saluer ne prend même pas la peine de répondre.

Conte n°13 "**le lièvre et l'hyène**"

Pendant qu'ils partaient chercher des termites, ils trouvèrent un trou à ouverture étroite. Le lièvre dit : « Hyène, vient voir ce petit trou en cas de danger, Hyène, tu y entreras aisément ».

L'hyène dit : « Compère lièvre avec tes gros ceux-là, avec tes longues oreilles-là si tu ne les mets pas ailleurs, quel danger peut me menacer, moi l'hyène, avec tes propos insolents-là »

Le lièvre dit : « Hyène, allons chercher nos termites je n'aime pas les longues discussions »

Conte n°14 "**L'ingratitude**"

"Les animaux sortis du puits conseillent alors notre promeneur : « attention, surtout ne laisse pas cet homme sortir du puits ! » Mais notre homme réplique : « Comment ça ? Je vous ai aidés à sortir, et je n'abandonnerai pas mon semblable au fond de ce puits ! ». Et il aide l'homme à sortir du puits.

Conte n°15 "**La femme de Mesha'atsang**"

Il partit un jour à la pêche et trouva sur sa route une vieille femme. Mère, dit-il, donne-moi ton fagot de bois, je t'accompagne à la maison. Il prit le fagot de bois, le porta sur la tête et accompagna la vieille chez elle. Fils, lui dit-elle, où vas-tu ?

A la pêche, répondit Mesha'atsang

Où ? A la rivière. Non, lui dit-elle, ne part pas à la rivière, va plutôt où j'étais chercher le bois ; il y a deux mares : l'une claire, l'autre sale. Ne jette pas ta ligne dans celle qui est claire, jette la plutôt dans la mare boueuse.

Conte n° 16 "**Le fils de Nkan**"

Le petit esclave lui dit :
Maître, voilà qu'on t'appelle
Ah non ! Cesse de dire des folies
Il lui coupa une oreille et la mit dans son sac.

Conte n°17 "**Les épouses de Kalak**"

La deuxième marmite fut remplie de larmes jusqu'aux bords. Voyant cela, les gens dirent : « C'est donc ainsi ? » Kanak revint à la vie et dit à sa première femme : « C'est donc ainsi ? Si je meurs tu regagnes ton village natal ? Fais donc tes bagages et rentre tout de suite » Gang fit ses bagages et rentra à Bepei.

Conte n° 18 "**Mesut-le-lièvre épouse la fille du roi**"

Le roi rassembla tous ses enfants et toutes ses femmes et les informa de cette décision :

-   Je vous ai réunis pour vous dire que je vais marier Ntùtùere, ma première file ici présente, vendredi de la semaine prochaine. Son mari cumulera en lui d'étonnantes qualités : le courage, l'intelligence et une force d'athlète.
-   Décidément Sire, fit la favorite, vous n'arrêtez jamais de nous surprendre. Avez-vous déjà choisi l'homme avec qui elle convolera en justes noces ?

- Pas encore, mais ne vous souciez guère. Vendredi prochain, tout ira comme sur des roulettes.
- Et comment ? interrogea la femme.
- J'organiserai une compétition qui comportera plusieurs épreuves ardues. Celui qui en sortira victorieux épousera Ntùtùère. Que tout le royaume soit donc informé, et tous les hommes, jeunes ou vieux, accourent ici vendredi prochain pour tenter leur chance."

Conte n° 19 "Mesut-le-Lièvre sauve un chasseur".

Une fois revenu au lieu de départ, Mesùt demanda au crocodile :

- Est-ce que ce chasseur t'a trouvé ?
- C'est ici qu'il m'a trouvé, fit naïvement le crocodile. Et je l'ai supplié de nous venir en aide, mes enfants et moi.
- Ah bon ! C'est donc ici, à cet endroit desséché !
- Oui Tita Mesùt, répondit le caïman.
- Qu'es-tu donc venu chercher ici demanda Tita Mesùut au chasseur ?
- Je me rendais à la chasse.
- Et qu'allais-tu chercher ?
- Du gibier.
- Oh ! Mon brave homme, je suis étonné que tu fasses du mouron. Qu'as-tu devant toi ? L'homme est la seule créature à pouvoir accéder à la réflexion, et vous voulez vous en laisser accroire par une bête, fut-elle gigantesque ?

Conte n° 20 "La destitution de Memvù- le chien"

Puis il sortit de son sac un paquet de crabes grillés et un os qu'il se mit à croquer délicatement. A la vue de cet appât, Memvù-le chien perdit l'esprit.

- D'où vient cette odeur appétissante ? S'exhalerait-elle de ton sac, Mesùt ?
Mesùt, qui savait que Memvù est un goinfre, lança devant sa Majesté un crabe et un os. Le roi fit un grand bond en avant et se

précipita sur ces restes. Il ne se doutait pas que son attitude remplirait toute la cour de stupeur.

- Non ! Criaient les bêtes consternées par ce spectacle déshonorant, un roi ne doit pas avoir le museau léger ! C'est très ridicule ! Nous ne méritons point un tel roi ! "

Conte n° 21 "**La dette de Kimanga la Tortue**"

Une nuit dame Kimanga fit cette remarque à son mari :

- A cette allure nous allons tous crever avant les premières pluies. Il nous faut quelque chose à manger. Trouve-nous un peu d'argent.
- Quoi ? Es-tu folle ?
- Un peu d'argent nous permettra de survivre pendant quelque temps.
- Mais où allons-nous trouver l'argent dont tu parles ?
- Ecoute. Ton ami kùpù-le cochon est bien fortuné ! Il a toujours sa bourse pleine. Pourquoi ne pas lui demander de nous prêter une petite somme que nous lui rembourserons après l'arrivée des premières pluies. Nous aurons alors récolté nos ignames et leur vente nous permettra de lui rembourser son dû.
- Voilà une idée bien géniale.

Conte n° 24 "**Pourquoi y a –t-il tant d'idiots de par le monde** ? "

Un jour, trois idiots qu'on avait chassés pour leur bêtise se retrouvèrent à une croisée de chemins et se dirent :
« Peut-être arriverons-nous à quelque chose d'utile en réunissant l'intelligence de trois têtes stupides. »
Et ils poursuivirent leur chemin ensemble. Peu de temps après, ils arrivèrent devant une cabane d'où sortit le vieil homme.
« Où allez-vous ? » demanda celui-ci.
Les idiots haussèrent les épaules :
« Là où nous porteront nos jambes. On nous a chassés de chez nous pour notre bêtise »

Le vieux répliqua :

« Alors, entrez. Je vais vous mettre à l'épreuve »

Conte n°26 "**Les trois antilopes**"

Voilà qu'un homme suivi de son fils arriva à la fontaine, et nos antilopes recommencèrent à se plaindre : « Nous ne voulons pas d'homme ! » L'homme dresse l'oreille : « Quelles sont ces voix ? ». Mais le jeune homme, assoiffé, but à la fontaine sans plus attendre. Aussitôt, il se transforma en antilope sous le regard médusé de son père. Celui-ci comprit, cependant, ce qui venait d'arriver ; il soupira : « Hélas, mon fils. Si tu rencontres les hommes, enfuis-toi. Si tu croises les éléphants, sauve-toi. Mais si tu aperçois les antilopes, joins-toi à elles ». Sur ces paroles, il s'en alla.

Conte n°28 "**Le prince de la pluie**"

Anga grouille de jeunes gens. Mais aucun d'eux n'est entièrement pur de corps et d'esprit.

-   J'en connais bien un, dit un gentil conseiller en se caressant la barbe. C'était un homme qui était originaire du même village que le père de Devi et connaissait son histoire et celle de son fils. Il la raconta au roi et aux autres conseillers.
-   Je crains cependant que le père n'accepte jamais que nous ramenions son fils à Anga, dit-il, découragé.
Il réfléchit un instant. Soudain, son visage s'éclaira.

-   Je connais le moyen de faire venir ce jeune homme à Anga, dit-il en riant. Avez-vous donc oublié que j'ai une fille ? Elle est la plus belle du pays et, en plus, elle est intelligente. Si je lui explique l'affaire, elle fera de son mieux et je ne doute pas un instant qu'elle ne parvienne à persuader ce jeune garçon de l'accompagner.

Aussitôt dit, aussitôt fait. Le roi parla immédiatement à sa fille qui trouva très amusant l'idée de séduire un gentil garçon avec l'accord de son père.

-   Est-il très beau ? Demanda-t-elle avec curiosité.

-   *Tu le verras toi-même, répondit le roi avec impatience. Tu n'as pas à l'épouser de toute façon.*

La princesse préféra ne pas répondre et commença immédiatement à préparer ses valises pour ce long voyage.

Conte n° 29 "**Les trois Sœurs et Itrimoubé**"

Elles appelèrent Ifara et lui dirent de s'habiller pour sortir avec elles. La première personne qu'elles rencontrèrent fut une vieille femme.

-   *Oh ! Bonne mère, crièrent les deux sœurs, quelle est la plus jolie de nous trois ?*
La vieille répondit : « Ramatoua n'est pas mal, Raïvou non plus, mais c'est Ifara qui est la plus belle ».

Alors Ramatoua enleva à sa jeune sœur sa robe de dessus. Elles rencontrèrent un vieillard et lui dirent :

-   *Oh ! Bonhomme, quelle est la plus jolie de nous trois ?*
Le vieillard fit la même réponse que la vieille femme, et Raïvou dépouilla Ifara de sa robe de dessous.

Ensuite elles rencontrèrent Itrimoubé, un monstre moitié homme, moitié taureau, avec une longue queue pointue.

-   *Voici Itrimoubé, dirent les deux sœurs, et elles lui crièrent : « Itrimoubé, quelle est la plus jolie de nous trois ? Itrimoubé poussa un grognement et répondit : « ça n'est pas difficile à dire, c'est Ifara ».*

En somme, nous pouvons dire que presque tous les contes subsahariens comportent des parties dialoguées. Nous nous proposons à présent de voir si les contes Egyptiens présentent aussi des dialogues.

Les extraits de conte qui vont suivre nous donne force de confirmer que pareillement aux contes subsahariens, les dialogues parsèment les contes Egyptiens.

Conte n° 1 "**La légende des deux frères** "

Le cadet lui dit : « Debout ! Donne-moi les semences, que je les rapporte aux champs en courant, car mon frère aîné m'a dit en m'envoyant : point de paresse ! » Sans se déranger, la femme lui dit : « Va, ouvre la bûche de terre battue et emporte ce qu'il te plaira, mais je ne veux pas interrompre ma coiffure pour te servir » Le garçon pénétra dans l'étable, choisit une énorme jarre (car son intention était de prendre beaucoup de grains), la remplit de blé et d'orge et sortit, ployant sous le faix. Elle lui dit « Ton épaule est bien chargée. Quelle quantité as-tu prise. Il répondit : « Orge : trois mesures ; froment : deux mesures. Total : Cinq. Voilà ce que supporte mon épaule ». Elle reprit : « Tu as bien du courage, chaque jour je constate que tu deviens de plus en plus fort » Elle le regardait en l'admirant. Soudain, elle se leva et lui dit : « Tu es plus fort que ton frère aîné. J'aurais dû t'épouser

Conte n° 3 "Le duel de Vérité et de Mensonge"

Il aperçut le bœuf laissé par l'adolescent, un bœuf très, très beau d'apparence, et dit à son berger : « Que l'on me donne ce bœuf afin que je le mange ! »

Mais le berger lui dit : « Il n'est pas à moi, je ne saurais donc te le donner ». Alors Mensonge lui dit : « Vois, tous mes bœufs, ils sont tous en ta possession, donne l'un d'eux au propriétaire de celui-là ». Le jeune homme entendit que Mensonge s'était emparé bœuf. Il vint aussitôt à l'endroit où se tenait le berger et lui dit de son : « Où est mon bœuf ? Je ne le vois plus au milieu des tiens » le berger répondit : « Tous les bœufs, tous sont pour toi, emmène celui que tu désires » Le jeune homme dit : « Existe-il un bœuf aussi grand que le mien ? Quand il se tenait debout dans l'île d'Amon, la touffe de sa queue reposait parmi les papyrus, tandis que l'une de ses cornes était sur la colline de l'occident, l'autre sur la colline de l'orient, le Nil en sa crue étant la place de son repos, et soixante veaux étaient mis au monde pour lui quotidiennement ». Le berger lui dit : « Est-il un bœuf aussi grand que celui dont tu parles ?

Conte n° 4 "L'amitié des deux chacals"

Le lion fort surpris ne put s'empêcher de leur demander :

-    Eh bien, pourriez-vous m'expliquer par quel prodige vous ne vous êtes pas enfui à mon approche ? Etes-vous inconscients ? Ne voyez-vous pas que je suis affamé et à la recherche de nourriture ?

L'un des deux chacals prit la parole et dit :

-    Pour sûr, Ô Seigneur ! Nous sommes forts conscients de cet état de fait. Nous avons vu que tu étais en chasse et que tu allais te jeter sur nous et nous dévorer. Nous avons cependant décidé de ne pas fuir. Quoi que nous fussions, aussi vite que nous puissions courir, tu nous rattraperais. Nous avons donc décidé de ne pas fuir. Nous préférons que tu ne sois pas épuisé au moment où tu décideras de nous dévorer. Nous préférons mourir rapidement et non souffrir par une mort lente.

Conte n° 5 "La femme adultère"

Des jours après cela, comme il y avait un pavillon de plaisance dans le jardin d'Oubaoner, le vilain dit à l'épouse de celui-ci : « N'y a-t-il pas un pavillon ? Allons donc y passer un moment ». La femme parla donc à l'intendant qui était chargé de l'entretien du jardin : « Fais préparer le pavillon de plaisance » Puis elle s'y rendit et y passa le jour à boire...l'homme vil descendit dans l'étang.

Conte n° 6 "La boucle de la rameuse"

Sa Majesté dit : « Pourquoi ne ramez-vous plus ? » Elles répondirent : « C'est que notre commandant s'est arrêtée ». Sa Majesté dit alors à celle-ci : « Pourquoi ne veux-tu plus ramer ? » Elle répondit : « Ma boucle d'oreille faite de turquoise neuve est tombée dans l'eau »

Sa majesté : « Je te la remplacerai »

La jeune fille : « C'est celle-ci que j'aime et non sa semblable »

Sa Majesté dit alors : « Que l'on amène jusqu'à moi le prêtre lecteur en chef Djadjaemankh, mon frère, j'ai agi conformément à *ce que tu m'as dit, et le cœur de ma Majesté s'est diverti à contempler ces rameuses. Mais la boucle d'oreille, faite de turquoise neuve appartenant au commandant est tombée dans l'eau ; celle-ci s'est arrêtée, ne voulant plus ramer. Le trouble a gagné ses compagnes de rang. Je lui ai dit : « Pourquoi ne veux-tu plus ramer ?*

Conte n° 8 "**Le prince prédestiné**"

Ils lui dirent en manière de conversation :

« D'où viens-tu, bon jeune homme ? Il leur dit :

« Moi, je suis fils d'un soldat des chars du pays d'Egypte. Ma mère mourut, mon père prit une autre femme. Quand survinrent les enfants, elle se mit à me haïr, et je me suis enfui devant elle ».

Ils le serrèrent dans leurs bras, ils le couvrirent de baisers. Or, après que beaucoup de jours eurent passé là-dessus, il dit aux princes :

« Que faites-vous donc ici ? » Ils lui dirent :

« Nous passons notre temps à faire ceci : Nous nous envolons et celui qui atteindra la fenêtre de la fille du prince de Naharinna, on la lui donnera pour femme ». Il leur dit : « S'il vous plait, je conjurerai mes jambes et j'irai m'envoler avec vous ».

Nous pouvons dire au regard de ce qui précède que les dialogues qui entrecoupent les contes de notre corpus font que l'univers fictif, merveilleux et fantastique de ces derniers se rapproche de plus en plus du vécu quotidien des hommes. Outre ce style direct, les contes laissent apercevoir les proverbes.

I-2-2 L'USAGE DES PROVERBES

L'emploi du proverbe est un procédé expressif très récurrent dans la vie traditionnelle africaine. Avant toute illustration dans notre corpus, il semble opportun que nous nous attardions momentanément sur quelques définitions du proverbe.

Etymologiquement le mot proverbe vient du latin "proverbium " *qui désigne un court énoncé exprimant un conseil populaire, une vérité de bon sens ou d'expérience et qui est devenu d'usage commun.* Cette définition du petit Larousse (2003) n'est pas fondamentalement différente de celles de Jacques Chevrier et Jean Vignes. Le premier affirme : « *Les proverbes sont les expressions des vérités naturelles* »[23]. Quant au second, le proverbe est : « *Une forme populaire brève, qui énonce de façon métaphorique une vérité d'expérience ou un conseil de sagesse* »[24].

Des définitions qui précèdent nous pouvons retenir que le proverbe se caractérise par sa brièveté, sa popularité, par son langage imagé et métaphorique. Au demeurant nous pouvons dire que le proverbe est un message social qui décrit certaines situations de la vie en vue de les amender. Joseph-Marie Awouma dira à ce sujet que

« *les proverbes expliquent et justifient certaines formes particulières, certains traits caractéristiques de la structure sociale et les formes de mentalités propres à chaque groupe d'individus* »[25].

L'intégration du proverbe dans le conte négro africain se fait généralement de trois manières :

- Au début du conte, sous forme d'une formule introductive qui donne d'entrée de jeu l'idée essentielle à retenir.
- Au milieu du conte, où il peut avoir, selon que l'auditoire est attentif ou distrait, deux fonctions à savoir : accélérer ou ralentir le cours des évènements.

---

[23] Jacques Chevrier, *Littérature nègre*, Paris, Armand Colin, 1984, P. 193.
[24] Jean, Vignes, « *Proverbes* », *in le dictionnaire du littéraire*, P146.
[25] Joseph-Marie, Awouma, *littérature orale et comportements sociaux, étude littéraire et socio-culturelle des proverbes Bulu*, thèse de doctorat 3ème cycle, Paris, 1970.

47

- A la fin du conte où il acquiert le statut d'une vérité ou de la philosophie du groupe.

Dans les contes subsahariens nous pouvons relever plusieurs proverbes. C'est le cas du conte n° 19 où l'on peut lire la phrase proverbiale suivante : « *pour traverser la mer orageuse de la vie, point n'est besoin de barbarie. Ne méconnaissons aucun des moyens simples qui peuvent se trouver à notre portée* ».

Le conte n° 20 a également une expression proverbiale : « *Quelque brève que puisse être notre vie, il nous faut du bien-être. Mais l'on ne recherche pas autrement celui-ci que dans la réserve et la dignité* ».

A l'instar des contes subsahariens, les contes Egyptiens sont aussi riches en proverbes. C'est l'exemple des contes n° 1 et n°7 qui laissent respectivement apparaître les proverbes suivants : « *Une bouchée de perséa réconforte le cœur* ».

« *Le bonheur ne préserve pas des méchants ni des envieux* »

Les proverbes qui précèdent montrent à suffisance, comme l'atteste Françoise Tsoungui, que :

« *Le conte est alors au service du proverbe car il figure soit au début soit à la fin du conte pour l'illustrer ou l'expliquer.* »[26]

Outre les proverbes, l'univers du conte négro-africain est dominé par d'autres manifestations esthétiques qui obéissent aux réalités traditionnelles qui les sous-tendent.

D'après la classification de Jacques Fame Ndongo nous avons : l'anthropomorphisation, la zoomorphisation, la réification et la mythification. Poursuivant son argumentaire il nous rappelle ceci :

---

[26] Françoise, Tsoungui, *Clefs pour le conte africain et créole*, Paris, CILF, 1986, coll. Fleuve et flamme, P90.

« *Tous les contes légendes, mythes, chantefables, berceuses etc.
s'inscrivent dans cette structure esthétiques* »[27].

I-2-3- L'ANTHROPOMORPHISATION

L'anthropomorphisation est l'un des procédés stylistique
dont raffole la tradition orale. On peut la définir comme la
tendance à attribuer aux objets naturels, aux animaux et aux
créations mythiques des manières d'être et d'agir propres aux
humains. Se situant dans la même perspective Pierre Ngijol
Ngijol a pu écrire : « *L'anthropomorphisation consiste à donner
des attributs humains aux divers éléments de la nature* »[28].

Dans le conte négro-africain l'anthropomorphisation est
palpable à travers tous les personnages non humains qui se
comportent comme des hommes. C'est ainsi qu'on peut les voir
communiquer oralement entre eux ou avec les hommes,
consulter les devins pour prédire leur avenir, cultiver les
champs, aller au marché vendre les recettes, s'équiper des
fétiches pour mener à bien leur projet ou pour se protéger. On
peut aussi les voir organiser des palabres pour trancher les
litiges, se réunir pour désigner ou voter un chef.

Dans les contes Subsahariens nous pouvons dénombrer
plusieurs cas d'anthropomorphisation, à titre illustratif nous
avons des extraits des contes : numéros 9, 13, 14, 18, 19, 21, 23,
25 ,29 et 30 que nous rappelons

Conte n° 9 "**Le prince**". Dans ce conte on s'aperçoit que les
animaux jouissaient de la faculté de pouvoir communiquer par la
parole qui pourtant à l'instar de la raison l'apanage de l'homme.
C'est ainsi qu'on a ces dialogues entre le charognard et le prince
d'une part, le chaton et le chiot d'autre part.

---

[27] Jacques, Fame Ndongo, *L'esthétique du texte artistique traditionnel et
son fonctionnement à travers l'écriture romanesque négro-africain*,
thèse de doctorat d'Etat, Paris, 1984, P225.
[28] Pierre Ngijol Ngijol, *Introduction à la littérature orale du Cameroun*,
ouvrage polycopié, Yaoundé, 1992, P26.

Extrait n° 1 dialogue entre le charognard et le jeune prince

"Le petit charognard dit : « *Ferme les yeux !* » Et quand le prince les ouvre à nouveau, il se voit dans un endroit inconnu, au milieu d'un troupeau, de charognards qui l'accueillent comme un roi. Après l'avoir salué, ils se retirent en le laissant avec son petit charognard qui lui dit :

> *Mon père et ma mère vont venir te saluer et te demander ce que tu veux ! Ne leur   réponds pas que tu veux de l'argent ou de l'or, mais dis à mon père que tu veux ce qu'il a au doigt et à ma mère de souffler à ton oreille.*

> *Le jeune prince dit : « J'ai compris ! »*

Dans cet extrait nous avons des charognards qui accueillent le prince comme un roi et le saluent. Nous remarquons aussi que le père du charognard a des doigts.

Extrait n°2

"*Un jour, le chaton dit au chiot : « Si tu peux me faire traverser le fleuve, j'irai aider notre maître ! ».*
« Si c'est pour traverser le fleuve, il n'y a pas de problème ! »
Arrivés au bord du fleuve, le chiot dit au chaton : « Accroche-toi à mon dos, je vais te faire traverser ! ».

Conte n° 10 "**Le cultivateur, sa femme et les génies** dans ce récit nous avons un dialogue entre les génies.

> *Le petit génie s'assit. Quelque temps après, le vieux est inquiet et envoie l'aîné voir ce que fait son frère. Il part trouver son petit frère assis et lui dit : « Kunkelen, le vieux t'a envoyé chercher du feu et tu es venu t'asseoir ? »*
> *Le petit frère lui répond : « C'est cette femme bavarde qui veut me raser »*
> *Le grand frère dit : « Elle va me raser aussi »*

Conte n° 13 **"Le lièvre et l'hyène"** Dans ce conte, le lièvre, l'hyène, le lion et le sanglier parlent"

Extrait :

Le lièvre, dans sa ruse, revint dire à l'hyène :

« Commère l'hyène, comme tu n'entres pas dans la forêt, donne-moi ton panier. Assieds-toi sous l'arbre à karité. J'irai chercher les termites pour toi » Il rapporta le panier à l'hyène et lui dit : « Retournons à la maison » Pendant qu'ils rentraient, arrivés au trou à l'ouverture étroite, le lion arriva à toute vitesse en colère.

Le lion dit : « Compère lièvre, je ne vois plus mon petit, c'est pourquoi je suis à votre poursuite. »

Le lièvre dit : « Grand oncle, si j'avais quelque chose de bon à la maison, je l'apporterai à ton petit en brousse au lieu de vouloir l'emporter à la maison » "

Conte n° 14" **L'ingratitude"**(Dialogue entre l'homme et les animaux 'singe, lion et serpent)

Extrait :

Il rencontre le singe qui lui demande :

« N'est-ce pas toi qui nous a aidés à sortir du puits, l'autre jour ? » L'homme lui répondit : « C'est bien moi ». Quelques jours plus tard, notre homme sort de chez lui, pour parcourir la brousse à la recherche de nourriture. Il croise le lion qui lui demande :

« N'est-ce pas toi qui nous a aidés à sortir du puits l'autre jour ? » L'homme lui répond : « C'est bien moi. Un serpent passait par là. Il entendit notre homme et s'approcha :

« N'est-ce pas toi qui nous a aidés à sortir du puits l'autre jour ? » L'homme lui répondit : « C'est bien moi ! » Le serpent reprend : « Je vais te donner un remède, une feuille magique. A l'aide de cette feuille, tu iras ressusciter le fils du chef de village que je vais aller mordre mortellement tout de suite. Toi, pour l'instant, n'arrête pas de crier ceci : Chez nous, un serpent ne peut pas nous faire de mal. S'il mord l'un d'entre nous, notre médicament le protège ou le ressuscitera. »

Conte n°18".**Mesut-le-lièvre épouse la fille du roi** "Dans ce conte l'anthropomorphisation est très patente. Elle commence par un dialogue entre le lion et une lionne au sujet du mariage de sa fille.

- *Je vous ai réunis pour vous dire que je vais marier Ntùtùre, ma première fille ici présente, vendredi de la semaine prochaine. Son mari cumulera en lui d'étonnantes qualités : le courage, l'intelligence et une force d'athlète.*
- *Décidément, sire, fit la favorite, vous n'arrêtez jamais de nous surprendre. Avez-vous déjà choisi l'homme avec qui elle convolera en justes noces ?*
-

A la suite de ce dialogue nous constatons que le lion veut envoyer sa fille en mariage. Il est fort possible qu'on assiste à un mariage entre un homme et une lionne. Par ailleurs, nous avons des animaux qui font de la musique« *Les musiciens se mirent à égrener des rhapsodies bien rythmées* », des animaux qui montent sur les chevaux « *Mesùt le lièvre arrive de la cour sur un cheval bien chargé* », des animaux qui ont des paupières, qui adressent des sourires, qui ont des boucles et des mains. « *Les paupières mi-closes, la bouche entr'ouverte, elle sourit à Mesùt et lui donna la main* ». De même nous avons des animaux qui s'équipent des fétiches. « *Mes fétiches et mes ancêtres à qui j'ai offert des sacrifices m'ont rassuré* » Et presque tous les animaux ont des noms, c'est le cas de Mesùt le lièvre, Meshe-la biche, Nsuen-l'éléphant, Ngùe- la panthère, Nyet-le buffle, Rigbaa-l'hippopotame ou encore Kùkùnda- le Caméléon.

Conte n° 19 " **La destitution de Memvu-le-chien**". Dialogue entre un chasseur et les crocodiles

- *Soyez le bienvenu, Sire ! Qui que vous soyez et quel que soit ce que vous cherchez, que la paix soit avec vous. Vous êtes le plus distingué des visiteurs de ce bois.*
- *La paix seulement, répondit le chasseur.*

- *Nous vous en prions, visiteur éminent, voyez notre misère. Mes enfants et moi sommes perdus du fait de la sécheresse. Sauvez-nous et nous vous en saurons gré. Vous aurez une récompense, la plus belle et la plus grande qui soit. Songez seulement qu'aucun animal vertébré tétrapode ne vous a jamais tenu un tel langage.*
- *Visiblement, vous pâtissez des conséquences fâcheuses de cette étrange sécheresse. Que puis-je donc pour vous ?*
- *Conduisez- nous Sire, au bord du grand fleuve nous sommes au bord du gouffre fatal, voyez ! Nous pourrions nous jeter à l'eau et nous abreuver ainsi à cette source de la vie.*
- *Avec cette sécheresse, ce fleuve n'a-t-il pas tari ? Demanda le chasseur.*
- *Hum...Non, je ne crois pas ! Répondit le crocodile. Son débit est souvent tel qu'aucune sécheresse ne saurait l'ébranler.*

Conte n° 21".**La dette de Kimanga**" Dans ce conte, les animaux peuvent s'emprunter de l'argent, ils vont au champ et au marché. « *Ecoute-ton ami Kùpù-le cochon est bien fortuné il a toujours la bourse pleine. Pourquoi ne pas lui demander de nous prêter une petite somme que nous lui rembourserons après l'arrivée des premières pluies. Nous aurons alors récolté nos ignames et leur vente nous permettra de lui rembourser son dû* », ils peuvent être à un mariage « *Tiens, je me souviens, ...il ne rentrera pas tôt aujourd'hui parce qu'il a été invité au mariage d'un noble qui vit à quatre rivière d'ici* » Ou encore s'habiller et utiliser une pierre à écraser « *Penchée sur sa pierre, dame Kimanga continua à écraser son maïs ignorant Kùpù qui s'enflamma davantage* » « *Sur ces entrefaites Kimanga fit son entrée avec des habits mouillés et sales à la grande surprise de kùpù* ».

Conte n° 23 "**Et le ciel recula**" . Monologue du ciel :

Que ferai-je pour manifester mon mécontentement ? Dit-il à nouveau dans un roulement sourd.

53

- Tomber de toute ma puissance sur cette femme et l'écraser ? Cela ne convient pas à ma grandeur. Je ferais mieux tout simplement de me mettre désormais hors de la portée des humains.

Conte n° 25" **Le roi qui voulait marier sa fille**" : Un écureuil engrosse un humain

" Arrivé à l'écureuil, l'assemblée rigolait parce qu'il n'avait pas l'air d'être capable de séduire et d'enceinter la belle princesse. Malgré les quolibets de la foule, l'écureuil entonne la chanson et aussitôt, le "Nan djou" qui écoutait avec attention, se lève et va "toïtotoï" vers son père. Un long silence se fit dans la foule stupéfaite.

Conte n° 26 **"Les trois antilopes"** Dans ce conte on peut relever deux cas d'anthropomorphisation. Le premier cas est le monologue de l'esprit des eaux, qui habitait la fontaine à laquelle les antilopes venaient s'abreuver. Exaspéré, il leur dit : « Je suis las de vos lamentations. Je vous promets de transformer en antilope mâle le premier animal qui viendra boire à ma fontaine. Ainsi, vous serez trois ». Le second cas est une plainte des antilopes. « Nos antilopes recommencèrent à se plaindre : « Nous ne voulons pas d'homme ! »

Conte n° 29 " **Les trois sœurs et Itrimoubé**" On a dans ce conte des oiseaux qui parlent. " Non, dit le corbeau, je ne t'emporterai pas ; tu n'aurais pas dû raconter que je mangeais des arachides vertes.

- Non, dit le milan, je ne t'emporterai pas. Tu n'aurais pas dû raconter que je mangeais les rats morts.
- Reaou ! reou ! reou ! Viens, jeune fille, roucoule le pigeon bleu. J'aime à prendre pitié de ceux qui souffrent.

Conte n° 30 **"L'histoire de Raboutity"** Dans ce conte nous avons dix cas d'anthropomorphisation où les animaux et les choses parlent.

- *C'est vrai, je suis fort, dit l'arbre, mais le vent me plie et me casse.*

- *Je suis fort, dit le vent ; mais le mur se dresse et je ne peux plus passer.*

- *Je suis fort, dit le mur mais le rat ronge le mortier et fait un trou.*

- *Je suis fort, dit le rat mais le chat me mange.*

- *Je suis fort, dit le chat mais la corde m'étrangle.*

- *Je suis forte, dit la corde mais le couteau m'étrangle.*

- *Je suis fort, dit le couteau mais le feu me brûle*

- *Je suis fort, dit le feu mais l'eau m'éteint.*

- *Je suis forte, dit l'eau mais le bateau flotte sur moi.*

- *Je suis fort, dit le bateau mais si je donne contre un rocher, il me brise*

- *Je suis fort, dit le rocher mais le crabe me perce.*

- *Je suis fort, dit le crabe mais l'homme m'attrape et m'arrache les pattes.*

-

En somme, qu'il y ait des animaux, des génies, des choses qui dialoguent entre eux ou avec des humains. Des animaux qui engrossent des humains ou encore des choses qui monologuent, l'anthropomorphisation est bel et bien présente dans les contes Subsahariens.

A l'instar des contes subsahariens, les contes Egyptiens font appel à l'anthropomorphisation. En effet, un coup d'œil global sur ces contes met en évidence plusieurs cas d'anthropomorphisation. Nous avons pu identifier quatre contes où elle apparaît clairement, ce sont les contes :1, 3, 4 et 8.

Conte n° 1 **"La légende des deux frères"** Dans ce conte on rencontre plusieurs occurrences d'anthropomorphisation. A titre illustratif nous en retiendrons six. La première est celle des vaches qui mettent en garde Bata le cadet : « *«La vache de tête, dès son entrée, dit à son gardien : " Voici ton grand frère qui te guette, derrière la porte, avec son couteau pour te tuer. Sauve-toi"* Il entendit ce qu'elle disait et la seconde, entrant à son tour, répéta la même chose : « Attention ! Ton frère est derrière la porte, qui attend pour te tuer avec son couteau »*

Le second cas est la plainte que le cadet formule à Râ-harakhty, le soleil. Ce dernier reçoit la plainte et réagit immédiatement. « *Mon bon maître, c'est toi qui fais la différence entre le juste et l'injuste ! Et Râ-harakhty entendit sa plainte, et il fit apparaître une eau immense entre lui et son grand frère.* »

Au troisième cas nous avons des dieux et Râ-harahty qui parlent : « *Les neuf dieux parlèrent la Femme d'Anoup, ton grand frère ? Tous ensemble pour dire : "Oh, Bata, n'es-tu pas seul ici pour avoir quitté ton pays à cause de Voici : il a tué sa femme et tu es vengé. Râ- harakhty dit à Khnoum le modeleur de corps d'enfants : Oh ! Fabrique une femme à Bata, afin qu'il ne reste pas seul.* ».

Le quatrième est une prédiction des déesses « *Les sept hâthors vinrent la voir et prédirent d'une seule bouche :*

"Elle mourra par le glaive".

Au cinquième cas, nous avons un fleuve qui parle et un arbre qui a un physique humain. « *Le fleuve cria : " Que je m'empare d'elle !" et l'acacia livra une tresse de ses cheveux* »

Le dernier cas est un dialogue entre la favorite du roi et un taureau. « *Le taureau en se promenant entra au harem et s'arrêta devant la favorite, et se mit à lui parler, disant : "Vois, moi, je vis tout de même" elle dit : "Toi, qui es-tu donc ? " "Moi, dit-il, je suis Bata. Tu savais bien quand tu as dit à Pharaon, de faire abattre l'acacia, que c'était me mettre mal et m'empêcher de vivre, mais moi, je vis tout de même, je suis taureau".* »

Conte n° 3 **"Le duel de Vérité et de Mensonge"**. On a dans ce conte deux notions à savoir Vérité et Mensonge. Ils ont des attributs d'humains. C'est ainsi qu'ils peuvent parler : « *Vérité leur dit : "Non, ne me saisissez pas...trouver une autre à ma place"* [....] *Mensonge lui dit : « Vois, tous mes bœufs, ils sont tous en ta possession, donne l'un d'eux au propriétaire de celui-là* », faire l'amour. « *Il (vérité) coucha avec elle, et il la connu comme homme viril peut connaître une femme ; et cette nuit même elle conçut un petit garçon* », posséder des corps « *On frappera*

56

Mensonge de cent coups, et cinq blessures lui seront infligées, ses deux yeux seront crevés et il sera placé en qualité de portier dans la maison de vérité ».

Conte n°4 **"L'amitié des deux chacals"** .Un chacal et un lion dialoguent : « *Le lion qui avait écouté avec attention les paroles du chacal lui dit : "- Le roi des animaux n'est pas en colère d'entendre des paroles sincères. Il sait reconnaître le courage et l'audace de ses sujets. Il se doit d'être grand et généreux envers ses sujets sans défense.*

Conte n° 8" **Le prince prédestiné"** .Dans ce conte, deux cas d'anthropomorphisation sont visibles. Le premier est une prédiction des déesses :« *Quand les hathors vinrent pour lui prédire un destin, elles dirent : Qu'il meure par le crocodile ou par le serpent, voire par le chien* ». Le second est un dialogue entre le prince et le crocodile. « *Le crocodile dit de nouveau : Veux-tu me jurer de tuer le géant ? Le Prince lui répondit :* « *Pourquoi tuerais-je celui qui a veillé sur moi ?* ».

En guise de conclusion de notre chapitre inaugural, nous dirons que sur le plan de la manifestation et des procédés stylistiques, les contes Subsahariens et Egyptiens convergent. Les traits qui les caractérisent sont variés et multiples. Nous verrons dans le chapitre qui va suivre si leur programmation narrative pourra les éloigner ou les rapprocher davantage.

II. LES STRUCTURES NARRATIVES

Il ne serait pas superflu de rappeler que le conte se résume à un récit épisodique entrecoupé de séquences. Il consiste en une narration d'événements le plus souvent merveilleux et fortement marqués par la fiction. Son caractère épisodique et séquentiel s'illustre dans cette définition de Jean Cauvin :

« *Le conte apparaît comme un récit organisé dans lequel, à une situation de départ répond une situation finale différente, après de nombreuses péripéties* »[29] .

On peut retenir de ces mots de Cauvin que la nature chronologique d'un conte implique nécessairement qu'un événement advient, se développe et s'achève. Nombre de chercheurs notamment Adam, Greimas, Larivaille et Propp se sont penchés sur la question de l'intrigue et de la structuration du récit. Pour notre étude nous nous limiterons aux analyses de Greimas et de Paulme. La première partie de ce chapitre portera sur l'analyse sémiotique de Greimas et consistera à étudier les schémas fonctionnels et actanciels. Dans la seconde partie nous nous attarderons sur la typologie des contes telle que définie par Paulme. Notre souci dans ce chapitre est d'examiner comparativement à la lumière des travaux de Greimas et de Paulme les contes Subsahariens et Egyptiens afin de ressortir si possible leur convergence et divergence structurelle.

II-1- L'ANALYSE SÉMIOTIQUE DE GREIMAS

La structure narrative est d'après Greimas celle qui présente les relations unissant les personnages à travers leurs actions et

---

[29] Jean CAUVIN, *Comprendre les contes*, Paris, Editions Saint-Paul, 1980, P.8.

constituant la narration. C'est la structure supérieure au plan de l'imminence ; pour lui,

« *L'analyse sémiotique est l'analyse des signes donnant une signification à la structure du récit* »[30].

Il prend en compte deux types de schémas : le schéma fonctionnel et le schéma actanciel.

II-2- LE SCHÉMA FONCTIONNEL

D'une manière générale, le schéma fonctionnel résume les moments fondamentaux ou importants du récit. Dans ce schéma, le récit se définit fondamentalement comme étant la transformation d'un état initial ou situation initiale en un autre état final ou situation finale. Cette transformation est elle-même constituée :

- D'un élément modificateur ou complication qui permet d'enclencher l'histoire et de sortir d'un état qui pourrait durer.
- De l'enchaînement des actions ou dynamique. Dans cette dernière partie, nous avons une série d'épreuves dont les plus essentielles sont :
- L'épreuve qualifiante (E1) : elle est celle par laquelle le héros se signale comme étant différent des autres personnages en obtenant l'objet ou la qualité qui lui permettrait de vaincre.
- L'épreuve principale (E2) : Elle présente l'action primordiale que doit réaliser le héros pour obtenir l'objet de sa quête.
- L'épreuve glorifiante (E3) qui est l'occasion offerte au héros de vaincre le faux héros afin d'obtenir une consécration ou une récompense.
- Le schéma fonctionnel peut être résumé par le tableau suivant :

---

[30] Greimas, cité par Françoise, TSOUNGUI dans *Clé pour le conte africain et créole,* Paris, Edicef, 1988, P 183.

Situation initiale	Evénement modificateur	Epreuve qualifiante	Epreuve principale	Epreuve glorifiant	Situation finale
SI	M	E1	E2	E3	

II-2-1- LE SCHÉMA ACTANCIEL

D'après la terminologie de Greimas, la notion d'actant renvoie à tout personnage fictif, qui participe ou joue un rôle essentiel dans l'organisation du récit. Le schéma actanciel se résume dont en une structure qui s'appuie sur ce que font les personnages en tant que force agissante. Dans tout récit qui comporte une quête ; les actants sont au membre de six : le destinateur, le héros, l'adjuvant, l'apposant, l'objet et le destinataire.

Le destinateur ou donateur : C'est tout personnage concret ou abstrait qui incite le sujet opérateur à aller vers l'objet de valeur.

Le destinataire ou bénéficiaire : c'est tout ceux à qui l'objet de quête procure une certaine jouissance

L'objet : C'est le bien recherché ou visé par le sujet, il dépend généralement des besoins des personnages.

Le héros ou sujet : il représente celui qui va à la quête, à la recherche ou à la conquête de l'objet de valeur. Dans certains cas il peut être en même temps le destinataire.

L'adjuvant : c'est tout personnage qui aide le sujet dans la quête de l'objet.

L'opposant : comme son nom l'indique désigne l'ensemble des personnages ou des concepts que le sujet rencontre comme obstacle dans sa quête de l'objet.

Les relations entre les différents actants peuvent se schématiser de la manière suivante.

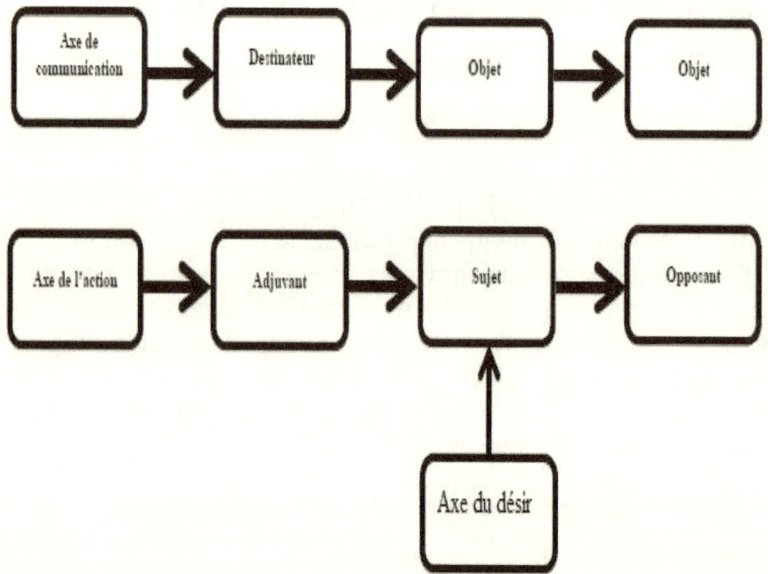

Nous constatons que les actants s'entrecroisent deux à deux. Dans l'axe de la communication ou du savoir, nous avons le destinateur et le destinataire qui font agir le sujet en le chargeant de la quête.

Dans l'axe de l'action ou du pouvoir, l'adjuvant aide le sujet dans sa quête de l'objet, tandis que l'opposant l'empêche de parvenir à son but.

Il faut noter d'une part que le schéma actanciel n'est applicable qu'aux récits qui comportent une quête, et d'autre part qu'un actant peut jouer plusieurs rôles actanciels. A titre d'exemple, un héros peut être à la fois sujet et destinataire. Inversement, plusieurs actants peuvent jouer un seul rôle actanciel.

II-3 – ANALYSE SÉMIOTIQUE DES CONTES NÉGRO-AFRICAINS

D'entrée de jeu nous tenons à préciser que la théorie de Greimas n'est pas applicable à tous les contes Négro-africains de notre corpus ; par conséquent, nous nous limiterons à l'analyse des contes que nous avons jugés valables pour cette théorie.

Conte n°9" **Le prince"**

Résumé. Un roi vivait dans l'opulence avec sa femme et son fils unique. Quelques années après sa mort, tous ses biens furent dilapidés. Le jeune prince fut donc obligé de chasser pour nourrir sa mère et ses trois amis (un petit charognard, un petit chat et un petit chien). Un jour, il revint de la chasse bredouille. Face à cette situation, le petit charognard décida de venir en aide au jeune prince et c'est ainsi qu'ils allèrent au royaume des charognards où le jeune prince fut accuellli comme un roi. Après avoir respecté les consignes du petit charognard, il reçut de la part du père charognard une bague magique et redevint riche. Malheureusement pour lui, le griot du village voisin usa d'une ruse et s'empara de la bague. Le jeune prince et sa femme furent arrêtés et sa famille retomba dans la misère. Grâce à l'aide d'une souris, le petit chat et le petit chien volèrent la bague magique. Redevenu riche et populaire le jeune prince fit arrêter tous les gens du village voisin.

Schéma fonctionnel

SI	M1	Transformations			SF1
		E1	E2	E3	
Un roi riche mène une vie paisible avec sa femme et son fils	Le roi meurt et ses biens sont dilapidés	Début de la disette ; le jeune prince chasse pour pouvoir nourrir sa famille	Le jeune prince fait une mauvaise chasse et le petit charognard décide de l'aider	Au village du petit charognard le jeune prince reçoit du père charognard une bague magique	Le jeune prince devient riche et sa renommée se répand partout.
	M2	E1	E2	E3	SF2
	Le griot du village voisin est jaloux de la richesse du jeune prince	Le jeune prince et sa femme sont arrêtés, retour à la misère.	Le petit chat et le petit chien réussissent à voler la bague et font revenir le prince à la maison	Le jeune prince pêche un silure et retrouve la bague	Le jeune prince redevient riche et les gens du roi voisin sont ligotés.

Schéma actanciel

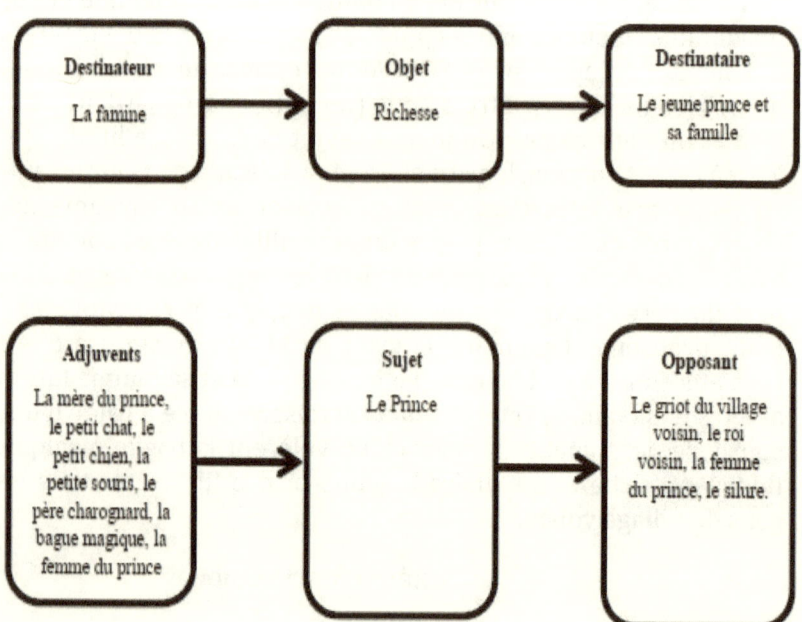

Conte n°10" **Le cultivateur, sa femme et les génies"**

Résumé. Un cultivateur alla comme de coutume à la quête des termites pour nourrir ses poules. A son absence, sa femme alluma le feu pour la cuisson. Malheureusement pour elle, la fumée attira l'attention d'un vieux génie qui décida d'envoyer son fils aller quérir du feu. Mais au lieu de lui donner du feu, la femme lui proposa plutôt un rasage qui, visiblement, fut à l'origine des problèmes du couple. Car ce n'était plus seulement le plus jeune génie mais toute la famille qui voulait être rasée. Voyant leur cour remplie de génies, le cultivateur et sa femme s'enfuirent et les génies s'emparèrent de tout ce qu'ils trouvèrent au champ.

Schéma fonctionnel

SI	M	Transformations			SF
		E1	E2	E3	
Le cultivateur et sa femme mènent une vie paisible, ils ont un champ et quelques animaux domestiques	La femme allume le feu pour la cuisine	Le vieux génie envoie son fils chercher du feu	La femme propose au petit génie de le raser et tous les génies veulent se raser.	Le cultivateur et sa femme abandonnent tout et s'enfuient	Les génies deviennent les nouveaux propriétaires du champ.

Conte n° 11" **les coépouses"**

Résumé. Un homme qui vivait avec son épouse décida de prendre une deuxième femme. Travailleuse, respectueuse, souriante et disponible, la deuxième épouse devint la préférée de son mari. La première femme qui se sentit oublier devint extrêmement jalouse et décida de mettre fin aux jours de sa coépouse devenue sa rivale et par conséquent un obstacle à son bonheur. Cette envie démoniaque et machiavélique se matérialisa enfin le jour où, étant à l'abri d'une pluie, dans un tronc d'arbre, la première femme ordonna à l'arbre de se fermer sur sa coépouse et son fils. Le mari informa tout le village de la disparition de sa femme et de son fils. Le village alla sans succès à la recherche de la femme. Un jour, un chasseur se cacha et écouta la première femme se moquer de sa coépouse. Informé, l'homme menaça sa première femme qui avoua son forfait et fit ressortir sa coépouse et son fils.

De ce conte, découle le schéma qui suit,

Schéma fonctionnel

SI	M1	Transformations			SF
		E1	E2	E3	
Le cultivateur vit avec sa femme, ils mènent une vie paisible	Le cultivateur prend une deuxième femme	La deuxième femme devient la préférée de son mari et bénéficie de toutes les faveurs	La 1ère femme est jalouse et enferme sa rivale dans un tronc d'arbre	Menacée de mort par son mari, la 1ère femme passe aux aveux	Le tronc d'arbre s'ouvre, la 2ème femme et son fils sont libérés

Schéma actantiel

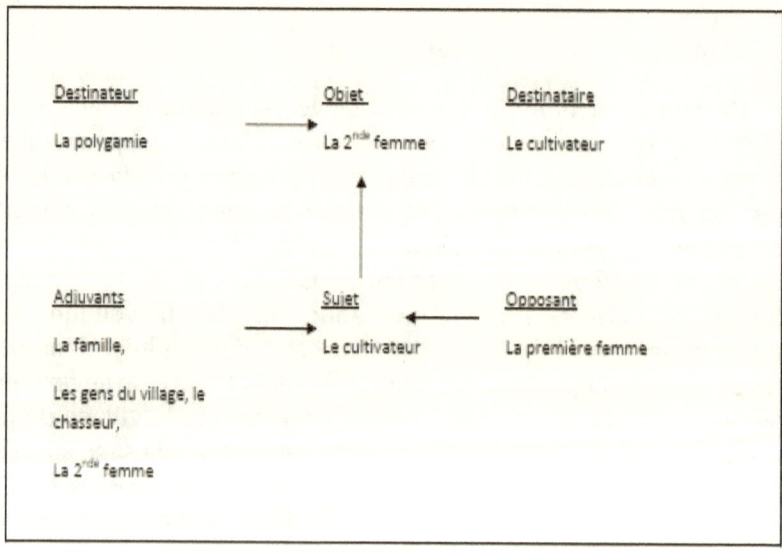

Conte n°13 : "**Le lièvre et l'hyène** "

Résumé. Le lièvre et l'hyène allaient à la quête des termites pour leurs pintadeaux. En cour de route, le lièvre montra à l'hyène un trou où il pourrait se réfugier en cas de danger. Au lieu de se réjouir, l'hyène se moqua plutôt du lièvre qui décida de laver l'affront. Pour ce faire, il assomma un lionceau et le mit dans le panier de l'hyène. Pendant qu'ils retournèrent à la maison, le lion constata la disparition de son fils et se mit à leur poursuite. Les deux vidèrent leur panier et le lionceau se trouvait mort dans celui de l'hyène qui s'engouffrait aussitôt dans le trou que lui avait montré le lièvre. Le roi de la forêt convoqua tous les animaux sauvages afin qu'ils puissent l'aider à attraper l'hyène. Mais dans sa ruse, le lièvre parvint à faire tirer l'hyène d'affaire.

Schéma fonctionnel

SI	M	Transformations			SF
		E1	E2	E3	
Le lièvre et l'hyène vont à la quête des termites pour leurs pintadeaux	L'hyène intrigue le lièvre avec des propos que ce dernier a du mal à digérer	Li lièvre assomme le lionceau et le met dans le panier de l'hyène	Les deux paniers sont renversés et le lionceau se trouve mort dans celui de l'hyène	Le lion convoque tous les animaux pour l'aider à capturer l'hyène	Grâce à la ruse du lièvre, l'hyène échappe aux animaux.

Conte n° 14 : " L'ingratitude"

Résumé. Un homme visiblement très affamé alla en brousse à la quête de la nourriture. Chemin faisant, il découvrit au fond d'un puits un homme, un singe, un lion et un serpent. A l'aide de longues lianes, il les sortit du puits, tous lui dirent merci et promirent de ne jamais oublier ce qu'il avait fait pour eux. Quelques jours plus tard alors que la famine sévissait, le singe et le lion vinrent en aide à l'homme en lui donnant respectivement une grande quantité de gousses de néré et du gibier. Quelques temps après, l'homme avait besoin d'aide. Il décida d'aller en terrain conquis en demander à l'homme qu'il avait sorti du puits. Contre toute attente, ce dernier le fit arrêter et ligoter par le chef sous le prétexte qu'il était un homme mauvais. Fort heureusement pour lui, le serpent qu'il avait libéré du puits passa et lui vint en aide en lui donnant le remède qui devait guérir le fils du chef que le serpent alla mordre. Grâce au remède que lui avait donné le serpent, l'homme parvint à guérir le fils du chef et en guise de récompense, il demanda le cerveau de l'homme ingrat qu'il avait sorti du puits.

Schéma fonctionnel

SI	M	Transformations			SF
		E1	E2	E3	
L'homme va en brousse à la quête de la nourriture.	L'homme découvre au fond d'un puits, un homme, un singe, un lion et un serpent	A l'aide des lianes, l'homme parvient à les faire sortir du puits.	L'homme a faim, le singe et le lion lui viennent en aide. Mais l'homme ingrat le fait arrêté.	Le serpent aide l'homme en lui donnant le médicament qui va ressusciter le fils du chef.	L'homme ressuscite le fils du chef et demande la cervelle de l'ingrat en guise de récompense.

Schéma actantiel

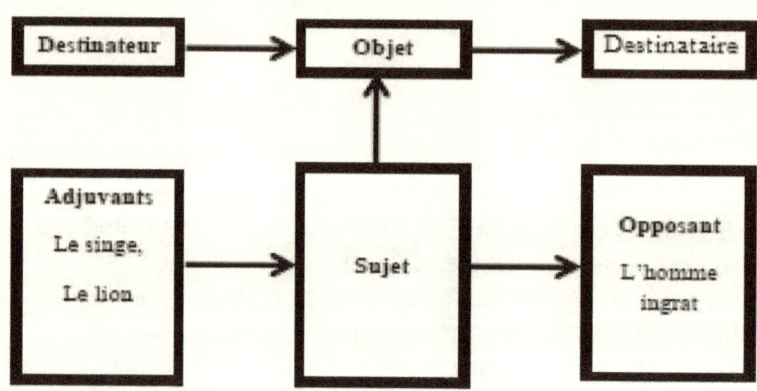

Conte n° 15 : **La femme de Mesha'atsang**

Résumé. Le jeune danseur Mesha'atsang, allait à la pêche. En cours de route, il rencontra une vieille femme qu'il aida à transporter son lourd fagot de bois. Cette dernière lui donna comme consigne d'éviter de jeter sa ligne dans la marre limpide et de pêcher dans la marre boueuse. Mais Mesh'aatsang fit le contraire et lança sa ligne dans la marre limpide où il pêcha une vieille femme qui s'autoproclama son épouse et s'installa chez lui. Un jour de danse, il tomba amoureux d'une belle jeune fille qui était en réalité sa vieille femme qui s'était débarrassée de sa vieille peau. Il la demanda en mariage mais elle refusa. Il alla consulter un magicien qui lui donna l'astuce qui devait empêcher la belle de revêtir sa peau de vieille femme. L'astuce fonctionna à merveille. La jeune fille rentra chez Mesha'atsang et joua à la muette. Lorsqu'il vit qu'elle était restée muette depuis plus d'un an, il retourna chez le magicien qui lui donna une autre astuce qu'il appliqua avec succès et la jeune fille se mit à parler.

Schéma fonctionnel

SI	M	Transformations			SF
		E1	E2	E3	
Le danseur Mesha'atsang mène une vie de célibataire	Rencontre avec la vieille femme qu'il aide	Désobéissance au conseil de la vieille mère et pêche d'une vieille femme	La jeune fille perd sa peau de vieille femme et refuse de parler	Mesha'atsang applique les consignes du magicien à la lettre	Mesha'atshang et sa femme se remettent à parler

Schéma actantiel

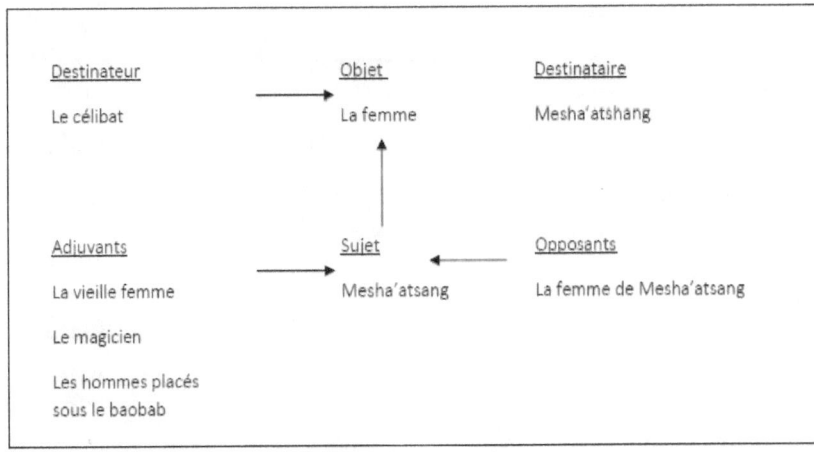

69

Conte n° 16" **Le fils de Nkan"**

Résumé. Un homme nommé Nkan avait trois épouses Kooko à Nkan, Gang à Nkan et Itiitii à Nkan. Il ordonna à ces dernières qui étaient toutes enceintes de n'accoucher que des filles. Alors qu'il alla au champ avec son esclave, il entendit une voix qui l'informa que ses trois femmes avaient accouché chacune d'une fille. Il porta les enfants et les rendit à leur mère et prit l'enfant d'Itiitii à Nkan qui était un garçon et le jeta dans un tas de fourmis. Kpong l'antilope qui vit la scène sauva l'enfant et le soigna. Quand l'enfant fut grand, Nkan voulut le reprendre. Le village organisa une réunion pour que l'enfant choisisse entre l'antilope Kpong et Nkan celui qu'il considérait comme son père. L'antilope fut choisie et Nkan eu honte d'avoir commis ce crime.

Schéma fonctionnel

SI	M	Transformations			SF
		E1	E2	E3	
Nkan vit avec ses trois femmes, elles sont toutes enceintes	Nkan leur ordonne de ne pas accoucher de garçon	Itiitii à Nkan accouche d'un garçon	Nkan attrape son fils et va le jeter dans un tas de fourmis, Kpong sauve l'enfant	L'enfant doit choisir entre Nkan et Kpong celui qu'il reconnaît comme son père	Kpong est reconnu comme étant le père.

Schéma actantiel

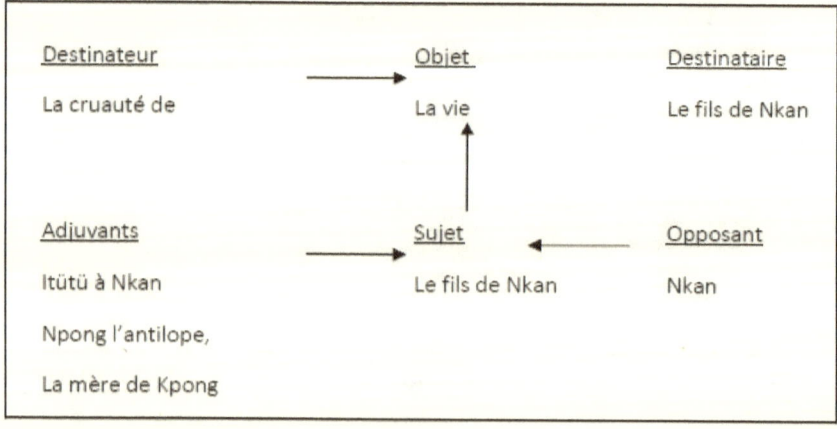

Destinateur	Objet	Destinataire
La cruauté de	La vie	Le fils de Nkan

Adjuvants	Sujet	Opposant
Itütü à Nkan	Le fils de Nkan	Nkan
Npong l'antilope,		
La mère de Kpong		

Conte n° 17 **Les épouses de Kalak**

Résumé. Un homme appelé Kalak avait deux épouses. La première s'appelait Kooko et avait des enfants ; la seconde s'appelait Gang, et bien qu'étant stérile, elle était la favorite de Kalak et vivait dans la même maison que lui. Tandis que Kooko était logée dans la savane. Les gens du village trouvèrent cette situation absurde et proposèrent à Kalak de feindre de mourir pour qu'on découvre celle qui l'aime vraiment. Pour ce faire chacune devait remplir deux marmites de ses larmes. Kalak fit le mort. Gang pleura la première et ne remplit aucune marmite. Kooko pleura à son tour et remplit ses deux marmites. Revenu à la vie, Kalak répudia Gang, prit Kooko et la logea près de lui.

Schéma fonctionnel

SI	M	Transformations			SF
		E1	E2	E3	
Kalak vit avec ses épouses kooko et Gang	Gang la stérile vit dans la maison de Kalak alors que Kooko la mère d'enfants est logée dans la savane	Kalak doit feindre de mourir afin de voir celle qui l'aime	Kooko remplit ses deux marmites ; Gang ne remplit aucune marmite	Kalak revient à vie	Kalak répudie Gang et loge kooko près de lui.

Schéma actanciel

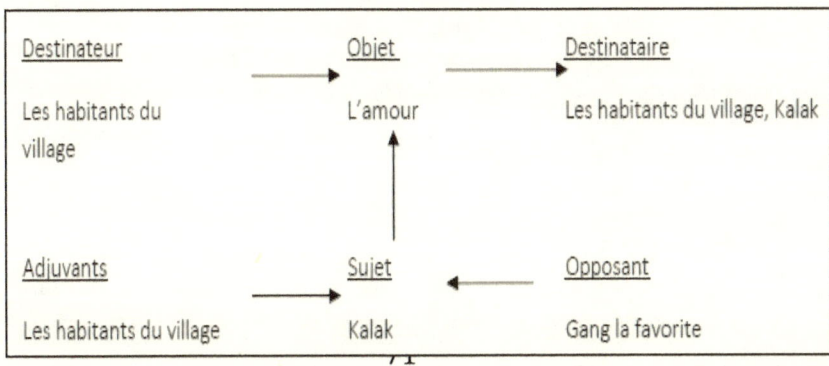

71

Conte n° 18 : " **Mesùt le lièvre épouse la fille du roi**"

Résumé. Le roi des animaux avait une première fille ravissante et belle nommée Ntùtùere. Un jour, il rassembla ses femmes et ses enfants et leur annonça qu'il allait donner Ntùtùéré en mariage. Il organisa une compétition à deux épreuves. Le vainqueur devait épouser la fille. La première épreuve consistait à aspirer la poudre de piment sans éternuer ; à la seconde épreuve, les pieds du prétendant devaient se noyer dans un ruissellement de sueurs qui émanaient de ses trémoussements. Le signal fut donné, quoiqu'encouragée par de nombreux spectateurs, aucun des prétendants ne parvint à braver la première épreuve. Au tour de Mesût, il usa de sa hardiesse pour gagner les deux épreuves. Cet exploit fut salué par la foule comme promis. Le roi donna la main de sa fille à Mesùt. Mécontents, les autres prétendants tendirent un guet-apens à Mésùt, mais malheureusement pour eux, ce dernier avait senti le roussi et une fois de plus grâce à sa ruse il parvint à déjouer ses détracteurs qui se dispersèrent un à un.

Schéma fonctionnel

SI	M	Transformations			SF
		E1	E2	E3	
Le roi mène une vie paisible avec sa famille ; Mesùt est célibataire	Le roi décide de donner sa fille Ntùtùere en mariage	Une compétition est organisée, le vainqueur doit épouser Ntùtùére	Aucun prétendant ne parvient à braver une épreuve	Grâce à sa ruse, Mesùt réussit à braver les deux épreuves	Tita Mesùt épouse Ntùtùère.

Schéma actanciel

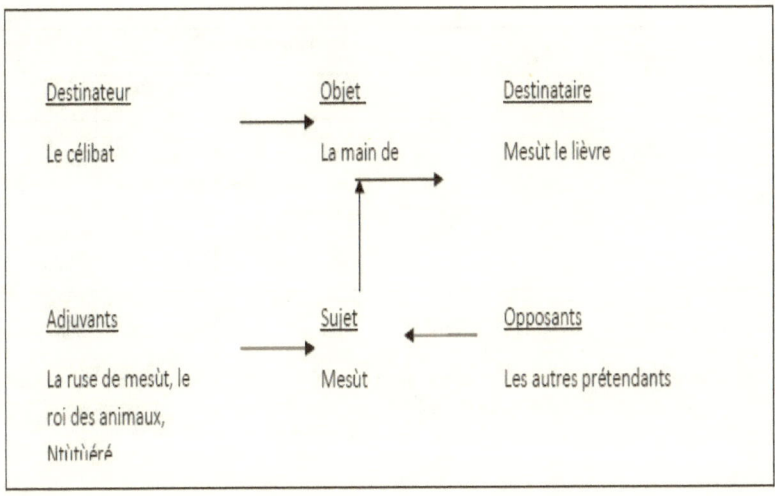

Conte n° 19 : " **Mesùt le lièvre sauve un chasseur**"

Résumé. Une terrible sécheresse s'était abattue dans le royaume des animaux. Conscient que cette situation affaiblirait les animaux, un chasseur s'arma de son fusil et alla à la quête du gibier. En pleine forêt, un crocodile et ses petits l'abordèrent et le supplièrent de les ramener dans le fleuve. Voyant l'état piteux des animaux, le chasseur compatit et les ramena dans le fleuve. Mais une fois dans le fleuve, les crocodiles voulurent dévorer le chasseur. Pendant qu'ils discutaient, le cheval et l'âne arbitrèrent en faveur du crocodile. Lorsque Mesùt le lièvre arriva, il demanda que la scène soit reprise depuis le début et c'est ainsi que le chasseur empaqueta de nouveau les crocodiles et les ramena où il les avait trouvé. Une fois sur les lieux, le lièvre rappela à l'homme ce qu'il était venu faire en forêt. Ce dernier comprit et tua le crocodile et ses enfants.

Schéma fonctionnel

	SI	M	Transformations			SF
			E1	E2	E3	
	La sécheresse s'abat sur le royaume des animaux	Un chasseur va à la quête du gibier	Il rencontre une famille de crocodiles affamés et assoiffés	Les crocodiles demandent de l'aide au chasseur	Le chasseur compatit et aide les crocodiles	Le chasseur ramène les crocodiles dans le fleuve
Épisode II	Le chasseur et les crocodiles sont dans le fleuve	Les crocodiles veulent dévorer le chasseur	L'âne et le cheval tranchent en faveur du crocodile	Mesùt le lièvre demande que la scène soit reconstituée depuis le début	Le chasseur ramène les crocodiles à la terre sèche	Le chasseur abat les crocodiles

Schéma actanciel

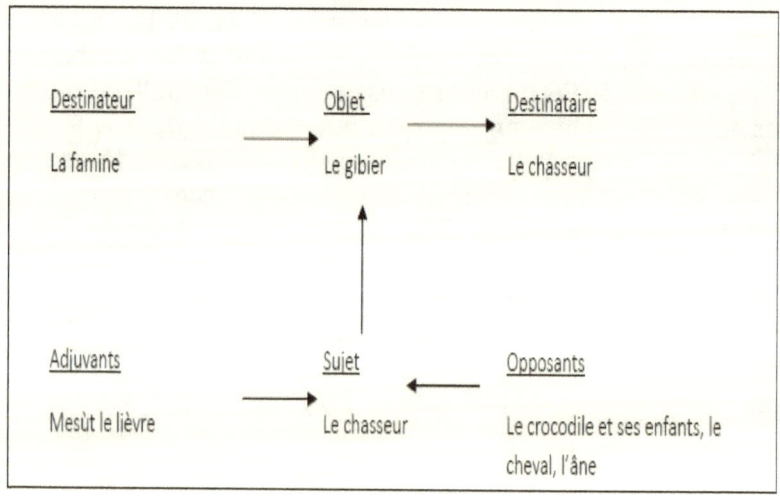

74

Conte n° 20 : "**La destitution de Memvù le chien**"

Résumé. Les animaux de la forêt avaient besoin d'un chef, ils tinrent un conseil et à l'unanimité désignèrent le chien comme étant leur chef. Jaloux de la nomination du chien, Mesùt le lièvre décida de le renverser. Pour mener à bien ce projet, le lièvre mit dans son sac un paquet de crabes grillés et un os. A son tour de révérences au chien, il encensa ce dernier et jeta un crabe et un os au sol ; le chien perdit l'esprit et se précipita sur l'os. Les animaux trouvèrent cette attitude indigne pour un chef ; ils le destituèrent et le lièvre devint le nouveau chef

Schéma fonctionnel

	SI1	M1	Transformations			SF
			E1	E2	E3	
	Le royaume des animaux est acéphale	Les animaux veulent un chef	Ils tiennent un conseil afin de désigner un chef	Tous les animaux jettent leur dévolu sur le chien	Le chien devient roi	Le lièvre est envieux de la place du chien
Episode II	Le lièvre est jaloux de la désignation du chien comme chef	Le lièvre veut renverser le chien	Le lièvre lance devant le chien un os et un crabe	Le chien perd l'esprit et se précipite sur les os	Le chien est détrôné	Le lièvre remplace le chien au trône

Schéma actanciel

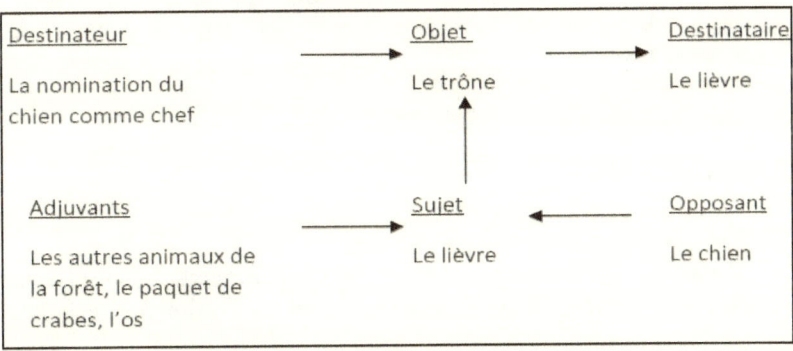

Destinateur	Objet	Destinataire
La nomination du chien comme chef	Le trône	Le lièvre
Adjuvants	Sujet	Opposant
Les autres animaux de la forêt, le paquet de crabes, l'os	Le lièvre	Le chien

Conte n°21 : "**la dette de Kimanga la tortue** "

Résumé. Kimanga la tortue et sa femme vivaient dans la misère. Inspiré par sa femme

Il alla un jour supplier Kupu le porc de lui emprunter de l'argent qu'il promit de rembourser dès l'apparition des premières pluies. Kupu fut très touché et remit au couple Kimanga la somme dont ils avaient besoin. Dès lors le couple fit bombance, quelques mois plus tard les premières pluies arrivèrent et Kimanga se trouva dans l'incapacité de rembourser sa dette. Face à cette situation, il décida d'abuser de son créancier en trouvant une supercherie. Le jour-j arriva, Kimanga se transforma en pierre sur laquelle sa femme écrasait le maïs, lorsque kùpù arriva chez ce dernier, son absence et l'attitude insolente de sa femme l'amenèrent à arracher la pierre à écraser et la jeter loin dans les champs. Dame Kimanga se mit à pleurer en réclamant sa pierre à kùpù ; Kimanga revint des champs et exigea à kùpù de retrouver la pierre de sa femme afin d'être rembourser, kùpù fouilla partout et ne retrouva pas la pierre

Schéma fonctionnel

SI	M	Transformations			SF
		E1	E2	E3	
Kimanga la tortue et sa femme vivent dans la misère	Kùpù le porc emprunte de l'argent à kimanga	Kimanga et sa femme font bombance	Les premières pluies arrivent mais Kimanga n'a pas l'argent de Kùpù	Kùpù jette dans les champs Kimanga pris pour une pierre.	Kùpù ne sera jamais remboursé.

Conte n° 22 : " **L'origine du divorce**"

Résumé. Un homme et sa femme menaient une vie heureuse. Un jour, la femme demanda à son mari de l'aider à chasser les gorilles qui pillaient la récolte, ce dernier refusa. Face à ce refus, la femme décida d'aller seule à la chasse aux gorilles, pour ce faire, elle s'arma du carquois et de l'arc de son mari. De retour des champs où elle avait réussi à tuer le chef des gorilles, la femme annonça son exploit à son mari. Mais elle fut surprise par la réaction de ce dernier qui au lieu de la féliciter lui intima d'aller illico presto récupérer sa flèche. Elle fut donc obligée d'aller au village des gorilles où elle pleura la mort du chef plus que les gorilles et parvint à récupérer la flèche de son mari. De retour à la maison, elle remit la flèche à son mari et le quitta.

Schéma fonctionnel

SI	M	Transformations			SF
		E1	E2	E3	
L'homme et sa femme sont mariés et mènent une vie paisible	L'homme refuse d'aider sa femme à chasser les gorilles qui pillent la récolte	Face au refus de son mari, la femme décide de chasser elle-même les gorilles	La femme tue le chef des gorilles mais son mari lui demande d'aller récupérer sa flèche.	La femme s'en va au village des gorilles afin de ramener la flèche	La femme ramène la flèche et divorce

Schéma actanciel

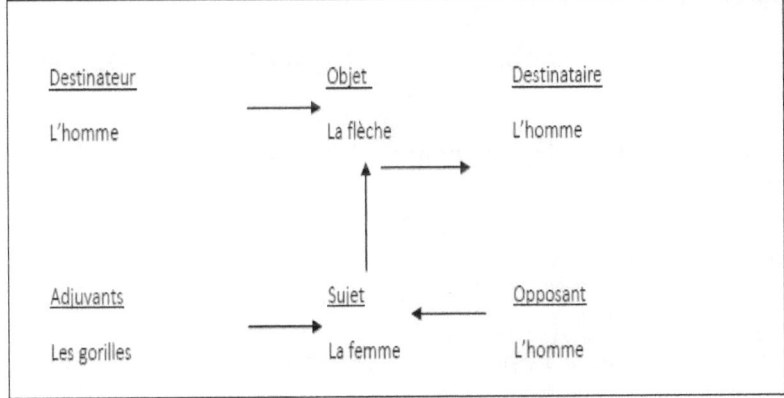

Conte n°23. "**Et le ciel recula**"

Résumé. Le ciel et la terre étaient des voisins et de très bons amis qui se concertaient parfois pour la prise des décisions à l'endroit des hommes. Un jour, une jeune femme décida de cuire une pâte de maïs pour le repas familial, après la cuisson, elle versa quelques calebasses d'eau dans la marmite, rinça et versa le contenu très haut de toutes ses forces. Malheureusement pour elle, l'eau s'éleva et cogna la voûte céleste qui se mit aussitôt en colère et gronda de plusieurs coups de tonnerre. Pour manifester sa colère, le ciel pensa à deux solutions ; tomber de toute sa puissance sur la femme et l'écraser ou se mettre hors de portée des hommes. Il adopta la deuxième solution et se retira très loin de la terre et décida de ne plus descendre à sa proximité

Schéma fonctionnel

SI	M	Transformations			SF
		E1	E2	E3	
Le ciel et la terre vivent à proximité l'un de l'autre, ils sont de très bons amis	Une jeune femme décide de faire la cuisson familiale	Après la cuisson, elle rince la marmite et verse le contenu	L'eau s'élève très haut et cogne la voûte céleste	Le ciel se met en colère et ne veut plus se mettre à la portée des hommes	Le ciel se retire loin de la terre

Conte n° 24 : "**Pourquoi y –a-t-il tant d'idiots de par le monde** ? "

Résumé. Trois jeunes hommes qui vivaient dans un village furent chassés de celui-ci pour leur bêtise. Ils se dirent qu'en réunissant leurs trois têtes stupides ils aboutirent à quelque chose de bon. Un jour, ils arrivèrent devant la cabane d'un vieil homme qui avait trois filles aussi bêtes que les trois idiots ; le vieil homme décida de les mettre à l'épreuve. Au premier il demanda d'aller à la pêche, au second d'aller dans les fourrés tresser les cordes et au troisième d'aller cueillir les noix de coco. Le premier pêcha les poissons qu'il rejeta dans l'eau pour retourner à la maison boire de l'eau, le second tressa un tas de cordes afin d'attacher le tas de corde, le troisième monta sur le cocotier. A la fin, aucun d'eux ne parvint à braver son épreuve, le vieil homme comprit qu'il n'y avait absolument rien à étendre d'eux, il leur donna ses trois filles en mariage et les chassa du village. Les idiots vécurent comme ils purent ; se multiplièrent et se répandirent dans le monde.

Schéma fonctionnel

SI	M	Transformations			SF
		E1	E2	E3	
Les trois idiots sont chassés du village pour leur bêtise	Ils décident de réunir leurs têtes pour aboutir à quelque chose de positif	Ils rencontrent un vieil homme qui décide de les mettre à l'épreuve	Aucun des idiots ne brave son épreuve	Le vieil homme leur donne ses trois filles idiotes et les chasse du village	Les idiots se multiplient, et se répandent dans tout le monde.

Conte n° 25 : " **le roi qui voulait marier sa fille**"

Résumé. Un roi qui voulait marier sa fille à un gendre de son choix, l'enferma dans une case sans porte afin qu'elle ne puisse pas tomber amoureuse de n'importe qui. Les prétendants arrivèrent mais aucun ne fut au goût du roi, un jour, les servantes entendirent des pleurs d'un nouveau-né qui venaient de la case de la jeune fille. Elles informèrent le roi qui devint fou furieux, il fit ramener la fille qui, leur avoua qu'elle ne connaissait ni le visage, ni le nom de celui qui l'avait mise enceinte, face à cette situation, le roi convoqua une assemblée afin que le géniteur soit identifié. Tous les hommes et animaux convoqués devaient chanter le "Nandjou" devant l'enfant et ce dernier devait désigner son père en marchant vers lui. Tous passèrent mais l'enfant ne se leva pas, au tour de l'écureuil, toute l'assemblée se moqua de lui, mais à peine avait-il entonné le "Nandjou" que l'enfant se leva et se dirigea vers lui. Tout le monde fut médusé, l'écureuil en profita et disparu dans la forêt avec son fils.

Schéma fonctionnel

SI	M	Transformations			SF
		E1	E2	E3	
Le roi a une belle fille qu'il veut marier à quelqu'un de son choix	Le roi enferme sa fille afin qu'elle ne tombe pas amoureuse de n'importe qui	La princesse accouche d'un garçon	Le roi convoque une grande assemblée pour découvrir le père de l'enfant	L'enfant désigne l'écureuil comme étant son géniteur	

Schéma actanciel

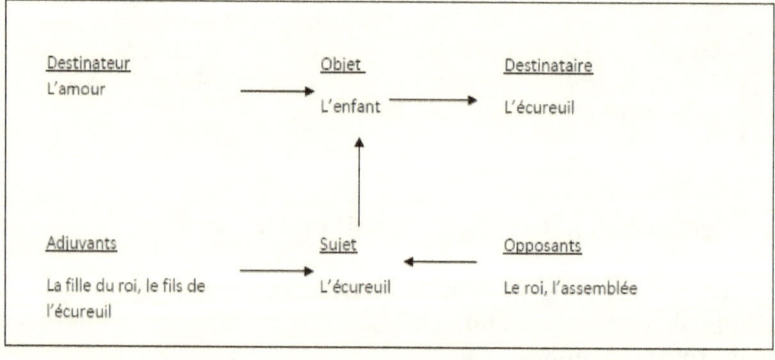

Conte n°26. " **Les trois antilopes**"

Résumé. Un troupeau d'antilopes se réduisait à deux femelles, naturellement incapable de se reproduire, elles se plaignirent sans succès. Un jour, l'esprit des eaux visiblement las de ses plaintes promit de les aider en transformant en mâle le premier animal qui viendrait s'abreuver à la fontaine, mais contre toute attente, c'est plutôt un homme et son fils qui s'amenèrent. Le fils bu le premier et se transforma immédiatement en antilope mâle, impuissant devant ce qui venait d'arriver, le père donna comme recommandation de fuir les hommes et les éléphants et de se joindre aux antilopes. Sur ce, la nouvelle antilope rattrapa les antilopes femelles et ils commencèrent à se multiplier.

Schéma fonctionnel

SI	M	Transformations			SF
		E1	E2	E3	
Le troupeau d'antilopes se réduit à deux femelles qui ne peuvent pas se reproduire	Les deux antilopes se plaignent sans succès	L'esprit des eaux promet de les aider	Un homme et son fils ont soif et veulent s'abreuver à la fontaine	Le jeune homme boit en premier et se transforme en antilope mâle	Le troupeau d'antilopes a un mâle et ils se multiplient

Conte n° 27 : " **Comment le tambour est arrivé sur la terre**"

Résumé Une corde reliait le ciel et la terre, l'unique tambour qui existait au monde était au ciel et tous ceux qui désiraient danser se retrouvaient au ciel et faisaient la fête. Un jour, le renard qui était manifestement un fêtard monta au ciel pour se joindre à une fête, à la fin de la fête, il trouva qu'il était judicieux d'avoir le tambour sur terre afin d'éviter des heures de grimpes sur la corde, il décida de ramener le tambour sur terre. Quand tout le monde fut endormi, il attacha le tambour à sa queue et entreprit la descente la descente le long de la corde, malheureusement pour lui, Dieu constata la disparition du tambour, il regarda vers le bas et vit le tambour attaché à la queue du renard, furieux, il prit un couteau et coupa la corde. Le tambour resta sur terre et il n'y eut plus de lien entre le ciel et la terre.

Schéma fonctionnel

SI	M	Transformations			SF
		E1	E2	E3	
Le tambour est au ciel, une corde relie le ciel à la terre	Le renard monte au ciel et se joint à une fête.	Le renard décide de ramener le tambour sur terre	Le renard attache le tambour à sa queue et descend le long de la corde	Dieu aperçoit le renard avec le tambour et coupe la corde	Le tambour est sur terre et il n'y a plus de lien entre le ciel et la terre.

Schéma actanciel

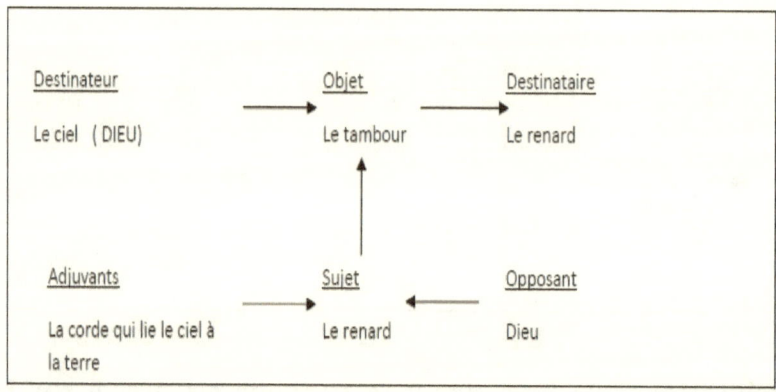

Conte n° 28 "Le prince de la pluie"

Résumé. Après la mort de son épouse, un homme décida d'aller vivre au fond de la forêt avec son fils Devi. Ce dernier grandit en solitaire en assimilant tous les rouages de la vie que lui apprit son père ; lorsqu'il eut dix-huit ans, une sécheresse s'abattit à Anga un village voisin. La famine, les rivières et les champs asséchés amenèrent le roi à convoquer ses sages afin qu'ils puissent ensemble trouver une solution capable de ramener de l'eau au village. Les sages firent plusieurs propositions mais, celle que le roi trouva mieux indiquée pour la situation était celle qui consistait à faire venir à Anga un jeune homme pur, intact, qui n'a jamais fait de mal et qui n'a que de bonnes intentions. Seul Devi répondait à ce profil de jeune homme. Conscient que le père de Devi refuserait qu'on ramène son fils à Anga, le chef envoya sa fille dans la forêt. Une fois en forêt la princesse rencontra Devi, le jeune homme tomba sous le charme d'Eleni et accepta de l'accompagner à Anga, à peine avait-il posé les pieds à Anga que la pluie revint dans tout le village. Le roi qui voulut le remercier avec un sac d'or constata que les deux jeunes étaient déjà amoureux l'un de l'autre, il organisa un grand mariage et fit venir le père de Devi qui accepta de vivre avec le jeune couple dans le château que le roi avait construit pour eux.

Schéma fonctionnel

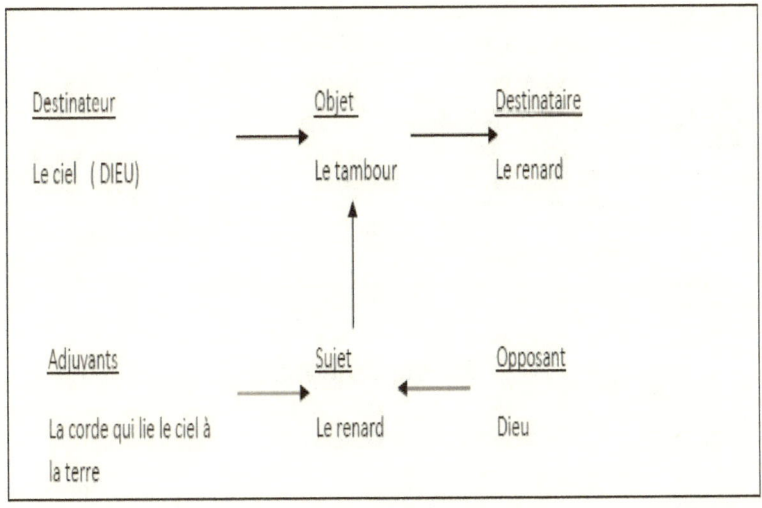

Conte n° 29 : **"les trois sœurs et Itrimoubé"**

Résumé. Un homme, sa femme et ses trois filles Ramatoua, Raïvou et Ifara menaient une vie paisible. Un jour, Ifara la plus jeune et la plus belle raconta à ses sœurs qu'elle avait rêvé que le fils du soleil l'avait demandé en mariage, consciente qu'un jour ce rêve pouvait se réaliser, ses sœurs décidèrent de l'éliminer. C'est ainsi qu'elles l'amenèrent à voler les ignames dans le champ du monstre Itrimoubé, le monstre l'attrapa et décida de l'avaler mais elle le poussa à accepter qu'elle devienne son épouse, en le faisant, Itrimoubé avait sa petite idée dans la tête, il voulait l'engraissé afin qu'elle soit dodue et bonne à rôtir. Fort heureusement pour Ifara, la petite souris à qui elle avait donné un peu de riz lui remit un œuf, un balai et un bâton, grâce à ces objets magiques elle parvient à vaincre Itrimoubé, après cet exploit elle fut ramenée chez ses parents par un pigeon bleu. Lorsqu'ils apprirent ce qui s'était passé, ils chassèrent les deux ainées et vécurent heureux avec Ifara.

Schéma fonctionnel.

SI	M	Transformations			SF
		E1	E2	E3	
Vie paisible en famille.	Ifara fait un reve,ses sœurs ainées ont peur qu'il se réalise et décident de l'éliminer.	Itrimoubé attrape Ifara et décide de l'avaler.	Grâce à l'aide d'une petite souris,Ifara s'évade de chez Itrimoubé	Itrimoubé meurt et un pigeon bleu ramène Ifara à la maison	Les parents chassent les deux aînées et vivent heureux avec Ifara

Schéma actanciel

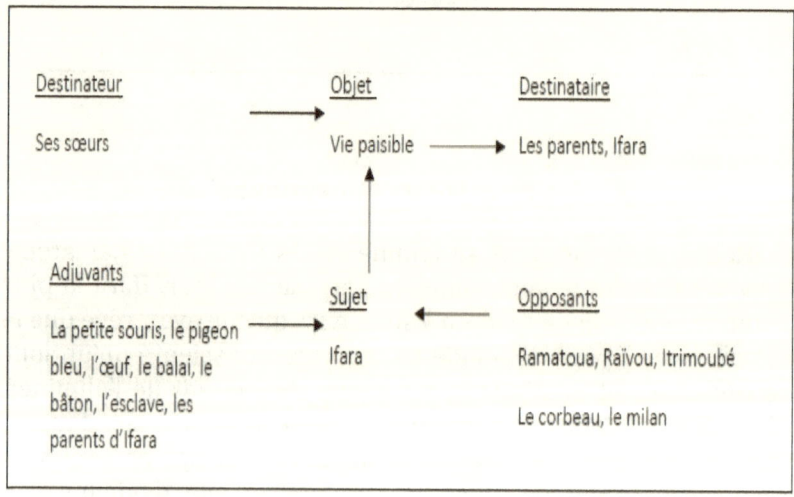

Conte n°12. " **La jeune fille et le lion**".

Résumé. Une jeune fille nommée Warimangan était la gardienne de leurs champs. Un vieux lion qui avait constaté que cette dernière était toujours seule aux champs, décida de la dévorer. Un jour, il s'approcha de la jeune fille, la salua mais au lieu de répondre, la fille se mit à chanter une chanson dont le contenu faisait peur au lion qui s'enfuie aussitôt, la même situation se répéta pendant plusieurs jours. Warimangan qui n'avait jamais fait part de cette situation décida à en parler à ses parents, informé, son papa promit de tuer le lion, le lendemain il l'accompagna aux champs, mais lorsqu'il vit la fureur du lion, il demanda à sa fille de chanter comme d'habitude. De retour à la maison, le mari raconta à sa femme ce qui s'était passé ; le lendemain, cette dernière s'arma d'une lance et accompagna sa fille aux champs, le lion les vit arriver, s'approcha d'elles et salua comme de coutume, quand il voulut bondit sur la jeune fille, sa mère lui planta la lance dans le cœur, le lion tomba raide mort.

Schéma fonctionnel

SI	M	Transformations			SF
		E1	E2	E3	
Les parents de Warimangan l'envoient garder les champs	Le lion observe qu'elle est toujours seule et veut la dévorer	Warimangan chante et le lion s'enfuit	Le papa décide d'aller aux champs tuer le lion mais la fureur du lion lui fait peur	La mère s'arme de sa lance et accompagne sa fille aux champs	Grâce à sa lance, la mère de Warimangan abat le lion.

A la suite de cette étude, deux observations s'imposent. La première observation c'est qu'à l'exception du conte n° 30 **"l'histoire de Raboutity"**, tous les contes Négro-africains présentent un schéma fonctionnel et les contes où nous avons une quête présentent en plus du schéma fonctionnel un schéma actanciel. Nous pouvons noter à la seconde observation que le milieu physique visible à travers les cours d'eaux, les champs, la forêt, la savane...et certaines activités telles que la chasse, la pêche, la cueillette sont des éléments qui montrent à suffisance que l'action de ces contes se passe en milieu rural et dans la plupart des cas le jour.

A présent la tâche qui nous incombe est de voir si les contes Egyptiens peuvent aussi faire l'objet d'une étude narrative.

II-4 – Analyse des contes Egyptiens

Pareillement aux contes Négro-africains, les contes Egyptiens peuvent faire l'objet d'une analyse structurelle dans la mesure où tous ces contes obéissent à la logique de Denise Paulme selon laquelle : « *Toute structure narrative comporte une série de situations ; le passage d'une situation à la suivante étant possible par une modification* »[31].

II-4-1 *Schémas fonctionnels et actanciels des contes Egyptiens*

Conte n° 1 : **"La légende des deux frères. "**

Résumé. Deux frères qui s'aimaient comme père et fils vivaient ensemble, Anoup était l'aîné et Bata le cadet. Un jour alors qu'ils travaillaient au champ, Anoup demanda à Bata de retourner à la maison, chercher les semences, une fois à la maison, la femme d'Anoup lui fit des avances qu'il refusa. Déçue, cette dernière décida de se venger, pour ce faire, elle attendit le retour de son mari et inventa une histoire qui poussa Anoup à vouloir tuer son petit, fort heureusement pour Bata, les vaches l'avertirent du danger qui l'attendait, il s'enfuie et alla se plaindre chez Râ-harakhty le soleil qui plaida en sa faveur en faisant apparaître une eau pleine de crocodiles qui devait le séparer d'Anoup qui s'était mis à sa poursuite. Bata arracha son cœur et alla s'installer au val de l'acacia, avant son départ il donna sa version des faits, son frère eut honte d'avoir été aveuglé par sa femme, il rentra à la maison et la tua. Un jour, les neuf dieux fabriquèrent une femme à Bata, il recommanda à cette dernière de ne jamais sortir et lui indiqua où il avait laissé son cœur. Mais la femme sortit et le fleuve emporta l'une de ses tresses au lavoir des blanchisseurs du pharaon qui demanda

---

[31] Denise, Paulme, citée par P. Ndakan, in *Le conte africain et l'éducation*, Paris, l'Harmattan, 1984, P 38.

aussitôt à ce qu'on retrouve celle à qui appartenait la tresse, c'est ainsi qu'elle fut capturée et devint la préférée du pharaon et trahit le secret de Bata. Les hommes du pharaon coupèrent l'acacia et il mourut, Anoup sentit la mort de son frère et appliqua les consignes que lui avait donné Bata au moment de leur séparation ; Bata ressuscita et décida de se venger, il se transforma tour à tour en taureau et en perséa que sa femme demanda au pharaon d'abattre, il se transforma en fin en copeau, entra dans la bouche de la femme et devint un enfant. Une fois grand, il devint le successeur du pharaon et fit condamner sa femme à mort. A sa mort, Anoup son frère lui succéda.

Schéma fonctionnel

SI	M	Transformations			SF
		E1	E2	E3	
Deux frères, Bata le cadet et Anoup l'aîné et son épouse vivent en paix	La femme d'Anoup fait des avances à Bata	La femmes d'Anoup falsifie l'histoire et accuse Bata. Anoup veut tuer son frère	Bata s'enfuit et va se plaindre chez le dieu soleil : séparation des deux frères par un fleuve	Anoup est au courant de la vérité	Anoup tue sa femme et reste en deuil de son frère
SI2	M2	E1	E2	E3	SF2
Bata et sa femme vivent au val de l'acacia. Elle ne doit jamais sortir de la maison	La femme sort pour se balader et l'acacia livre une de ses tresses au Nil	Le pharaon envoie des messagers à la recherche de la femme de Bata	La femme de Bata trahit le secret, on bat l'acacia et Bata meurt.	Anoup applique scrupuleusement les consignes et Bata ressuscite	Bata devient pharaon, la femme est mise à mort : Anoup lui succède à sa mort.

Schéma actanciel

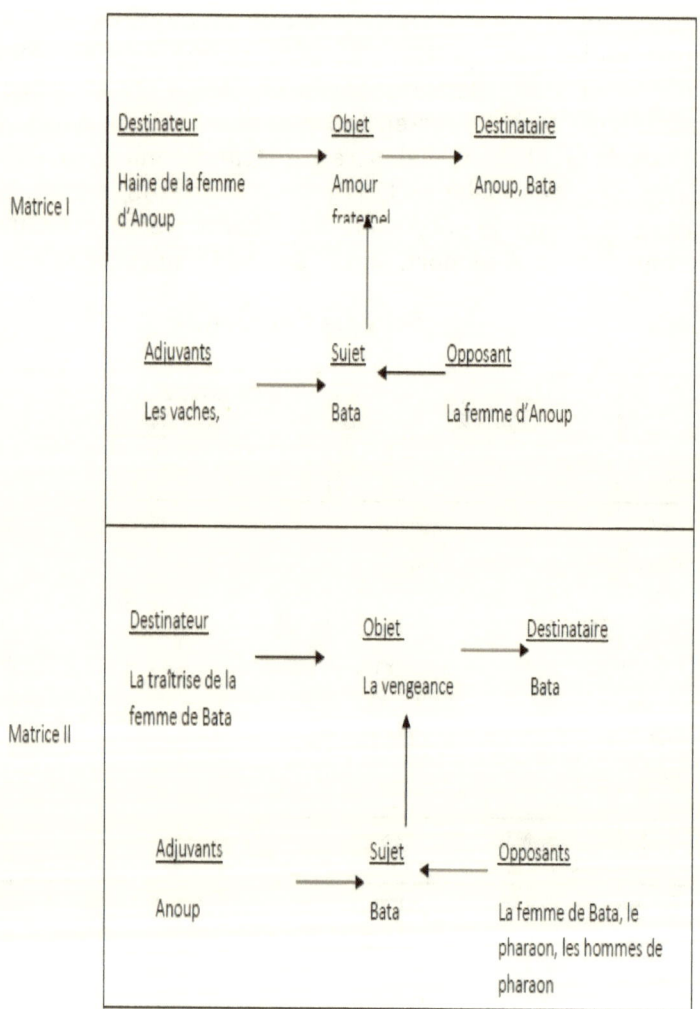

Conte n°2 : " **Le conte de Rhampsinite**"

Résumé. Un roi jaloux de sa fortune demanda à un maçon de lui construire un caveau en pierre afin qu'il puisse sécuriser son trésor. Très futé, le maçon laissa un passage secret pour ses fils, à sa mort, ses deux fils commencèrent le pillage du trésor ; mais malheureusement pour eux le piège que le roi avait installé se referma sur l'un d'eux. Soucieux de ne pas se faire identifier, il demanda à son frère de lui couper la tête. Le roi fit exposer le corps afin d'attraper quiconque qui viendrait s'attendrir sur le sort du cadavre, très astucieux, le fils rescapé enivra les gardes et déroba le corps de son frère. Très courroucé, le roi chargea sa fille d'attraper le larron, mais le voleur qui avait tout prévu parvint à s'échapper. Lorsque le roi fut informé, il s'extasia devant l'intelligence du garçon voleur et lui donna sa fille en mariage.

Schéma fonctionnel.

SI	M1	Transformations			SF
		E1	E2	E3	
Le roi fait construire un caveau pour sécuriser son trésor ; le maçon réalise le caveau mais scelle un pierre	Le maçon révèle le secret de la pierre scellée à ses fils avant de mourir ; les fils entament le pillage du caveau	L'un des fils est prit dans un piège installé par le roi : il demande à son frère de lui coupé la tête pour empêcher son identification	Le roi fait exposer le corps du voleur afin d'atteindre le cœur de la mère ; le fils rescapé enivre les gardes et dérobe le corps de son frère.	La fille du roi tend un piège pour amener le rescapé à raconter ses forfaits. Le larron a tout prévu et parvient à se jouer de la princesse	Le roi s'extasie devant l'intelligence du garçon voleur et lui donne sa fille en mariage.

Conte n° 3 : " **Le duel de Vérité et de Mensonge**"

Résumé. Mensonge prêta à son frère Vérité un couteau que ce dernier égara. Visiblement furieux, Mensonge alla porter plainte à l'Ennéade qui condamna Vérité à perdre la vue et à devenir le portier de la maison de mensonge. Quelques jours plus tard, Vérité fût recueillit par une femme bienveillante avec qui il eut un enfant. Lorsque l'enfant fut assez grand, il décida de venger son père. Pour ce faire, il confia son bœuf au berger de Mensonge. Alors qu'il inspectait son troupeau, Mensonge aperçut le bœuf et l'emporta, le jeune homme qui n'attendait que cette occasion vint et traîna Mensonge en justice, il fut à son tour condamné à avoir les yeux crevés et devint le portier de vérité.

Schéma fonctionnel

SI	M	Transformations			SF
		E1	E2	E3	
Mensonge réclame à vérité un couteau qu'il lui a prêté ; Vérité dit qu'il l'a égaré	Mensonge gagne le procès. Vérité est rendu aveugle et devint le portier de la maison de Mensonge	Vérité est recueilli par une femme bienveillante, il devint son portier et a un enfant avec elle.	Vérité raconte à son fils comment il est devenu aveugle : le fils décide de venger son père	Mensonge tombe dans le piège en mangeant le bœuf ; le fils de Vérité lui porte plainte devant l'Ennéade	Mensonge est condamné à avoir les yeux crevés et devient le portier de la maison de Vérité.

Schéma actanciel

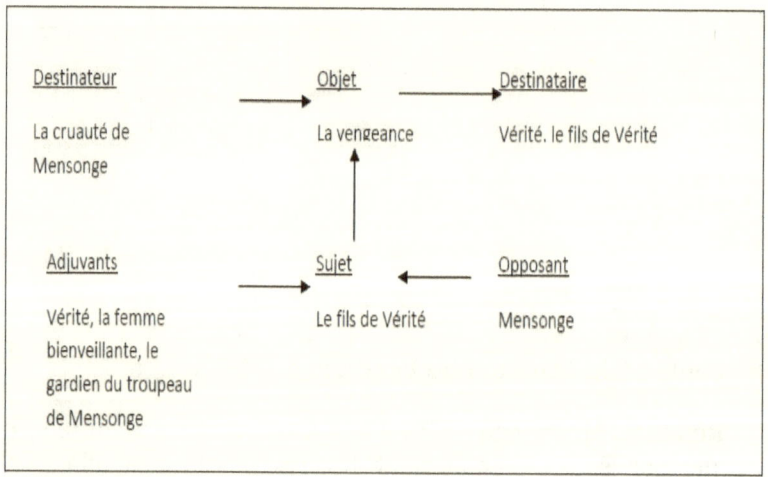

Conte n°4 : " **L'amitié des deux chacals** "

Résumé. Dans l'immensité du désert vivaient deux chacals qui étaient de véritables amis. Ils se partageaient et faisaient tout ensemble. Un jour, qu'ils allèrent à la quête de leur pitance, un lion affamé surgit devant eux contre toute attente, ils ne fuirent pas et firent face au lion. Stupéfait, le lion leur demanda pourquoi ils ne s'étaient pas enfuir, l'un d'eux prit la parole et fit comprendre au lion qu'ils voulaient faciliter la tâche au lion en l'épargnant d'être à bout de force au moment où il voudrait les dévorer. A l'écoute de ces mots pleins de sagesse, le lion reconnu la grandeur et le courage des deux chacals et leur accorda sa protection.

Schéma fonctionnel

SI	M	Transformations			SF
		E1	E2	E3	
Les deux chacals vivent en paix et s'aiment comme deux frères	Les chacals sont à la quête de leur pitance : un lion affamé surgit devant eux	Les chacals ne paniquent pas et font face au lion	L'attitude des chacals surprend le lion : il interroge les chacals	La réponse de l'un des chacals est pleine de sagesse	Le lion reconnaît leur courage et les accorde sa protection.

Conte n°5 : " **La femme adultère** "

Résumé : Oubaoner alla un jour en mission avec le roi, à son absence, sa femme passa du bon temps avec un homme. Lorsqu'il revint de mission, son intendant lui raconta tout ce qui s'était passé à son absence. Pour laver l'affront, il fabriqua un crocodile magique qui devait saisir l'amant de sa femme au moment où il sera dans l'étang. Comme prévu, l'homme vil vint et descendit dans l'étang, le crocodile s'empara de lui. De retour de mission, Oubaoner invita le roi et lui conta toute l'histoire. Le roi demanda au crocodile d'aller avec sa proie et fit brûler la femme adultère.

Schéma fonctionnel

SI	M	Transformations			SF
		E1	**E2**	**E3**	
Oubaoner et sa femme vivent en paix : il doit accompagner le roi en tournée	Un homme vil séduit la femme d'Oubaoner et elle commet l'adultère	L'intendant met Oubaoner au courant des événements qui se sont passés à son absence.	Oubaoner fabrique le crocodile magique que son servant va jeter dans l'étang.	Oubaoner invite le roi et lui raconte comment il a été cocufié.	Le roi demande au crocodile d'emporter l'homme et fait brûler la femme.

Schéma actanciel

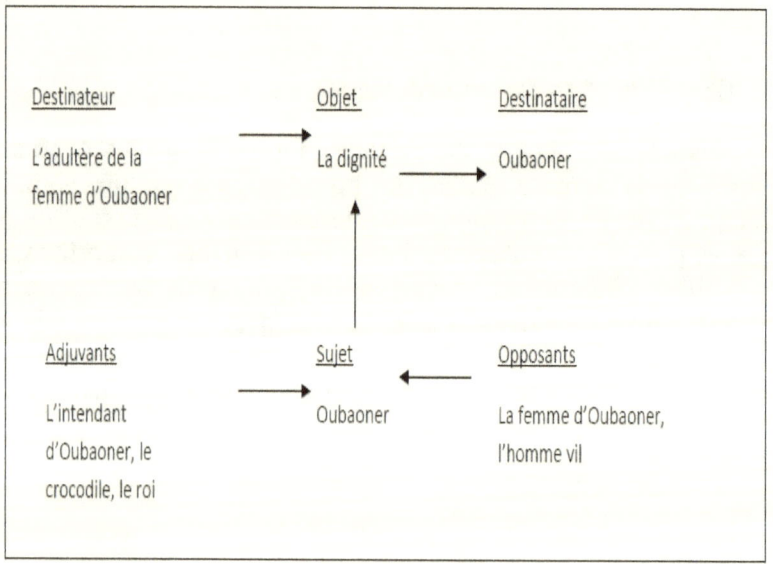

Conte n° 6 : **"La boucle de la rameuse"**

Résumé : Un jour, le roi Snefrou fit appel à Djadjaemankh afin qu'il lui trouve une distraction. Djadjaemankh proposa au roi d'organiser une partie de bateau, le roi acquiesça et fit venir vingt rameuses qui se mirent à ramer, le roi devint heureux. Mais une boucle d'oreille de la commandante tomba dans l'eau elle s'arrêta et tout l'équipage fit de même, surprit, le roi s'enquerra de la situation et fit de nouveau appel à Djadjaemankh qui vida la moitié de l'étang, retrouva la boucle d'oreille et la remit à son propriétaire, la partie de bateau continua, le roi et tout le palais furent très heureux.

Schéma fonctionnel

SI	M	Transformations			SF
		E1	E2	E3	
Le roi est mal heureux et est à la quête d'une distraction	Le prêtre lecteur propose une solution au roi	Une partie de bateau rameuses est organisée le roi est heureux	La boucle de la commandante tombe dans l'eau et arrêtent de ramer.	Le prêtre en chef retrouve la boucle et les filles se remettent à ramer	Le roi est heureux et récompense le prêtre en chef.

Conte n°7 : **" Le pharaon et le tisserand"**

Résumé. Baiti la fille de Tehouti souffrait d'une fièvre, Khounaré le tisserand compatit en offrant à son ami des figues qui manifestement avait des vertus thérapeutiques, quelques jours plus tard, elle recouvra la santé. Marouitensi l'intendant du pharaon trouva aberrant que de telles fugues soient remises à une fille de basse classe, il fit arrêté Khounaré et envoya à son nom le reste de figue au pharaon, très solidaires les paysans grevèrent et n'envoyèrent plus de légumes au palais, Marouitensi les fit arrêtés mais Tebouti qui avait réussi à se cacher, alla se plaindre chez le pharaon, Khounaré fut libéré et devint le tisserand du palais. Un jour alors que Baiti venait se présenter comme candidate à l'apprentissage, son regard croisa celui de Khounaré, les deux tombèrent amoureux et quelques jours plus tard ils se marièrent avec la bénédiction du pharaon.

Schéma fonctionnel

SI	M	Transformations			SF
		E1	E2	E3	
Khounaré es célibataire il mène tout de même un vie paisible	Le figuier de Khounaré porte des fruits en plein hiver	Grâce aux figues Baiti qui était mourante recouvre peu à peu la santé	Marouitensi est envieux des fruits et fait arrêter Khounaré	Grâce à la solidarité des Fellahs Khounaré est libéré et devient le tisserand du palais	Khounaré et Baiti se marient

Schéma actanciel

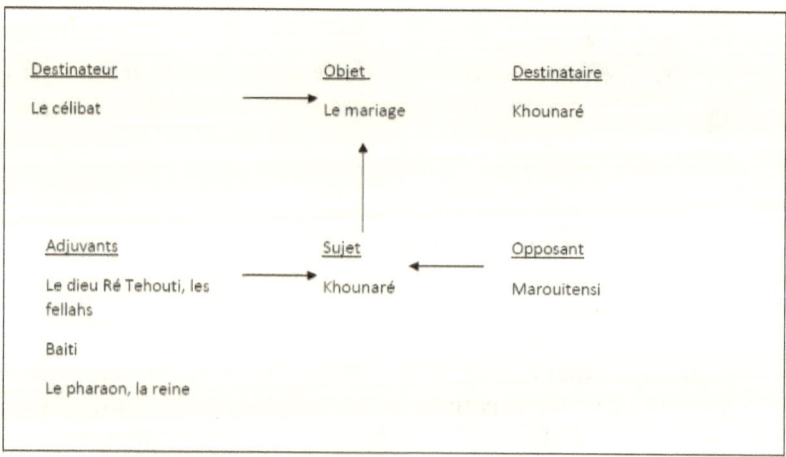

94

Conte n° 8 : " Le prince prédestiné"

Résumé. Un prince avait été prédestiné à mourir par le crocodile, le serpent ou le chien. Devenu grand, il décida d'aller en aventure affronté son destin, accompagné de son chien, il arriva à Naharinna où il fut accueilli par des princes de Kharou qui voulaient épouser la fille du prince de Naharinna, le prince s'envola un jour et atteignit la fenêtre de la princesse qui devint son épouse. Quelques jours plus tard la jeune fille parvint à tuer le serpent et le crocodile, les princes de Kharou revinrent à Naharinna pour tuer le prince, mais ce dernier, sa femme et son chien allèrent se cacher dans une grotte de la montagne, malheureusement pour eux, lorsque les princes passèrent à cet endroit, le chien et la princesse moururent sur le coup, avant sa mort, le prince reconnut que la prédiction des hathors était exact car c'est le chien qui les avait livré aux ennemis. La prédiction accomplie, les dieux les accordèrent une nouvelle vie.

Schéma fonctionnel

SI	M	Transformations			SF
		E1	E2	E3	
Les hathors annoncent que la mort du prince viendra d'un chien, d'un serpent ou d'un crocodile	Le prince refuse l'enfermement et décide d'affronter son destin	Le prince fait le saut victorieux : la princesse lui est donnée en mariage avec des terres et des troupeaux	La jeune femme réussit à mettre en pièces le serpent et le crocodile	Grâce au chien les princes de Kharou frappent le chemin, le prince et sa femme	La prophétie des hathors s'est accomplie : les dieux les donnent une nouvelle vie.

Schéma actanciel

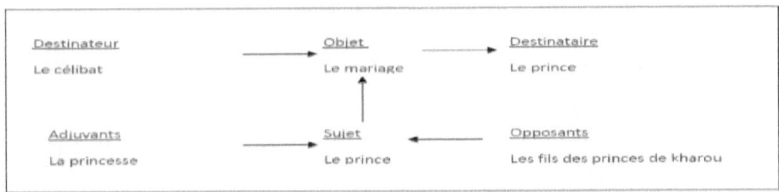

95

Au regard de ce qui précède, nous pouvons dire que les schémas fonctionnels et actanciels des contes Négro-africains et Egyptiens ne présentent pas de différences notables sur le plan formel. Connaissant les différents types de contes étudiés en Afrique par la folkloriste Denise Paulme, on peut être excité à se demander si les contes Egyptiens peuvent faire l'objet d'une étude typologique telle que suggérée par Paulme

II-5- LA TYPOLOGIE DES CONTES DE DENISE PAULME

Les contes africains présentent en général des situations qui peuvent être modifiées en fonction de la typologie du conte, Denise Paulme dans *La mère dévorante* s'est proposé d'étudier la classification typologique des contes et plus précisément des contes africains. Au terme de cette étude, elle a pu dégager huit types de contes que l'on peut diviser en deux groupes : les formes simples et les formes complexes.

II-5-1- LE TYPE ASCENDANT

Dans les contes de type ascendant, le héros est à l'entame du récit dans une situation de manque, cette situation s'améliore au fur et à mesure que le récit évolue et à la fin du récit le manque initial est comblé et le héros se retrouve dans une situation satisfaisante. Ce type de conte se schématise ainsi :

Manque ou manque ⟶ Amélioration ⟶ manque comblé

II-5-2- LE TYPE DESCENDANT

A l'antipode des contes du type ascendant, les contes du type descendant sont des contes où le héros se trouve dans une situation insatisfaisante. Le type descendant se schématise ainsi.

Situation satisfaisante ⟶ dégradation ⟶ situation insatisfaisante

II-5-3- LE TYPE CYCLIQUE

Les contes du type cyclique sont des contes où l'on retrouve l'association des types ascendant et descendant. Dans ce type de conte le héros peut se trouver devant deux cas, dans le premier cas le héros part d'une situation insatisfaisante et arrive à une situation satisfaisante, mais le héros peut soit transgressé un interdit, désobéit à son bienfaiteur et dans ce cas il peut être puni par sa désobéissance, son instabilité ou son abus de pouvoir et redescend dans sa situation insatisfaisante. Dans le second cas le héros est dans une situation satisfaisante. Cette situation peut se dégrader parce que le héros a transgressé un interdit, mais cette sanction peut être levée et à la fin du récit le héros retrouve sa situation satisfaisante.

Schéma : Situation de manque ⟶ Amélioration ⟶ Situation normale ⟶ Détérioration ⟶ Situation normale.

II-5-4- LES TYPES EN SPIRALE

Les contes du type en spirale sont des contes où l'on retrouve un héros qui fait face à deux situations ascendantes.

Schéma

Manque ⟶ Amélioration ⟶ Manque comblé ⟶ Détérioration ⟶ Nouvelle amélioration ⟶ Situation satisfaisante

II-5-5- LE TYPE EN MIROIR

Dans les contes du type en miroir l'on observe deux séquences dont la première est ascendante pour le héros qui, au cours de la quête de son objet de valeur bénéficie de l'apport d'adjuvant qui l'aident à cause de sa docilité, de sa générosité ou de sa bonne conduite. La seconde séquence est descendante par l'anti-héros qui, jaloux de succès de l'héros va à la quête du même objet de valeur mais son arrogance, sa mauvaise conduite et son insolence vont concourir à sa perte.

Schéma :

Héros : Manque ⟶ Amélioration ⟶ Manque Comblé ⟶ faux héros : situation normale ⟶ Détérioration ⟶ manque.

Dans les contes du type en sablier on assiste à la fin du récit à une permutation de place ou de situation. Les deux personnages principaux que sont le héros et l'anti-héros sont au début du récit dans deux situations divergentes, le héros est dans une situation de manque et l'anti-héros dans une situation satisfaisante, mais le héros qui se trouve en mauvaise posture au départ sera substitué par l'anti-héros.

Schéma : héros   anti-héros

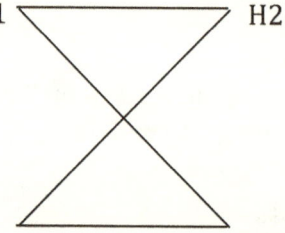

H1   H2

II-5-7- LE TYPE EN DIVERGENCE

Les contes du type en divergence peuvent être assimilables aux types en miroir et en sablier. La nuance qui existe entre ces contes est que dans les contes en miroir le héros et l'anti-héros vont à la quête de l'objet de valeur chacun à son tour tandis que, dans les contes en divergence le héros et l'anti-héros vont au même moment chacun de son côté et ne visent pas toujours le même objet. Mais le succès du héros est conditionné par l'échec de l'anti-héros. Par ailleurs, dans les contes du type en divergence, on n'assiste pas à une permutation systématique de places à la fin du récit comme c'est le cas dans les contes en sablier mais l'on observe tout de même une situation ascendante pour le héros et descendante pour l'anti-héros.

II – 6- ANALYSE TYPOLOGIQUE DES CONTES NÉGRO-AFRICAINS

Dans notre corpus, à l'exception du conte n° 30 "**l'histoire de Raboutity**", tous les contes Négro-Africains obéissent à la typologie des contes proposée par Denise Paulme, il s'agit plus exactement des types ascendants, descendant, cyclique, en spirale, en sablier, et en divergence.

Relèvent du type ascendant les contes : n° 12 " **La jeune fille et le lion**" à la situation initiale la jeune Warimangan est régulièrement épouvantée et menacée de mort par un lion féroce. A la situation finale le lion est tué. La mort du lion est une libération pour la jeune fille qui n'aura plus à vivre le cauchemar que lui faisait vivre le lion.

n° 15 "**La femme de Mesha'atsang**" au début du récit Mesha'atsang est célibataire, à la fin il a une épouse.

n° 16 "**le fils de Nkan**" à l'entame du conte, le fils est jeté dans un tas de fournis par son géniteur qui veut le tuer, fort heureusement pour lui est sauvé par l'antilope naine, à la fin du récit l'enfant est grand et renie son géniteur et choisit comme père l'antilope.

n° 17 "**Les épouses de Kalak**" dans ce récit Kalak est au début dans une situation de doute parce qu'il ne sait pas laquelle de ses épouses l'aime vraiment. A la fin du conte il est dans une situation de certitude dans la mesure où il sait désormais celle qui l'aime.

n° 18 "**Metsùt- le- lièvre épouse la fille du roi**".

Mesût le lièvre va utiliser sa ruse pour épouser la fille du roi. Homme célibataire au début du récit, homme marié à la fin.

n° 19 "**Mesùt le lièvre sauve un chasseur**"

Grâce à l'intelligence de Mesùt le lièvre le chasseur qui était à la quête du gibier réussit à abattre le crocodile et ses enfants.

n°21 "**La dette de Kimanga la tortue**"

Endettée, la tortue va utiliser son intelligence pour se désendetter sans rien payer à son créancier.

n° 24 "**Pourquoi y a-t-il tant d'idiots de par le monde**"

Au début du conte les idiots sont célibataires, à la fin ils sont mariés et ont des enfants.

n°26 **"les trois antilopes "**

Incapables de se reproduire à l'entame du récit, les antilopes sont à la fin du conte innombrable.

n° 27 **"Comment le tambour est arrivé sur la terre"**

Absence de tambour sur terre au début du conte, présence d'un tambour à la fin.

n° 28 **"Le prince de la pluie "**

Le personnage principal le prince est au début du récit pauvre et célibataire, à la fin du récit il est marié et riche.

Relèvent du type descendant les contes :

n° 10 **"le cultivateur, sa femme et les génies"** Le cultivateur et sa femme sont au départ dans une situation satisfaisante ils ont des champs des moutons, des chèvres, des poules et des pintades. A la fin, ils s'enfuient et laissent tout aux génies.

n° 22 **"l'origine du divorce"** Au début du récit l'homme et la femme sont mariés et mènent une vie heureuse, à la fin du récit la femme quitte son mari.

n° 24 **"Et le ciel recula"** Le ciel et la terre vivent une relation de bon voisinage, ils sont des amis qui se partagent tout, mais la maladresse d'une femme va mettre fin à cette amitié, ainsi, la situation de proximité du départ s'est dégradée pour laisser place à la distanciation.

Appartiennent au type en spirale les contes n°s :

n° 9 **"Le prince"**

Le prince qui est le personnage principal de ce conte vit avec son père et sa mère dans l'opulence, ils ne leur manque rien d'essentiel (situation satisfaisante). Mais à la mort de son père, ils dilapident tous les biens et la misère commence (dégradation). Grâce à l'aide de son ami le petit charognard ils redeviennent riche (amélioration). Sa femme le trahit, le roi voisin récupère la bague magique et le fait prisonnier (nouvelle détérioration). Le petit chat le libère et récupère la bague magique, le prince redevient riche (situation finale satisfaisante et semblable à la situation initiale).

n° 14 "L'ingratitude"

L'homme le héros du conte est au début dans une situation d'affamée (manque) quelques temps après le singe et le lion qu'il avait sauvé lui donnent des provisions (manque comblé). Les provisions finissent et il va ç la quête de nourriture mais l'homme ingrat le fait arrêté (dégradation) grâce au serpent il est libéré et aura ce qu'il désire (situation satisfaisante) relèvent du type cyclique les contes:

n° 11 "Les coépouses"
Au début du récit la situation du polygame est enviable, il a ses deux femmes, ils vivent en paix et la joie règne dans la famille (situation normale). Mais la jalousie de la première l'amène à enfermer sa coépouse et son fils dans un arbre (situation dégradante pour le polygame qui perd sa femme et son fils). Fort heureusement pour lui un chasseur surprend la première femme, cette dernière passe aux aveux et libère sa coépouse (retour à la situation normale).

n° 29 "Les trois sœurs et Itrimoubé"

La jeune Ifara le personnage central de ce récit mène une vie paisible, il ne lui manque rien d'essentiel, elle vit avec son père, sa mère et ses deux grandes sœurs (situation satisfaisante). Mais sa beauté va rendre ses grandes sœurs jalouses, elles vont entraîner Ifara dans les filets du monstre Itrimoubé qui la fera prisonnière (situation dégradante). Grâce à une petite souris et un pigeon elle retourne chez eux et mène une vie heureuse avec ses parents. (Situation finale semblable à la situation initiale)

Relèvent du type sablier les contes:

n° 20 "La destitution de Memvù le chien"

Au début du récit le chien est en bonne posture pour être le chef des animaux, il le devient après un conseil (situation satisfaisante). A rebours du chien, le lièvre est au départ dans une situation de manque car il aspirait au trône mais c'est le chien qui a été désigné. Force lui est donné de recouvrir à un stratagème qui lui fera bénéficier des égards des autres animaux qui le préféreront au chien. A la fin du récit on assiste à une permutation de place entre le chien et le lièvre.

n° 25 "Le roi qui voulait marier sa fille"

Au début du récit le roi est dans une situation satisfaisante, il est un roi respecté qui a une belle fille qu'il propose en mariage. Par contre, l'écureuil au début du conte est dans une situation de manque car il n'a pas d'enfant. Mais grâce à la sottise du roi qui se croyait malin en enfermant sa fille, l'écureuil va engrosser cette dernière et deviendra papa. La paternité de l'écureuil sera pour le roi une très grande humiliation (détérioration).Ainsi, le roi qui était au départ heureux se trouve à la fin malheureux et l'écureuil qui était dans une situation de manque est à la fin dans une situation satisfaisante.

Appartient au type divergence le conte n° 13 "le lièvre et l'hyène "

Les deux personnages principaux, lièvre et l'hyène vont ensemble à la quête des termites (situation de manque pour les deux) en cours de route l'hyène se moque du lièvre qui décide de se venger en mettant le lionceau dans le panier de l'hyène. A la fin du récit l'hyène est pourchassée par les animaux tandis que le lièvre à son panier de termites, on assiste donc à une situation ascendante pour le lièvre à la fin et descendante pour l'hyène.

A l'instar des contes Négro-africains, les contes Egyptiens peuvent faire l'objet d'une étude typologique.

II-7- CLASSIFICATION TYPOLOGIQUE DES CONTES EGYPTIENS

A l'exception du conte n° 4 "**l'amitié des deux chacals**" où l'on assiste à une situation satisfaisante du début à la fin du récit sans qu'il ait transformation, tous les contes Egyptiens appartiennent à une typologie, il s'agit notamment des types ascendants, descendant, cyclique, en spirale et en sablier.

Relèvent du type ascendant les contes :

n° 2 "**Le conte de Rhampsinité**" Dans ce récit le fils du maçon est au départ célibataire mais grâce à sa ruse il va à la fin du récit épousé la fille du roi.

n° 7 "**Le pharaon et le tisserand**" Comme le conte précédant, le tisserand est au début du récit célibataire mais grâce à sa bonté il épousera Baiti à la fin du conte.

n° 8 "**Le prince prédestiné**" Le personnage principal de ce conte, le prince est comme les deux héros précédents célibataire à la situation initiale, il va braver une épreuve et épousera la fille du prince de Naharinna.

Appartient au type descendant le conte n°5 "**La femme adultère**" contrairement aux trois contes précédents, Oubaoner le personnage principal de ce récit est au début marié. Mais il va vivre une double dégradation, il sera cocufié par un homme vil et à la fin du récit le roi fera brûler sa femme.

Relève du type en spirale le conte n° 1 "**La légende des deux frères**" Baiti le héros mène au début une vie paisible avec son grand frère (situation normale). La femme de son grand frère l'accuse, son frère veut sa mort (dégradation). Il s'enfuit et s'installe au val de l'acacia, les dieux lui donnent une femme (amélioration). Sa femme lui désobéit et le trahit (nouvelle détérioration). A la fin du récit il devient pharaon, se venge et vit avec son frère (retour à la situation satisfaisante du départ).

Relève du type cyclique le conte n° 6 "**La boucle de la rameuse**"

A l'entame du récit le roi n'a pas de distraction (manque). Il organise une partie de bateau (manque comblé). La boucle de la commandante tombe dans l'eau et les rameuses arrêtent de ramer (dégradation). Le prêtre lecteur retrouve la boucle et elles se remettent à ramer (situation finale satisfaisante).

Relève du type en sablier le conte n° 3 "**Le duel de Vérité et de Mensonge**"

Dans ce conte on assiste à une permutation de place entre le héros vérité et l'anti-héros mensonge. Au début du récit vérité est dans une situation insatisfaisante, il est aveuglé et est portier devant la maison de mensonge. A la fin du récit, c'est mensonge qui est aveuglé et devient le portier de vérité.

Au regard de cette étude typologique, nous constatons que dans les contes des types ascendant et descendant on assiste à une seule transformation qui peut être une amélioration ou une dégradation. Ce qui n'est pas forcément le cas pour les autres typologies où l'on peut avoir au moins deux transformations.

Après cette étude sémiotique et morphologique des contes Négro-africains et Egyptiens, il semble important que nous poursuivions notre travail en analysant les personnages et leur action.

III. ETUDE DU FONCTIONNEMENT DES PERSONNAGES

Traitant des personnages dans l'ouvrage intitulé le *personnel du roman*, Philipe Hamon affirme : « *Le personnage est une unité diffuse de signification construite progressivement par le récit, support des conservations et des transformations sémantiques du récit, il est constitué de la somme des informations données sur ce qu'il est et sur ce qu'il fait* »[32]

Le mot « *personnage* » vient du latin « *persona* » qui signifie masque ou rôle. Les personnages constituent le maillon indispensable dans l'organisation des histoires, ils déterminent les actions, les subissent, les relient et leur donne du sens. D'une certaine façon dira Yves Routier : « *Toute histoire est histoire des personnages* »[33]. Beaucoup d'études ont été faites sur le concept de personnage, plusieurs analystes ont proposé différentes dénominations pour désigner toute force agissante, tout ce qui joue un rôle dans une fiction. Vladimir Propp, qui trouvait déjà le concept flou le substituait par celui de 'fonction', Todorov quant à lui a choisi la notion d' « *agent* ». Claude Bremond pour sa part propose à la fois « *agent et patient* ». Et Greimas, à son tour réduira la notion de personnage à celle d' « *actant* » c'est-à-dire à une force agissante. Tous ces théoriciens incluent dans leur classification. Les êtres humains, les animaux, les êtres célestes, les choses animées ou inanimées qui jouent un rôle dans une œuvre imaginaire.

---

[32] Philippe Hamon, *le personnel du roman*, Genève, Droz 1983, P. 220.
[33] Yves Reutier, *Introduction à l'analyse du roman*, 2ème édition, Paris Dunod 1996.

Au nombre des analyses faites sur la notion de personnage, celle de Philippe Hamon semble mieux convenir à notre objet. Elle nous permettra de voir si une étude analogue à celle faite sur les personnages des contes negro africains est possible avec les contes Egyptiens anciens

III-1 LA DISTINCTION ET LA HIÉRARCHISATION DES PERSONNAGES DE PHILIPPE HAMON

En s'inspirant de l'analyse structurale, Philippe Hamon développera la sémiologie du personnage, pour lui le personnage est perçu non seulement comme un signe, mais aussi comme une association de signes à l'intérieur d'un texte. En tant que signe, le personnage se rapproche du morphème linguistique en ne se donnant pas d'emblée à l'analyse mais en se construisant. Il développera sa méthode autour de deux axes, d'abord le personnage perçu comme un « *être* », l'étiquette du personnage, ses dénominations. « *Etudier un personnage c'est pouvoir le nommer. Agir pour le personnage c'est aussi et d'abord pouvoir épeler, interpeller, appeler et nommer les autres personnages du récit. Lire, c'est pouvoir fixer son attention et sa mémoire sur des points stables du texte, les noms propres.* »[34] On peut également saisir le personnage à partir de son portrait. Pour lui, « *Le portrait qui est expansion, qui se présente sous la forme d'une description, joue également un rôle important dans la construction de l'effet personnage* »[35]

Au terme de ses recherches, Philippe Hamon proposera six paramètres, simples et maniables pour distinguer et hiérarchiser les personnages, il s'agit notamment :

De la qualification différentielle qui s'intéresse à la quantité des qualifications assignées à chaque personnage et aux aspects de leur manifestation, il s'agit donc de voir si les personnages

---

[34] Philippe Hamon, « *Pour un statut sémiologique du personnage* », in poétique, Paris, édition du seuil, 1979, P. 128 .
[35] Ibid. P.140.

sont plus ou moins anthropomorphes, s'ils ont des signes particuliers ou non. S'ils apparaissent sous un jour plus ou moins favorable sur le plan physique, psychologique et social.

La distribution différentielle s'attache à déterminer les aspects quantitatifs tels que la fréquence et la durée des apparitions des personnages : ils apparaissent plus ou moins longtemps, avec un rôle et des effets plus ou moins importants.

L'autonomie différentielle renvoie au type de combinaison des personnages entre eux. Il s'agit concrètement des fréquences d'apparition, des déplacements, et de la multiplicité des relations qu'un personnage entretient avec d'autres, ainsi, un personnage pourra apparaître seul ou accompagné et entrer en contact avec d'autres protagonistes.

La fonction différentielle porte sur le faire des personnages : leur rôle dans l'action, plus ou moins important, porteur de réussite ou non.

La pré désignation conventionnelle combine le faire et l'être des personnages. En référence à un genre donné. Ici l'importance et le statut du personnage peuvent être codifiés par des marques génériques traditionnelles : tel trait physique, telle action. Du coup, dès la première apparition d'un personnage, le lecteur familier du genre peut le catégoriser.

Le commentaire explicite porte quant à lui, sur le discours que tient le narrateur à propos d'un personnage. Il indique le statut du personnage ou la manière de le catégoriser.

III-1-1- LA HIÉRARCHISATION DES PERSONNAGES DES CONTES NÉGRO-AFRICAINS

La hiérarchisation des personnages consistera à la distinction des personnages en deux grandes catégories : les personnages principaux et les personnages secondaires.

III-1-1-1 LES PERSONNAGES PRINCIPAUX

Les personnages principaux sont les socles de l'intrigue, c'est eux qui provoquent et clôturent presque tous les événements qui meublent les contes. Pour rester fidèle à la démarche que nous avons entreprise à l'entame de notre travail, nous les analyserons successivement dans leur conte.

Dans le conte Négro-africain n°9 **" Le prince",** le personnage principal est incontestablement le prince. C'est un personnage anonyme dont le narrateur ne prend pas la peine de dresser de manière évidente le portrait physique et moral. Sur le plan physique tout ce que nous savons de lui c'est qu'il est jeune « *le jeune prince* », bien que cela ne soit pas explicite, quelques passages du conte nous montrent qu'il est généreux, altruiste et courageux. Pour s'en convaincre, il n'y a qu'à examiner quelques passages du conte.

Premier extrait :

Le jeune prince leur demande : « Pourquoi maltraitez-vous ces petits animaux ? Laissez-les ! »
Les enfants lui demandent : « C'est parce que nous sommes des petits que tu nous dis ça ? Laissez-les ! »
Le prince leur dit : « Je vais vous les acheter. »
Les enfants acceptent. Le prince donne une poignée d'or à chacun, prend les bêtes et revient à la maison.

Deuxième extrait :

Le papa meurt (...) ils ont fini de dépenser l'or et l'argent que le roi a laissé. La souffrance frappe à leur porte, mais personne ne les approche ni ne les considère. Le prince fabrique un lance-pierre pour nourrir sa mère et ses animaux. Chaque jour, il part tuer des oiseaux ; un pour le chaton, un pour le petit chien, un pour sa mère, et le cinquième pour lui-même. S'il tue quatre, il en donne un à chaque animal et partage le quatrième entre lui et sa mère qui dorment à jeun, mais chaque fois sa mère se met à se plaindre.

Ces extraits qui précèdent montrent à suffisance la générosité et le courage du jeune prince qui après la mort de son papa descend de son piédestal de prince pour devenir un vulgaire chasseur afin de nourrir sa famille. C'est sans aucun doute ces qualités qui font qu'à la fin du récit le prince retrouve son prestige et son statut d'antan à savoir la richesse.

Dans le conte n° 10 **"Le cultivateur, sa femme et les génies "**

C'est un personnage anonyme dont le conteur n'a pas jugé opportun de faire son portrait physique et moral. Ce que nous savons avec certitude c'est que sur le plan civil c'est une femme mariée à un cultivateur et est une ménagère. Sur le plan moral nous apprenons par le plus petit des génies qu'elle est une femme qui parle beaucoup : « *Quelques temps après, le vieux est inquiet et envoie l'aîné voir ce que fait son frère. Il part trouver son petit frère assis et lui dit : « Kunkelen, le vieux t'a envoyé chercher du feu et tu es venu t'asseoir ?* »

Le petit frère lui répond : « *C'est cette femme bavarde qui veut me raser* ».

C'est sans doute parce que cette femme est bavarde que les génies s'emparent du champ sinon elle aurait tout simplement donné du feu au petit génie qui serait reparti aussitôt mais son bavardage l'a amenée à dire une bêtise, à faire une promesse qu'elle ne pouvait pas tenir et par la suite elle se trouve dans la situation fâcheuse qui aura des conséquences négatives qui causeront d'énormes préjudices (un moral et un matériel) au cultivateur. Sur le plan moral, la présence des génies dans la cour va plonger le cultivateur dans un état de stupeur :

« *Quelque temps après, le mari revient et voit sa cour remplie de génies. Pris de peur, il ne s'approche pas.* Il reste à distance et demande à sa femme :

« *Pourquoi ces génies sont-ils dans la cour ?* » [...] *le mari lui jette le couteau qui était dans sa poche, laisse les termites et s'enfuit* ».

Sur le plan matériel, le cultivateur va perdre tous ses biens

« *Quand les génies s'aperçoivent que les propriétaires du champ ont pris la fuite, ils prennent tout ce qu'ils trouvent : moutons, chèvres, poules, pintades. Ils les tuent et les mangent.* »

Par ailleurs, ce préjudice matériel subi par le cultivateur va s'étendre à tous les habitants de cette région soucieux d'avoir un champ. L'extrait qui va suivre est significatif à ce sujet :

"*Depuis ce jour, quand quelqu'un demande un champ, le chef de terre exige soit un mouton, soit une chèvre, soit une poule ou une pintade pour l'offrir aux génies. C'est cette femme qui a provoqué cela : habituer les génies à manger les animaux*".

Dans le conte n°11 "**les coépouses**" Le personnage principal est le mari des coépouses, une fois de plus nous avons à faire à un personnage anonyme dont nous n'avons le portrait moral et physique qu'à travers quelques indices donnés par le narrateur. Sur le plan social nous savons que c'est un polygame de deux femmes : « *un homme qui avait une femme. Un beau jour, il décida d'en prendre une deuxième* ». Son activité principale c'est les travaux champêtres : « *Un beau matin, leur époux les devança au champ. [...] Et voici qu'un jour, en allant au champ apporter le repas à son mari* ». Si sur le plan physique nous n'avons aucun indice, nous avons en revanche quelques indices qui nous amènent à penser qu'il s'agit d'un homme très coléreux capable de tuer : « *Depuis ce jour elle fut soupçonnée. Son mari lui demanda de nouveau : « Où as-tu laissé ta coépouse ? »* ».

Il menaça de la tuer si elle n'avouait pas. Elle eut peur, et finit par avouer. "

Dans le conte n° 12 "**La jeune fille et le lion**" Le personnage principal est incontestablement la jeune fille qui a pour nom Warimangan. Sur le plan physique nous savons qu'elle est jeune, bien que cela ne soit pas préciser, nous pouvons dire que sur le plan moral nous avons à faire à une jeune fille très courageuse, qui malgré son âge, et son sexe est une gardienne des champs et plus précisément des champs où l'on rencontre beaucoup d'animaux sauvages : « *Ses parents l'envoyaient garder les champs. Leurs champs étaient loin du village dans un endroit où il y avait beaucoup d'animaux sauvages* ». Mais la présence de ces animaux sauvages n'ébranle pas le courage de la jeune Warimangan qui va contre toute attente s'opposer au roi de la forêt. En effet, un lion qui avait remarqué que la jeune fille venait seule aux champs décide un jour de la dévorer, il s'avance vers la fille. Malheureusement pour lui c'était sans compter avec le courage de celle-ci qui resta indifférente devant la fureur du lion, et comme par dédain, elle se mit à chanter une chanson qui fit fuir ce dernier. « *Le lion en entendant cette chanson, prit peur et s'enfuit très loin* ». La victoire de la jeune fille sur le lion montre à suffisance que nous avons à faire à une fille plus courageuse que son papa. « *Le lion était maintenant tout près de la fille, et son papa voyant la fureur du vieux lion eu peur, et dit à sa fille Warimangan de répondre comme d'habitude* ».

Conte n° 13 "**le lièvre et l'hyène**" Dans ce conte nous avons affaire à deux personnages principaux : le lièvre de l'hyène, sur le plan social les deux compères sont des éleveurs, ils pratiquent surtout l'élevage des pintades.

Sur le plan physique nous n'avons que le portrait du lièvre qui est fait par son ami l'hyène : « *Compère lièvre avec tes gros yeux-là et tes longues oreilles-là* ». Ces mots de l'hyène nous décrivent la dimension physique du lièvre qui a de gros yeux et des longues oreilles. Sur le plan moral, le lièvre apparaît comme quelqu'un de réservé qui n'aime pas discuter mais agit plutôt c'est pourquoi face aux propos moqueurs de l'hyène il affirme : « *Je n'aime pas les longues discussions* ». En outre le lièvre a pour caractéristique fondamentale la ruse, grâce à cette qualité, il va dans un premier temps pour se venger des insultes et du préjudice moral que lui a fait subir l'hyène assommer le fils du lion et le mettre dans le panier de l'hyène :

"Le lièvre dans sa ruse revint dire à l'hyène : "Commère hyène, comme tu n'entres pas dans la forêt, donne-moi ton panier.

Assieds-toi sous l'arbre à karité.
J'irai chercher les termites pour toi.
Il prit alors son panier, le panier de l'hyène.
Il alla assommer le lionceau, le mit dans
Le panier de l'hyène et l'enfouit sous les termites.

En posant cet acte le lièvre qui avait tout planifié savait que le lion constatera l'absence de son fils et se mettra à leur trousse et quand ce dernier les aura rattrapés, il videra son panier et demandera à ce que l'hyène fasse autant. Tout se passa exactement comme lièvre avait prévu, fort heureusement pour l'hyène le trou que lui avait montré le lièvre auparavant se trouvait juste à côté et quand le lion bondit pour le saisir, elle s'y engouffre.

Dans un second temps, le lièvre va user de sa ruse pour aider l'hyène à échapper aux animaux convoqués par le lion pour sa capture.

Au rebours du lièvre qui est une personne calme qui n'aime pas discuter, l'hyène, est une personne qui bavarde beaucoup et aime les discussions. Bref, l'hyène est une cancanière ou comme le dit si bien lièvre une commère. La leçon ou plus précisément la vengeance du lièvre que l'hyène a subie l'amènera à changer de comportement c'est sans doute ce qui amène le conteur à dire que : « *depuis ce jour-là elle n'aime plus beaucoup discuter, l'hyène n'aime plus beaucoup discuter* ».

Dans le conte n° 14 **"l'ingratitude** ", le personnage principal est un personnage anonyme, la seule information que le conte nous donne c'est qu'il est de sexe mâle, il est un homme. Le fait que le narrateur prend la peine de l'appeler un homme et non pas un jeune homme peut nous amener à penser qu'il s'agit d'un monsieur qui a un certain âge et qui est peut-être marié. Sur le plan social il s'agit d'un chômeur car il n'est mentionné nulle part dans le conte un métier ou une fonction quelconque qu'il exerce, c'est sans doute parce qu'il est chômeur qu'il est obligé d'aller en brousse à la quête de fruits sauvages pour pouvoir se nourrir. Sur le plan moral nous avons à faire à un homme très généreux, et magnanime qui sait venir en aide aux nécessiteux. C'est cette qualité louable qui l'amène à venir en aide au lion, au singe, au serpent et à l'homme. En effet, il va pendant l'une de ses promenades trouver au fond d'un puits les derniers cités, et sans qu'ils ne lui demandent de les sortir du puits, il va chercher les lianes et les sortira du puits :

Il se penche pour voir s'il y avait de l'eau, et il découvre, au fond du puits, un homme entouré d'un lion, d'un singe et d'un serpent. Il décide de les sortir de là.

Conte 15 "**La femme de Mesha'atsang**" dans ce conte le personnage principal c'est indubitablement Mesha'atsang. C'est un homme célibataire qui est à la recherche d'une femme, sur le plan social il est un danseur professionnel qui a pour passe-temps favori la pêche. Sur le plan moral Mesha'atsang est un homme très gentil qui ne manque jamais l'occasion de venir en aide aux nécessiteux, c'est sans doute parce qu'il est généreux que le narrateur précise avec insistance : « *qu'il avait un très bon cœur* ». Il va ensuite présenter une situation où ce dernier va mettre sa générosité en exergue.

Il partit un jour à la pêche et trouva
Sur sa route une vieille femme.
Mère, dit-il, donne-moi ton fagot de
Bois, je t'accompagne à la maison.
Il prit le fagot de bois, le porta sur
La tête et accompagna la vieille
Chez elle.

Conte n° 16 "**Le fils de Nkan**". Le personnage principal de ce conte est Nkan. C'est un polygame de trois femmes. Kooko, Gang et Itïitïi, sur le plan social c'est un cultivateur. Sur le plan moral monsieur Nkan est un homme méchant, cruel et criminel à la limite, pour illustrer sa cruauté, le narrateur va insister sur deux exemples. Dans le premier Nkan coupe les oreilles de son esclave : Le petit esclave dit :

-   *Maître, voilà qu'on t'appelle*

- *Ah non ! Cesse de dire des folies*

Il lui coupa une oreille et la mit dans son sac.

- *Maître, lui dit encore le petit esclave, même cette fois tu n'as pas entendu ?*
- *Tu continues à me casser les oreilles ?*

Il lui coupa l'autre oreille et la mit dans son sac.

Le second exemple est sa volonté manifeste de tuer son fils : « Voyant qu'il était de sexe mâle, Nkan le prit Lèboed ! et alla le jeter dans un tas de fourmis et rentra »

Conte n° 17 "Les épouses de Kalak"

Dans ce conte le personnage principal c'est Kalak, c'est un polygame de deux femmes : Kooko et Gang. L'absence des indices sur sa profession et sa dimension morale ne nous permettent pas de nous aventurer dans des hypothèses qui peuvent nous amener à avoir une idée sur ce qu'il fait. Toutefois, étant donné le mode de production en cours dans sa région nous pouvons dire qu'il est certainement un cultivateur.

Conte n° 18 "Mesùt-le- Lièvre épouse la fille du roi "

Le personnage principal dans ce conte c'est Mesùt, c'est un célibataire à la recherche d'une épouse. Sur le plan moral, Mesùt est un homme courageux, intelligent, audacieux et très rusé. Ces qualités dont jouir Mesùt bénéficient d'une triple apparition dans le conte. La première apparition c'est lorsque, Mesùt réussit à braver la première épreuve destinée aux prétendants de Ntutuéré et qui, consistait à aspirer un gobelet de piment réduit en poudre sans éternuer, très rusé, Mesùt va faire imiter les éternuements des prédécesseurs sous forme de moquerie. En le faisant, il va éternuer sans que l'assemblée ne s'en rende compte.

"Voyez comme ils me regardent, ces pauvres animaux. Je me demande ce qu'ils me veulent. Tiens, je me rappelle ! Ils croient que

je vais jeter l'éponge comme eux…. Eux qui, depuis trois heures, éternuent à se faire sauter le crâne.

Atchoum ! Atchoum ! Atchoum ! Atchoum !

Seconde apparition : Mesùt réussit la deuxième épreuve où il fallait que le vainqueur se trémousse jusqu'à ce que ses pieds se noient dans un torrent de sueurs émanant des trépignements. Très ingénieux, Mesùt va se faire coudre un boubou dans lequel il va cacher de l'eau lorsqu'il entreprendra ses trépignements, l'eau se mettra à couler à flots au point d'inquiéter le roi.

"Un grand jour comme celui-ci mérite d'être fêté parce que notre roi donne sa fille en mariage : il mérite faste et solennité. Moi, je danse toute ma joie en ce grand jour … Kpata…Kpata…Kpata…
L'eau coulait alors, drue.
- *Quel torrent ! Cria le roi émerveillé. Nous serons inondés à* ce rythme.

Troisième apparition : Mesùt qui a toujours le sens de l'anticipation demande au roi de lui procurer une grande outre, et grâce à cette outre, il parviendra à échapper à l'embuscade que lui avait tendu les autres prétendants, qui, dans leur manque de fair-play estimaient que Mesùt ne méritait pas la sublime Ntùtùre. Mais hélas pour eux, Mesùt avait flairé le danger et entra dans l'outre avec sa femme et roula vers son village en mettant en garde ses ennemis d'être sur leur garde car Mesùt arrivait.

- *Soyez vigilants ! Je sors du palais à l'instant. Mesùt arrive de la cour avec sa femme, sur un cheval bien chargé. Je suis venu juste pour vous mettre la puce à l'oreille et vous demander de l'attendre de pied ferme.*
Ainsi roulait-il vers son village se jouant de tous ceux qui lui tendaient des embuscades.

Conte n° 19 **"Mesùt le lièvre sauve un chasseur"**

Dans ce conte nous avons affaire à deux personnages principaux : le crocodile et le chasseur.

Le premier cité est sur le plan moral un personnage qui incarne la duplicité à travers son caractère dualiste qui l'amène selon la situation dans laquelle il se trouve à être bon ou méchant. Le crocodile bon est celui qui se trouve dans une situation piteuse où il a besoin d'assistance, à ce moment précis il devient inoffensif, courtois, poli et très doux. Ces qualités louables se vérifieront lorsque le crocodile et ses enfants auront besoin du concours du chasseur pour retourner dans le fleuve, dans sa douceur apparente il va encenser le chasseur en ces termes :

- *Soyer le bienvenu, sire ! qui que vous soyez et quel que soit ce que vous cherchez, que la paix soit avec vous. Vous êtes le plus distingué des visiteurs de ce bois.*
- *Nous vous en prions, visiteur éminent, voyez notre misère. Mes enfants et moi sommes perdus du fait de la sécheresse. Sauvez-nous et nous vous en saurons gré. Vous aurez une récompense, la plus belle et la plus grande qui soit. Songez seulement qu'aucun animal vertébré tétrapode ne vous a jamais tenu un tel langage.*

Face à ce discours pathétique à même de transformer un orage en un agneau ou comme le dit le conteur capable de « jeter le désarroi dans l'âme la plus endurcie », le chasseur va abandonner sa casquette de chasseur pour porter celle d'un assistant social et tel un sapeur-pompier il va affronter tous les obstacles qui se trouveront sur son chemin et déposera le crocodile et ses enfants au milieu du fleuve. Mais une fois dans le fleuve, le crocodile sympa, poli, doux et larmoyant va subitement se métamorphoser en un crocodile ingrat arrogant, hautain et méprisant et dans sa morgue il dira au chasseur qui attendait qu'il lui exprime sa gratitude :

116

- *Misérable homme que tu es ! Eh bien ! Tu n'as plus qu'à agir en homme ! Est-ce que tu peux imaginer le nombre de jours que j'ai passé avec mes enfants sans avoir quelque chose à me mettre sous le croc ?*
- *Silence ! Ici et maintenant, mes enfants et moi avons faim, très faim.*

Nonobstant le déplaisir du cheval et de l'âne qui réduisent le chasseur à leur maître au point de l'étiqueter de méchant pour le premier « *c'est un être très méchant. Regarde mon corps tout couvert de contusions et de blessures. Il monte sur moi et me fouette chaque fois sans raison.* » Et de monstre pour le second « *Joues-tu avec ce monstre placé devant toi ? ...voyez je suis criblé de cicatrices et de cors. C'est lui qui est la cause de toutes mes misères. Il est clair que tant qu'il vivra, la gent animale ne s'épanouira point* ». Le chasseur est dans ce conte un homme qui a un bon cœur, un homme généreux, altruiste qui ne supporte pas de voir un être vivant en détresse. Ce sont ces qualités qui le pousseront à venir en aide au crocodile et ses enfants en les conduisant au fleuve. Toutefois, on peut se demander si ce caractère bonasse du chasseur n'est pas plutôt de la naïveté, de la crédulité car comme le rappelle le conteur, c'est : « *Fort de l'idée que ces bêtes affaiblies et décontenancées seraient une proie facile* » que ce chasseur pourtant très habile décide d'aller à la quête du gibier. Mais une fois sur les lieux, il va oublier ce qui l'a amené en forêt et jouer le rôle d'un membre de la croix rouge en ramenant le crocodile et ses enfants dans le fleuve, fort heureusement pour lui Mesùt le lièvre qui passait par là le sauvera d'une mort certaine et ce n'est que dans l'extrait qui va suivre que le lièvre amènera le chasseur à se rappeler ce qu'il était venu faire en forêt.

- *Qu'es-tu donc venu chercher ici demanda Tita Mesùt au chasseur ?*
- *Je me rendais à la chasse*
- *Et qu'allais-tu chercher ?*
- *Du gibier.*

117

-   *Oh ! mon brave homme, je suis étonné que tu te fasses du mouron. Qu'as-tu devant toi ? l'homme est la seule créature à pouvoir accéder à la réflexion, et vous voulez vous laisser accroire par une bête, fût-elle gigantesque ?*

Machinalement le chasseur défit son fusil et tira plusieurs coups, tuant le crocodile et ses enfants.

Conte n° 20 "**La destitution de Memvù le chien**"

Comme dans le conte précédent, nous avons dans ce conte affaire à deux personnages principaux à savoir Memvù le chien et Mesùt le lièvre. Sur le plan moral tous deux ont des qualités et des défauts. Memvù le chien a pour qualité fondamentale son impartialité, qualité idéale pour un chef, c'est donc à juste titre qu'il est désigné chef par les autres animaux qui, en le désignant étaient conscients du fait que le chef est celui qui est parfois appelé à juger les litiges qui opposent les animaux, et pour qu'il ait une véritable justice, il faut que le chef soit impartial. Mais hélas pour le chien, il présente des défauts qui camouflent ses qualités, parmi ceux-ci on peut relever la gourmandise, le museau léger bref Memvù est un goinfre et c'est tous ces défauts qui seront à l'origine de sa destitution car si tous les animaux étaient d'avis que leur chef devait être impartial, ils étaient aussi tous d'avis que leur chef ne devait pas avoir le museau léger c'est pourquoi lorsque le chien fait un bond sur les restes de crabes et d'os que le lièvre avait lancé devant lui, les animaux stupéfiés déclarent à l'unisson : « *Non...un roi ne doit pas avoir le museau léger ! C'est ridicule ! Nous ne méritons point un tel roi* ».

Mesùt le lièvre a pour défaut la jalousie, il jalouse le chien parce que ce dernier a été désigné le roi des animaux, ce sentiment qui pousse souvent les envieux à utiliser tous les moyens même les plus illégitimes pour parvenir à leurs fins va amener le lièvre à ourdir une trame qui conduira à la destitution de Memvù. Bien qu'il soit un envieux, nous devons tout de même relever que le lièvre pour parvenir à ses fins utilise la ruse. Dans la ruse, le lièvre va attendre son tour de révérences au roi pour faire un dithyrambe en ces termes :

- *Majesté, roi des rois, paix ! Ta face est plus vulnérable que la cime des montagnes ! Ton noble front renferme sans doute une idée propre à révolutionner les peuples qui tournent le dos au soleil ! Tu n'es certes pas le plus géant de tous les êtres, mais tu es l'élu de la nature.*

Très flatté par ses louanges, le chien ne doutera de rien et baissera la garde, le lièvre qui savait à l'avance que le chien est un goinfre en profitera pour l'appâter en lançant devant le roi un crabe et un os. L'effet escompté par le lièvre se produira, le chien bondira sur ces restes sans se douter que ce geste sera fatal pour lui, il sera destitué de ses fonctions de roi au profit du lièvre.

Conte n° 21 "La dette de Kimanga la tortue"

Dans ce conte nous avons à faire à deux personnages principaux : Kimanga la tortue et kùpù le porc. Ces deux personnages ont des portraits moraux antithétiques, le premier à savoir Kimanga est un gaspilleur ou un dépensier dans la mesure où il dépense sans penser à demain. En effet, Kimanga et sa femme vivaient dans la misère jusqu'au jour où Kùpù leur a emprunté un peu d'argent, au lieu de mener une vie modeste en faisant des économies et en continuant de vaquer à ses travaux champêtres, Kimanga et sa femme ne vont pas songer à faire leur grenier. Bien au contraire, ils vont se mettre à faire bombance en oubliant que ce n'était que de l'argent emprunté qu'ils devaient rembourser dans un délai qu'ils avaient eux-mêmes fixé et c'est ainsi que l'échéance arrivera et Kimanga ne pourra pas rembourser son créancier.

Kimanga est un homme ingrat dans la mesure où il refuse de rembourser l'argent que lui avait emprunté Kùpù quand il vivait dans la misère avec son épouse. Mais au lieu d'exprimer sa gratitude à l'endroit de celui qui leur a sans doute éviter une mort certaine « *A cette allure nous allons crever avant les pluies* ». Il va plutôt penser à un plan machiavélique qui lui permettra de ne pas rembourser sa dette. Et c'est ainsi qu'il abusera de Kùpù et ne remboursera jamais sa dette, cette situation sera condamnée par tous les animaux et leur inspirera de la méfiance à l'égard de Kimanga :

Depuis ce temps toute la gent animale se méfie de Kimanga la Tortue et personne n'entretient plus avec lui des rapports amicaux. Son acte d'ingratitude fut condamné par tous et l'on se demanda pourquoi cet obscur personnage avait un cœur de pierre et toujours prompt à rendre le bien par le mal.

Nonobstant ses deux défauts à savoir le gaspillage et l'ingratitude, Kimanga demeure un personnage très rusé, quoique cette ruse soit orientée vers le mal, elle demeure une ruse qui lui a permis de ne plus rembourser sa dette. Après avoir fait bombance avec l'argent qu'il avait emprunté, ce dernier qui n'avait pas fait son grenier se trouvait dans l'incapacité de rembourser sa dette. Face à cette situation, il va décider d'abuser de la générosité de son bienfaiteur. Pour ce faire, il va user d'une ruse qui consistait à remplacer la pierre à écraser de sa femme par sa carapace et lorsque Kùpù arriva et constata son absence, il se mit en colère et ramassa la pierre à écraser et le jeta dans la brousse. Revenu des champs où il venait d'être jeté, Kimanga demanda à Kùpù de remettre la pierre à écraser de sa femme afin d'être remboursé. Kùpù alla dans les champs mais ne retrouva pas la pierre à écraser et c'est ainsi que Kimanga ne remboursa plus jamais sa dette. A l'opposé de Kimanga qui est un homme miséreux et ingrat, Kùpù est un homme bien fortuné, un homme qui a une bourse pleine et vit dans l'opulence. C'est sans doute pourquoi il est sollicité par le couple Kimanga pour un prêt d'argent. Outre cette richesse matérielle, Kùpù est sur le plan moral un homme généreux, très sensible et compatissant face à la misère des autres. C'est cette qualité qui le pousse à faire un prêt à Kimanga. Mais à côté de ces qualités louables, Kùpù a un vilain défaut qui est la brutalité.

Conte n° 22 : "**L'Origine du divorce**".Le personnage principal de ce conte est une femme anonyme, sur le plan professionnel c'est une cultivatrice qui cultive « un grand champ de maïs qui s'étend à l'infini. Sur le plan civil c'est une femme mariée à un chasseur. Si le narrateur accorde peu d'importance à la dimension physique de la femme, il attache en revanche une attention particulière à sa dimension morale et il insiste notamment sur son courage.

Dans le conte nous avons deux situations où ce courage est mis en exergue. Le premier acte de bravoure de la femme intervient lorsque son mari refuse de l'aider à chasser les gorilles qui pillaient régulièrement ses récoltes, face à ce refus, elle décide d'aller elle-même à la chasse aux gorilles. Le narrateur nous apprend ce qu'il suit :

> Elle emporta au champ le carquois et l'arc de son mari pendant que celui-ci dormait. Arrivée là-bas, elle se mit à l'affût, bien cachée derrière un buisson. Peu de temps après, tout un groupe de singes arriva pour prendre le petit déjeuner. La femme sorti une flèche du carquois et la décrocha sur le plus gros d'entre eux, leur chef, qui s'écroula. Les gorilles s'enfuient en emportant le corps inanimé de leur chef.

Le second acte de bravoure c'est lorsqu'elle s'en va seule à la quête de la flèche de son mari au village des gorilles manifestement en colère après, l'assassinat de leur chef. Nonobstant son crime et le fait que « Des centaines de gorilles immenses et féroces s'étaient réunis pour pleurer autour du corps de leur chef mort », la femme pénétra dans le village des gorilles où elle séjourna pendant quelques jours et parvint à récupérer la flèche de son mari. Si cette femme peut être citée comme exemple de bravoure, nous pouvons tout de même regretter son caractère de femme très intransigeante, intolérante et impitoyable dans la mesure où elle n'accordera pas une seconde chance à son mari et préférera divorcer c'est sans doute cette intransigeance qui amène le narrateur à nous rappeler : qu' « une fois rentrée chez elle, elle donna la flèche à son mari et décida de le quitter. »

Conte n° 23 : "**Et le ciel recula** "Le personnage principal de ce conte est incontestablement le ciel. La seule précision que nous avons de ce personnage et qui, puisse faire l'objet d'un commentaire c'est sa dimension morale, qui, est celle d'une personne impitoyable, intolérante et très coléreuse. En effet, dans le conte le ciel nous laisse voir à travers sa conduite qu'il est un être impitoyable dans la mesure où il décide de prendre une décision sans appel à l'endroit de tous les hommes alors qu'il a été victime d'un malheureux accident causé par inadvertance et par maladresse d'une jeune femme qui, après avoir fini de cuire sa pâte à maïs avait versé de l'eau qui s'éleva et alla cogner la voûte céleste. Au lieu de considérer cet acte comme une maladresse ou un acte indélibéré, le ciel se fâcha et décida de s'éloigner de la terre, l'extrait qui va suivre est à ce sujet très significatif.

> *Malencontreusement elle remua la marmite en tout sens ; puis, d'un geste distrait, elle lança le contenu bien haut de toutes ses forces.*
> *Malheur ! L'eau s'éleva si haut qu'elle s'en vint cogner la voûte céleste.*
> *Le ciel, bien entendu, se mit en colère. Il gronda de plusieurs coups de tonnerre sans qu'il fasse réellement de l'orage. Mais cela ne suffit point à l'apaiser*
> - *Que ferais-je pour manifester mon mécontentement ? Dit-il à nouveau, dans un roulement sourd.*
> - *Tomber de toute ma puissance sur cette femme ? Cela ne convient pas à ma grandeur : je ferais mieux tout simplement de me mettre désormais hors de portée des humains.*

Conte n° 24 : **"Pourquoi y a-t-il tant d'idiots de par le monde ? "**.Dans ce conte, nous avons affaire à trois personnages principaux anonymes. Si nous n'avons aucune précision sur leurs dimensions physiques, nous savons néanmoins qu'ils ont au moins un dénominateur commun : ils sont fondamentalement idiots ; et, cette idiotie semble être à l'origine de tous leurs malheurs car ils sont visiblement membres d'une société de gens très intelligents qui les a marginalisés et les a chassés du village : « *trois idiots qu'on avait chassés pour leur bêtise se retrouvèrent à une croisée de chemins* ». C'est sans doute pour justifier leur exclusion de leur village respectif que le narrateur nous raconte quelques situations où les trois idiots ont fait valoir leur idiotie durant les épreuves que leur avait proposées un vieux pour tester leur degré de sottise.

> *"Le vieux répliqua, je vais vous mettre à l'épreuve. (...), il demanda au premier idiot : va à la pêche ! Et au deuxième "va dans les fourrés et tresse des cordes" puis au troisième "apporte-moi les noix ! (...) Le premier s'arrêta au bord d'une mare et se mit à pêcher. Quand son carrelet fut plein, il eut tout d'un coup soif. Il rejeta tout le poisson dans l'eau et rentra boire à la maison.*
>
> *Le vieux lui demanda :*
>
> *"Où sont les poissons ?*
>
> *Je les ai rejetés à l'eau. La soif m'a pris et j'ai dû vite rentrer pour me désaltérer*
>
> *Le vieux se fâcha : "Et tu ne pouvais pas boire à la mare ? "*
>
> *"Tiens, je n'y ai pas pensé"*
>
> *Pendant ce temps, le second idiot avait tressé un tas de cordes et se préparait à rentrer. Il s'aperçut qu'il n'avait pas de corde pour les attacher. Alors, il courut en chercher à la maison (...)*
>
> *"Et pourquoi n'as-tu pas attaché ton tas avec l'une des cordes ?*
>
> *"Tiens, je n'y ai pas pensé"*
>
> *Le troisième idiot grimpa sur un cocotier et montra les noix de coco à son bâton :*

"Tu vas jeter par terre ces noix compris ? "

Il descendit et commença à lancer le bâton sur le cocotier, mais il ne fit tomber aucune noix. (...)

"Puisque tu étais sur le cocotier, pourquoi n'as-tu pas cueilli les noix à la main ? "

"tiens, je n'y ai pas pensé :

Le vieux comprit qu'il n'arriverait à rien avec les trois sots. (...) et les chassa tous.

Conte n°25. **"Le roi qui voulait marier sa fille**. "Le personnage principal de ce conte est un roi d'un village anonyme. Son titre de roi nous laisse deviner qu'il a au moins une femme puisqu'il n'existe pas de roi célibataire en Afrique. Sur le plan moral il s'agit d'un personnage très exigeant et qui se croit très futé ; il est exigeant parce qu'il ne veut marier sa fille qu'à quelqu'un de son choix et trouve des défauts à tous les prétendants qui se présentent :

"Les prétendants arrivaient de toutes les contrées pour essayer d'obtenir la main de la merveilleuse princesse. Le roi n'en trouvait aucun à son goût. L'un était trop pauvre, bien que fils de roi : "Va-t'en pantalon troué. L'autre trop vilain : "Il est laid, on dirait un grain de riz", le suivant trop rustre "regarde-moi ce garçon ! " et ainsi de suite. Une année passa et le roi n'avait toujours pas trouvé son gendre.

Ce roi se croit très futé parce que de la bouche du narrateur nous apprenons que :

« *Pour pouvoir la marier avec quelqu'un de son choix, il décida de l'enfermer dans une case sans porte. Ainsi,*

il était sure qu'elle ne tomberait pas
amoureuse de n'importe. »

Mais, ce qui arrive le plus souvent à ceux qui se croit trop malin lui arriva et c'est ainsi qu'à la place d'un beau-père très heureux pour avoir choisi son gendre, nous aurons à la fin un grand-père malheureux parce que tourné en dérision par un petit écureuil qui avait réussi à engrosser sa fille malgré toutes les précautions qui avaient été prises par le roi pour éviter cette situation qu'il trouvait humiliante et déshonorante pour la famille royale.

Conte n° 26. **"Les trois antilopes".** Dans ce conte, nous avons deux personnages principaux qui sont des antilopes. Sur le plan psychologique elles sont des geignardes mais, leurs geignements ne sont pas toujours fantaisistes, ils sont parfois justifiés dans la mesure où ces deux antilopes sont des femmes et nourrissent comme la plupart des femmes l'envie d'être mère. Or, pour ce faire elles ont besoin d'un mâle ; c'est donc à juste titre qu'elles se plaignent continuellement à l'esprit des eaux qui finit par les combler en leur donnant un mâle.

> *"Ces plaintes incessante agaçaient*
> *prodigieusement l'esprit des eaux, qui*
> *habitait la fontaine à laquelle les*
> *antilopes venaient s'abreuver. Exaspéré il*
> *leur dit :*
> *Je suis las de vos lamentations. Je vous,*
> *promets de transformer en antilope mâle*
> *le premier animal qui viendra boire à ma*
> *fontaine ainsi, vous serez trois. "*

Conte n° 27. " **Comment le tambour est arrivé sur la terre** " .Le personnage principal de ce conte c'est incontestablement le renard. La seule information que le narrateur nous laisse voir c'est qu'il adore danser qu'il trouve que monter chaque fois au ciel quand il a envie de danser est un véritable labeur et décide de ramener le tambour sur terre afin de pouvoir danser chaque fois qu'il jugera bon de le faire.

« *Pourquoi faut-il laisser le tambour au ciel ? Il serait bon de l'avoir sur terre, à portée de main ! Cela éviterait de devoir grimper pendant des heures sur la corde. Il n'a qu'une envie, emporter le tambour avec lui* ».

Conte n° 28" **Le prince de la pluie".** Le personnage principal de ce récit est un jeune homme appelé Devi. C'est un orphelin de mère qui a perdu sa maman le jour de sa naissance. Il vit avec son papa dans une forêt éthiopienne. Le narrateur du conte décrit ce personnage d'une manière presque scientifique car le portrait de ce jeune homme se confond à une véritable carte d'identité où l'on peut lire :

Non : Devi
Sexe : Masculin
Age : dix-huit ans
Signes particuliers : cheveux bruns et bouclés.

A la suite de cette description scientifique, l'on peut ajouter sa beauté. « *un garçon aux cheveux bruns et bouclés, (...) beau et aussi aimable* »

Sur le plan moral c'est un jeune homme poli, obéissant et courageux. C'est sans aucun doute ces qualités louables qui feront de lui le futur gendre du roi du royaume d'Anga.

Conte n° 29 **"Les trois sœurs et Itrimoubé"** : Le personnage principal de ce conte c'est la jeune Ifara, elle est la benjamine de sa famille. Sur le plan physique, le narrateur nous apprend que c'est une jeune fille jolie, mais cette joliesse sera à l'origine de tous ses malheurs car ses sœurs aînées Raïvou et Ramatou seront jalouses d'elle et tenteront de la tuer afin qu'elle ne puisse pas épouser un grand chef.

Sur le plan moral, le corbeau et le milan qu'Ifara voulait encenser parce qu'elle se trouvait en danger nous rapportent qu'elle est une fille bavarde ils disent respectivement : « *tu n'aurais pas dû raconter que je mangeais des arachides vertes !* », et « *tu n'aurais pas dû raconter que je mangeais les rats morts* ». Le narrateur renchérit en disant que : « *la pauvre Ifara regrettait bien d'avoir été si bavarde.* » Par ailleurs, la jeune fille est une flatteuse par occasion. Et, elle le démontre lorsqu'elle ne parvient plus à trouver son chemin pour retourner chez elle. Elle tentera d'encenser à travers une chanson tous les oiseaux qu'elle trouvera sur son passage afin que l'un d'eux puisse la ramener vers le puits de son père, à l'endroit du milan elle chantera :

"Mon beau milan, mon beau milan"
"Je lisserai tes plumes grises"
"Si tu veux m'emporter avec toi"
Vers le puits de mon père. "

Conte n° 30 : **"L'histoire de Raboutity ".**

Le personnage principal de ce conte a pour nom Raboutity, mais nous n'avons aucune précision sur sa dimension morale et physique, nous ne savons par exemple pas s'il est vieux ou jeune, marié ou célibataire et quelle est sa profession.

III-1-2 LES PERSONNAGES PRINCIPAUX DES CONTES EGYPTIENS

Conte n°1 **"La légende des frères"** Le personnage de ce récit est un jeune homme nommé Bata, il est le benjamin d'une famille de deux enfants c'est un homme laborieux et très viril ; le narrateur nous apprend que c'est lui qui

fabriquait les vêtements et qui menait
le bétail aux champs, lui qui moissonnait
et qui labourait, lui qui faisait tout le
travail qu'il fallait accomplir aux champs
(...) était un bel enfant viril et il n'existait

pas son pareil dans le pays tout entier. La
force d'un dieu était en lui.

Bata était par ailleurs un grand guerrier et possédait des pouvoirs magiques. Il était un grand guerrier parce qu'il avait réussi à vaincre une troupe de soldats du pharaon qui venait le tuer : « *Les hommes qui étaient allés vers la terre étrangère (...) seuls ne revinrent pas ceux qui étaient allés au val de l'Acacia : Bata les avaient tués ; il n'en avait épargné qu'un pour venir faire son rapport à sa majesté* ». Il avait des pouvoirs magiques parce qu'il pouvait se métamorphoser quand il voulait, c'est ainsi qu'il se métamorphosera en taureau, en persea et en copeau : « *J'arracherai mon cœur par magie (...), je vais devenir un grand taureau,* »

Conte n° 2 : **"Le conte de Rhampsinite"** Le personnage central de ce conte est un jeune homme anonyme, fils d'un maçon ; il est célibataire. Sur le plan moral c'est un personnage très rusé, il le prouvera à deux reprises. D'abord quand il se joue des gardes et parvient à récupérer le corps sans tête de son frère ; ensuite lorsqu'il se moque de la princesse qui voulait l'attraper « *le larron lui laissa prendre le bras d'un mort qu'il avait caché, et tandis qu'elle l'empoignait ferme, il fila. Elle se trouva trompée, car il eut le loisir de sortir et de s'enfuir bien vite* ». Cette qualité fera de lui le futur gendre du roi : « *Quand la chose fut rapportée au roi, il s'étonna, émerveillé de l'astuce et de la hardiesse de cet homme (...) il le jugea un oiseau rare, et lui donna sa fille en mariage comme au plus malin des hommes* ».

Conte n° 3 : **"Le duel de Vérité et de Mensonge"** Dans ce récit nous avons deux personnages principaux à savoir Vérité et Mensonge. Ce sont deux frères.

Le premier est très beau « *rien n'était comparable à sa beauté dans tout le pays* », mais paradoxalement célibataire. Sur le plan matériel, le fait qu'il ait plus de deux servants nous amène à penser qu'il est un homme riche ; pour avoir égaré le couteau de son frère Mensonge, il sera rendu aveugle et deviendra le portier de ce dernier. Par contre nous n'avons aucune précision sur la dimension physique de Mensonge ; néanmoins, nous savons qu'il est propriétaire d'un pâturage et d'un troupeau de bœufs. Sur le plan moral, c'est un homme très méchant et sans doute jaloux de la beauté de son frère et il le prouvera lorsqu'il demandera à l'Ennéade de crever les yeux de son frère Vérité et de le jeter en pâturage aux lions : « *Saisissez-vous de votre maître, et qu'il soit jeté à un lion féroce et des lionnes nombreuses* ». Mais ce qui arrive généralement aux méchants lui arrivera, lorsque le fils de Vérité décidera de venger son père, Mensonge sera à son tour puni et deviendra le portier de Vérité :

> « *On frappera Mensonge de cent coups, et cinq blessures lui seront infligées ; ses deux yeux seront crevés et il sera placé en qualité de portier dans la maison de vérité* ».

Conte n° 4 : " **L'amitié des deux chacals**" Comme dans le conte précédent, nous avons dans ce récit deux personnages principaux ; ce sont deux chacals. Ils ne sont pas des frères, mais de très bons amis qui vivent une amitié très sincère, ils sont très soudés et font tout ensemble :

> *Ils ne frayaient avec aucun autre animal (...) Ensemble, ils recherchaient leur nourriture. Ensemble ils buvaient et mangeaient. Ensemble ils se rafraîchissaient à l'ombre des mêmes rares arbres de désert.*

Conte n° 5 : " **La femme adultère**" Le personnage principal de ce récit est un prêtre lecteur en chef nommé Oubaoner. C'est un homme bien, mais cocu qui a épousé une femme volage qui n'hésite pas à le tromper chaque fois qu'il est en tournée avec le roi. Fort heureusement pour lui, son intendant le mettra au courant de tout ce qui se passe chez lui à son absence ; et, avec l'aide du roi il lavera l'affront : son bourreau sera donné en pâture à un crocodile et sa femme sera brûlée :

> *Le prêtre-lecteur en chef conta (...) ce qu'avait commis cet homme vit dans sa maison avec sa femme. Sa majesté die au crocodile « Emporte ce qui est désormais ton bien ! »*

> *Et le crocodile redescendit dans le fond de l'étang, et l'on ne sut jamais où il était allé avec sa prise. (...) Puis le roi fit saisir l'épouse d'Oubaoner, il fit brûler et ses cendres furent jetées dans le fleuve*

Conte n° 6. **"La boucle de la rameuse"** Le personnage principal de ce conte c'est un roi nommé Snefou, il est sans aucun doute marié. C'est un passionné des sports nautiques et un homme friand de belles femmes.

> *Je vais assurément organiser une partie de bateau. Que l'on m'apporte vingt rames (...) aussi vingt femmes, dont le corps soit des plus beaux, que soit belle aussi leur poitrine, et bien tressée leur chevelure, des femmes que l'accouchement n'a point encore ouvertes.*

Conte n°7 : **" Le pharaon et le tisserand"** Le personnage principal de ce récit a pour nom Khounaré, c'est un pauvre tisserand célibataire qui aime son travail et ne se plaint pas de sa condition matérielle. Sur le plan moral c'est un homme très généreux qui n'hésite pas à venir en aide aux nécessiteux. « *Sans connaître la jeune femme, Khounaré sentit de la compassion pour elle et son père. Il chercha rapidement ce qu'il pourrait trouver pour leur apporter son aide.* » Il est par ailleurs, un homme très modeste ; cette modestie est palpable lorsqu'il refusera la proposition alléchante que lui fera le pharaon pour rester auprès de ses amis.

> *"Pharaon lui rend la justice, puis lui demande de quitter son figuier et ses clients paysans pour consacrer son art au tissage des parures royales.*
>
> *Humblement, Khounaré remercie Sésostris de cet honneur mais avoue qu'il préfère rester auprès du figuier qui lui a procuré la joie d'offrir du bonheur à d'autres ; il désire aussi continuer d'être à la disposition de ceux qui se sont mobilisés pour le délivrer !*

Conte n° 8 : **"Le prince prédestiné"**. Le personnage principal de ce récit est un prince, il est l'unique garçon à ses parents, à sa naissance les hathors lui prédisent un destin où il mourra par le chien, le serpent ou le crocodile.

> *« Quand les hathors vinrent pour lui destiner un destin, elles dirent : qu'il meure par le crocodile, ou par le serpent, voire par le chien ».*

Très courageux, il décide de quitter la maison familial pour affronter son destin, et c'est ainsi qu'il se rendra à Naharinna où il sera obligé d'être un menteur circonstanciel afin d'être accepté par ses pairs princes venus de Syrie pour participer à un concours dont le vainqueur épousera la fille du prince de Naharinna. Il sera vainqueur de l'épreuve et épousera la fille.

Au terme de cette étude sur les personnages principaux, nous pouvons dire qu'ils se caractérisent tout le long de ces contes par des portraits physiques et psychologiques différents, ils sont tantôt anonymes. Lorsqu'on observe le parcours de ces personnages de premier plan, on se rend compte qu'à côté d'eux évoluent des personnages d'arrière-plan ou personnages secondaires.

III- 2 LES PERSONNAGES SECONDAIRES

Les personnages secondaires ou d'arrière-plan sont généralement ceux qui entourent les personnages principaux, à travers leurs actions, ils peuvent freiner ou aider le héros dans son action. Nous ne nous attarderons pas sur leurs portraits physiques et psychologiques, notre préoccupation sera de voir les différents rapports qu'ils entretiennent avec les personnages principaux ou plus précisément, il s'agira de voir s'ils sont des adjuvants ou des opposants aux héros.

III-2-1- LES PERSONNAGES SECONDAIRES DES CONTES NÉGRO-AFRICAINS

Conte n° 9. Les personnages secondaires de ce conte sont incontestablement le petit charognard, le petit chien et le petit chat, tous ont été sauvés par le prince alors qu'ils étaient maltraités par trois enfants : « Le jeune prince leur demande : « *Pourquoi maltraitez-vous ces petits animaux ? Laissez-les !* ». Ces trois personnages sont des adjuvants du prince, et ils le démontreront lorsqu'ils exprimeront leur gratitude à son endroit en lui venant en aide chaque fois qu'il sera en difficulté. Le premier acte de gratitude interviendra lorsque le prince reviendra de la chasse bredouille : « Ce jour-là, le petit charognard dit à ses compagnons : « Aujourd'hui, notre tuteur a le cœur triste car il n'a rien pour nous, mais je vais l'aider » Il part dire au prince : « *Aujourd'hui, je vais t'aider, je vais te conduire chez moi, dans mon village.* » Une fois au village du petit charognard, le père de ce dernier remettra au prince une bague magique qui exaucera tous ses souhaits : « *Avec cette bague, le jeune prince devient très riche et sa renommée se répand partout. Il est envié, on se demande où il a reçu toute cette richesse.* »

Le second acte de gratitude c'est lorsque la bague magique du prince tombe entre les mains du roi voisin et le prince est fait prisonnier : « *Un jour, le chaton dit au chiot : « Si tu peux me faire traverser le fleuve, j'irai aider notre maître »* (...) *sur l'autre rive, le chaton dit : « Quand tu me verras revenir en vitesse, sois prêt à retourner, car j'aurai la bague »* (...) *Après avoir semé leurs poursuivants, le chaton demande à la bague de ramener son maître à la maison* »

132

Conte n° 10 Les personnages secondaires de ce récit ce sont les génies qui vivent à côté du champ du cultivateur. Ces génies peuvent être considérés comme des opposants au couple de cultivateurs dans la mesure où leur présence fait peur au couple qui leur abandonne le champ avec tous les fruits de leur labeur de plusieurs années de travail de longue haleine.

> *« Pris de peur, (...) Le mari parti, la femme cherche un moyen de s'enfuir à son tour. Elle se lève, fait semblant de ramasser du bois mort, s'éloigne petit à petit et disparaît, prenant la fuite pour rejoindre son mari. Quand les génies s'aperçoivent que les propriétaires du champ ont pris fuite, ils prennent tout ce qu'ils trouvent : moutons, chèvres, poules, pintades. Ils les tuent et les mangent.*

Conte n° 11 : Les personnages secondaires de ce récit sont les deux femmes du cultivateur. Ces coépouses sont pour le cultivateur une ambivalence : la seconde est un adjuvant et la première une opposante. La seconde peut être considérée comme adjuvant parce que de la bouche du narrateur, nous apprenons que *« C'était une femme toute souriante et pleine de zèle, disponible, respectueuse »* qui *« fut la joie de son mari, (...) de toute la famille et même du quartier et du village »*. A rebours de la seconde femme qui faisait la joie du cultivateur, la première femme était très méchante et voulait à tout prix empêcher son mari d'être heureux avec sa coépouse et c'est ainsi qu'elle tentera d'éliminer sa coépouse : *« Elle chercha tous les moyens possibles pour tuer cette dernière qui l'empêchait d'être heureuse et d'avoir l'amour de son mari »*.

Conte n° 12 : Dans ce récit, le personnage secondaire c'est le lion. Ce lion constitue un obstacle pour la jeune Warimangan car cette dernière est tous les jours abordée par celui qui nourrit l'ambition de la croquer *« Le lion a observé que Warimanga venait toute seule chaque jour garder les champs, alors il décida de la croquer »*.

Conte n° 13 : le personnage secondaire de ce conte est comme dans le conte précédent le lion. Il représente pour nos deux héros à savoir le lièvre et l'hyène un personnage ambivalent. S'il est sympa et courtois avec le lièvre, il est en revanche très agressif et violent envers l'hyène et n'hésitera pas à le dévorer lorsqu'il apercevra le corps de son fils dans le panier de l'hyène. Fort heureusement pour ce dernier il réussira à s'engouffrer dans un trou : « *quand le lion bondit pour saisir l'hyène, le trou à ouverture étroite l'hyène, s'y engouffra aisément*

Conte n° 14 : les personnages secondaires de ce récit sont, un homme, un lion, un singe et un serpent ; tous ont été sortis d'un puits par le héros. Mais, seuls les animaux qui peuvent être considérés à juste titre comme les adjuvants exprimeront leur gratitude au héros le moment venu. Le singe est le premier à entrer en scène, en effet, il croisera un jour son sauveur dans la brousse en quête de fruits sauvages et décidera de lui venir en aide. Ce faisant, il demandera à tous ses congénères de l'aider dans cette besogne honorable :

> *"Le singe appelle alors ses Congénères qui arrivent nombreux. Il leur dit : « Cet homme m'a sauvé la vie. Allez chercher les fruits du néré, et apportez-moi tout ce que vous aurez trouvé. ». Ils partirent aussitôt. Ils apportèrent une telle quantité de gousses de néré, que notre homme n'a pas réussi à emporter le tout à la maison. »*

Quelques jours plus tard, ce sera au tour du lion d'être reconnaissant. Pour ce faire, il ordonnera aux animaux sauvages de lui ramener du gibier pour son bienfaiteur :

> *"Ecoutez bien ma parole. C'est un ordre que je vous donne. Retournez en brousse, et rapportez- moi sans tarder du gibier. Peu de temps après, les animaux sauvages reviennent avec une quantité de gibier. Et voici notre homme, tout*

heureux, qui retourne à la maison ployant
sous le poids du gibier"

Le serpent sera le dernier à venir en aide au héros ; il le fera lorsque ce dernier sera attaché au sommet d'une colline, il lui remettra un remède pour soigner les morsures du serpent ; il ira ensuite mordre à mort le fils du chef que le héros viendra ressusciter avec le médicament que lui avait remi le serpent, et grâce à cet acte, il bénéficiera de toutes les faveurs du chef. Contrairement aux animaux, l'homme sera un opposant au héros. Les animaux l'avait déjà pressentis lorsqu'ils mettaient en garde le héros en ces termes : « *Attention, surtout ne laisse pas cet homme sortir du puits* ». Mais le héros avait pris cette mise en garde à la légère, il ne réalisera son bien-fondé que le jour où il se présenta devant l'homme pour lui demander de l'aide, mais à sa grande stupéfaction, l'homme demandera à son chef du village d'arrêter le héros et de le condamner à mort sous le fallacieux prétexte que ce dernier apportait le malheur dans tous les villages où il mettait les pieds :

> *"Il croise l'homme qu'il avait sauvé du puits. Mais le regard haineux de celui-ci en dit long sur ces intentions ! Cet homme connaissait bien le chef du village. Il va le trouver pour lui dire : « Prends garde à toi. Un étranger vient d'entrer dans ton village. C'est un homme mauvais. Chaque fois qu'il entre dans un village, ce n'est que malheurs et destructions pour tous les villageois. Le seul remède : il faut l'attraper, le ligoter et l'abandonner sur une haute colline. "*

Conte n° 15 : Le personnage secondaire de ce conte c'est incontestablement la femme de Mesha'atsang. Elle représente pour ce dernier une ambivalence ; elle est considérée comme un adjuvant pour ce dernier lorsqu'elle se débarrasse de sa carapace de vieille femme pour arborer celle d'une jeune fille, dans cet état, Mesha'atsang est l'homme le plus heureux de la terre parce qu'il trouve sa femme très belle.

> "*La vielle femme alla enlever sa peau de vieille femme et devint une belle jeune fille. Voyant que son mari avait beaucoup dansé, elle alla l'embrasser. L'homme en fut très heureux.*"

Mais, cette femme devient une opposante au bonheur de Mesha'atsang lorsqu'elle se métamorphose en vieille femme ; il devient nerveux et n'a plus qu'une seule envie : la chasser de chez lui :

> "*La nuit la vieille dit à son mari de lui faire du feu pour se réchauffer car ses pians lui faisait mal. Il se mit à la menacer. Lorsqu'il voulut monter sur le lit, la vieille monta également sur le même lit. L'homme descendit et se coucha à même le sol. Il était bien dérangé (...) je ne sais qu'elle conduite tenir pour éloigner cette vieille femme de chez moi*"

Conte n° 16 : Dans ce récit le personnage secondaire c'est le fils de Nkan; il peut être considéré pour ce dernier comme un opposant dans la mesure où la naissance d'un fils vient l'empêcher d'être le seul homme à la maison, or Nkan n'a pas envie de partager son pouvoir avec quiconque, c'est pourquoi il demandera à toutes ses femmes de n'accoucher que des filles : « *Il leur ordonna de n'accoucher que des filles et non des garçons* ». C'est dans cette logique qu'il tentera de tuer son rival de fils pour qu'il n'y ait jamais partage de pouvoir : « *Itiitii apporte l'enfant. Voyant qu'il était de sexe mâle, Nkan le prit lè boed ! Alla le jeter dans un tas de fourmis et rentra* ».

Par ailleurs, le fils de Nkan peut être considéré comme un opposant à Nkan lorsqu'il le rend honteux devant tout le village en le reniant et en montrant l'antilope naine comme étant son père.

Conte n° 17 : Les personnages secondaires de ce conte sont les deux épouses de Kalak à savoir Kooko et Gang. La première est un adjuvant pour Kalak, et la seconde une opposante. Kooko est adjuvant parce qu'elle est la seule à se lamenter et à remplir deux marmites de ses larmes lorsqu'elle trouve son mari raide mort. A l'opposé de Kooko, GANG, ne pleure pas mais songe plutôt à retourner chez eux à Bebis :

> *"Ngekekekeke je rentre à Bebis*
> *Qu'il meurt, je rentre à Bebis*
> *Qu'il vive, je rentre à Bebis.*

Conte n° 18 : Dans ce récit le personnage secondaire c'est le roi. C'est un adjuvant de Mesùt le lièvre car, c'est lui qui fera sortir ce dernier de sa situation de célibataire en proposant sa fille en mariage à celui qui réussira à braver les épreuves qu'il proposera. Mesùt sort vainqueur du concours et sans hésiter, le roi tient sa promesse en donnant avec fierté et sans autre condition la main de sa fille à Mesùt qui devient par la même occasion le porte flambeau du royaume.

> *" Mesùt portait encore plus haut les*
> *destinées du grand royaume en s'unissant*
> *pour le meilleur et pour le pire à la fille du*
> *roi"*

Conte n° 19 : personnage secondaire, Mesùt le lièvre. Il présente une ambivalence pour les deux personnages principaux à savoir le chasseur et le crocodile. Pour le chasseur Mesùt est un adjuvant puisque c'est lui qui le sauve des griffes d'une famille de crocodiles affamés dont le chasseur avait pourtant sauvé les vies en les ramenant dans le fleuve. Par contre, Mesùt est pour le crocodile un opposant en ce sens que c'est lui qui va dans un premier temps sauver le chasseur de ses griffes, et dans un second temps, il va attirer l'attention du chasseur en lui rappelant que le crocodile est un gibier et par conséquent mérite d'être abattu, et c'est ainsi que le chasseur va abattre le crocodile et ses enfants.

> "Machinalement, le chasseur défit son
> fusil et tira plusieurs coups, tuant le
> crocodile et ses enfants. "

Conte n° 20 : Les personnages secondaires de ce récit sont les autres animaux de la forêt. Ils adopteront à l'endroit de Memvù le chien deux attitudes contradictoires. Dans un premier ils seront élogieux à son endroit et iront jusqu'à le nommé chef « *Tous les animaux (...) consentirent à admettre que Memvù seul méritait le trône* ». Dans un second temps, ils trouveront qu'il a un museau trop léger pour mériter d'être chef :

> "Non ! Criaient les bêtes (...) un roi ne
> doit pas avoir le museau léger ! C'est très
> ridicule ! Nous ne méritons point un tel
> roi ! "

Conte n° 21 : Ce conte a pour personnage secondaire la femme de Kimanga. Elle joue naturellement le rôle d'adjuvant pour son mari Kimanga en l'aidant dans sa ruse qui consistait à se substituer à la pierre à écraser de sa femme. Cette dernière jouera bien son rôle en poussant à bout kùpù qui, dans sa colère ramassera sa pierre à écraser ou plus précisément son mari et jettera en brousse, elle va par la suite éclater en sanglots en réclamant sa pierre à Kùpù

> "Kùpù se jeta sur la femme et lui
> arracha d'entre les mains la pierre avec
> laquelle elle écrasait le maïs et la jeta loin
> dans les champs. Alors l'épouse de
> Kimanga se mit à pleurer à chaudes
> larmes appelant son mari au secours tout
> en suppliant Kùpù de lui restituer sa
> pierre à écraser "

Kimanga bien entendu volera au secours de sa femme en exigeant à Kùpù de restituer la pierre à écraser de sa femme afin d'être rembourser.

Si la femme de Kimanga est l'adjuvant de ce dernier, elle devient donc ipso facto une opposante à Kùpù parce que c'est

138

grâce à sa complicité que Kimanga ne remboursera plus jamais son argent.

Conte n° 22 : Le personnage secondaire de ce récit c'est le mari de la femme courageuse. C'est manifestement un opposant à la femme, et il ne tardera pas à le démontrer à plusieurs reprises. A titre illustratif, nous pouvons relever son refus d'aider sa femme à chasser les gorilles qui dévastent son champ de maïs :

> *"Un jour, il fut sollicité par sa femme pour chasser les gorilles qui endommageaient le champ. Mais il refusa, disant que s'il surveillait un coin, les gorilles allaient saccager de l'autre côté. "*

A la suite de ce refus nous pouvons aussi noter l'attitude qu'il adopte à l'égard de sa femme lorsqu'elle vient lui annoncer qu'elle a abattu le chef de la meute de gorilles qui dévastaient son champ de maïs. Au lieu de la féliciter, il se mettra plutôt en colère et sommera sa femme d'aller illico récupérer sa flèche :

> *"De retour au village, la femme alla annoncer à son mari qu'elle s'était occupée elle-même des bêtes qui ravageaient sa récolte. Au lieu de la féliciter, l'homme se mit en colère sous prétexte qu'elle avait perdu sa flèche. Elle fut donc obligée de retourner sur ses pas pour la récupérer"*

Conte n° 23 : Ce récit a pour personnage secondaire une jeune femme. Elle peut être considérée comme un obstacle au ciel, en effet c'est elle qui provoquera le ciel en versant l'eau qui viendra cogner la voûte céleste. « *Elle lança le contenu bien haut qu'elle s'en vint cogner la voûte céleste.* » Le ciel se sentira offensé, se mettra en colère et décidera de se retirer loin de la terre.

Conte n° 24 : Dans ce conte le personnage secondaire est un vieil homme. C'est un adjuvant pour les trois idiots qui ont été marginalisés et chassés de leur village ; Malgré leur sottise, il leur accueillera et donnera à chacun une femme : " *Ils arrivèrent devant une cabane où sortir un vieil homme (...). On nous a chassés de chez nous pour notre bêtise.*

Le vieux répliqua : « Alors entrez. » (...)
Il leur donna ses trois filles pour femme.

Conte n°25 : Le personnage secondaire de ce récit c'est incontestablement l'écureuil. Il fera subir au roi et à la famille royale un préjudice moral énorme et sans précédent. En effet, l'écureuil va réaliser un exploit inédit en engrossant la fille du roi alors qu'elle était enfermée dans une case sans issue afin qu'aucun homme ne l'approche. Et comme si cela ne suffisait pas, il va à la barbe du roi et de toute son armée récupérer son fils et s'enfuira dans la forêt *« Avant, que les gardes du roi n'aient réalisé ce qui se passait, l'écureuil prend son fils et disparaît dans les arbres »*

Conte n° 26 : Ce conte a pour personnage secondaire l'Esprit des eaux. Il est celui qui aidera les deux antilopes femelles à se reproduire en leur donnant un mâle comme troisième compagnons : *« L'Esprit des eaux exaspéré leur dit : « Je suis las de vos lamentations je vous promets de transformer en antilope mâle le premier animal qui viendra boire à ma fontaine (...) Bientôt, les deux Femelles eurent des petits »*

Conte n° 27 : Le personnage secondaire de ce conte c'est Dieu. Sans le savoir, il sera un adjuvant pour le renard qui avait un désir ardent d'avoir le tambour sur terre afin d'éviter ce labeur qui consistait à monter chaque fois au ciel quand il avait envie de danser. Dieu lui facilitera la tâche en coupant la corde qui liait le ciel à la terre, par cet acte Dieu abandonnait par la même occasion le tambour sur terre.

« Dieu s'aperçoit que le tambour a disparu. Il le cherche partout et, quand il regarde en bas, il voit renard, le tambour attaché à la queue. Il prend un couteau et coupe la corde. C'est depuis ce temps qu'il

140

y a des tambours sur la terre pour danser
et faire la fête.

Conte n° 28 : Ce récit a pour personnage secondaire Eleni la fille du roi d'Anga. Elle est pour Dévi une personne exceptionnelle, elle le comble de joie, il l'aime au point où sa seule présence fait de lui l'homme le plus heureux de la terre et lorsqu'elle n'est pas à ses côtés il devient logiquement malheureux :

> *"Sans la princesse, il se sentait terriblement seul (...) Elle put enfin se montrer. Devi était fou de joie. Il la serra dans ses bras et lui offrit toutes sortes de friandises. Ils se remirent à jouer ensemble.*

Fort heureusement pour Dévi, Eleni est aussi folle amoureuse de lui et elle ne tardera pas à le démontrer en passant aux aveux et en proposant à Dévi de l'épouser :

"Si tu veux, tu pourras m'épouser. Je t'aime et je vois que tu m'aimes aussi. Tu deviendras riche et célèbre"

Finalement, les deux tourtereaux se marieront à la grande satisfaction des deux beaux-pères.

> *"Le roi était fou de joie (...) lorsqu'il vit comment sa fille et le jeune garçon se regardèrent, il accorda à Dévi la main de sa fille (...) le mariage fut célébré en grande pompe dans tout le pays. Le roi envoya chercher le père de Dévi et lorsque celui-ci vit combien son fils était heureux avec la princesse, il embrassa sa nouvelle belle-fille et souhaita aux jeunes mariés tout le bonheur du monde".*

Conte n° 29 : Nous avons dans ce récit trois personnages secondaires à savoir : les deux grandes sœurs d'Ifara, Ramatou et Raïvou et le monstre Itrimoubé. Tous sont des obstacles à l'épanouissement de la jeune Ifara. Les deux premières sont jalouses de sa beauté et la crainte de la voir se marier à un homme riche les amènera à la détester au point où elles tenteront de l'éliminer :

> "Elles dirent : "Elle est certainement bien plus jolie que nous, et qui sait si un grand chef ne viendra pas l'épouser ? Il nous faut chercher un moyen de nous débarrasser d'elle"

Pour réaliser leur sale besogne, elles vont envoyer Ifara voler les ignames dans le champ d'Itrimoubé, ce dernier l'attrapera et l'emmènera dans sa hutte et l'engraissera pour qu'elle soit bonne à manger. « A présent, je t'y prends ; c'est toi qui voles mes ignames ; je vais t'avaler. (...) Il l'emmènera dans sa hutte mais son idée était de l'engraisser pour la manger ensuite. "

Malheureusement pour ces criminels, Ifara sera sauvée par une petite souris qui l'aidera à s'évader et, un pigeon la ramènera chez ses parents qui la croyaient déjà morte.

III-2-2 LES PERSONNAGES SECONDAIRES DES CONTES EGYPTIENS

Conte n° 1 : Le personnage secondaire de ce récit c'est Anoup l'aîné de Bata, c'est un homme marié que Bata considère comme un père. Il vivra en paix, en amour et en harmonie avec son cadet jusqu'au jour où sa femme discréditera son petit en tenant des déclarations mensongères dans lesquelles elle affirmera que ce dernier lui fait des avances en insistant sur le fait que c'est lui qui méritait d'être son époux. Face à ces propos diaboliques, Anoup ne chercha pas à vérifier l'information, mais ;

> "Se montra comme un guépard du midi, il affila son couteau et prit

142

> *bien en main. Il se tint derrière la porte de son étable pour tuer son frère cadet, lorsque celui-ci ferait rentrer ses bêtes dans l'étable. "*

La vérité finissant toujours par triompher, il finira par écouter la version originale des faits relatée par son petit frère, il sera très troublé et décidera de laver l'affront en tuant celle qui avait détruit l'amour fraternel qui existait entre lui et son frère cadet :

> *"Ainsi tandis qu'on m'accusait d'avoir dit une mauvaise parole, tu n'as pensé à aucune des choses que j'ai faites pour toi ! Ah ! Dire que tu es capable de te cacher, ton poignard à la main, pour me tuer en traître. Quelle trahison ! Quelle infamie (...) va-t'en à la maison, la main sur la tête, le front souillé de deuil. Arrivé à la maison, il tua sa femme, la jeta aux chiens et demeura en deuil de son frère cadet"*

Quelques années plus tard Anoup respectera les consignes que lui avait prescrit Bata avant sa mort, Bata ressuscitera et l'amour et l'harmonie qui existait entre les deux frères renaîtra : Bata deviendra roi et à sa mort Anoup lui succèdera :

> *"Anoup saisit la tasse d'eau fraîche où était le cœur de son frère cadet ; celui-ci but ; et son cœur fut remis en place te Bata redevint comme autrefois. Chacun d'eux embrassa l'autre et ils parlèrent ensemble comme deux compagnons, (...). Bata fut vingt ans roi d'Egypte, puis il quitta la vie*

et son grand frère occupa sa place.
"

Conte n° 2 : Dans ce récit, le personnage secondaire est un roi nommé Rhampsinite. Au début du conte il est pour le héros un véritable obstacle dans la mesure où il l'empêchera de voler le trésor en toute quiétude en plaçant un piège dans le caveau à trésor, le héros détestera d'avantage le roi lorsque le piège attrapera son frère et comme si cela ne suffisait pas, le roi mettra tous les moyens en jeu afin que le héros soit arrêté. Mais la hardiesse du héros amènera le roi à de meilleurs sentiments et ce dernier finira par lui donner sa fille en mariage.

> *"Quand la chose fut rapportée au roi, il s'étonna, émerveillé de l'astuce et de la hardiesse de cet homme (...). Il le jugea un oiseau rare, et lui donna sa fille en mariage. "*

Conte n° 3 : Le personnage secondaire de ce conte c'est incontestablement le fils de Vérité. Il est à ce titre un adjuvant pour son père et un opposant pour Mensonge. En effet, lorsque le fils de Vérité apprend que c'est Mensonge qui a rendu son père aveugle, il décide de le venger. Pour ce faire, il va confier son taureau au berger de Mensonge, Mensonge mangera ce taureau et le fils de Vérité lui portera plainte à l'Ennéade divine et exigera que les yeux de Mensonge soient crevés :

> *"Je suis le fils de Vérité et je suis venu afin de le venger (...). Le jeune homme à son tour fit un serment pour le roi disant : « Aussi vrai que dure Amon, aussi vrai que dure le royal régent, puisse-t-on retrouver vérité en vie... ! On frappera Mensonge de cent coups, et cinq blessures lui seront infligées ; ses deux yeux seront crevés et il sera*

144

placé en qualité de portier dans la
maison de Vérité. "

Conte n°5. La femme d'Oubaoner est le personnage secondaire de ce conte. Elle est visiblement une femme aux cuisses très légères qui n'hésitera pas à faire subir à son mari un préjudice moral énorme en se laissant séduire par un homme qu'elle connaissait à peine. Et c'est ainsi qu'elle va chaque fois que l'occasion se présentera demander à l'intendant du jardin de préparer le pavillon de plaisance où elle va à plusieurs reprises tromper son mari avec son séducteur :

> *"La femme d'Oubaoner dit à*
> *l'intendant chargé de l'entretien du*
> *jardin : « fais préparer le pavillon*
> *de plaisance qui est près de l'étang,*
> *car je vais venir m'y reposer ». Le*
> *pavillon fut alors pourvu de toutes*
> *belles et bonnes choses. Ils s'y*
> *rendirent et y passèrent un jour*
> *heureux. Ceci en compagnie de*
> *l'homme Vil. "*

Malheureusement pour cette femme adultère, l'intendant trouvera cela très déshonorant et insultant pour son mari. C'est pourquoi il informera son maître de ces événements. Oubaoner fera part de cette histoire au roi ; ce dernier fera arrêter la femme d'Oubaoner afin qu'elle soit brûlée.

> *"Le roi fit saisir l'épouse*
> *d'Oubaoner (...) il la fit brûler et ses*
> *cendres furent jetées dans le*
> *fleuve."*

Conte n° 6. Les personnages secondaires de ce récit ce sont les rameuses. Elles peuvent être considérées à juste titre comme des adjuvants au roi Snefrou dans la mesure où ce sont elles qui parviennent à rendre le roi heureux alors que ce dernier était très malheureux parce qu'il ne parvenait pas à trouver une

145

distraction capable de l'égarer, mais dès que les rameuses entamèrent leur partie de bateau, le roi retrouvera son sourire :

> *"Les voilà donc qui se mettent à*
> *ramer de ci, de là, et le cœur de sa*
> *majesté était heureux de les voir*
> *ainsi. "*

Conte n° 7. Le pharaon Sésostris est le personnage secondaire de ce conte. Il se montre très aimable à l'endroit du paysan Khounaré, cet amour est palpable lorsqu'il libère le paysan de prison alors qu'il avait été injustement condamné par son intendant le méchant Marouitensi. Le pharaon ne s'arrêtera pas à cette libération, il va proposer au paysan de venir vivre au palais afin d'être le tisserand du palais :

> *"Pharaon lui rend justice, puis*
> *lui demande de quitter son figuier*
> *et ses clients paysans pour*
> *consacrer son art au tissage des*
> *parures royales"*

Conte n° 8. Dans ce récit c'est la femme du jeune prince qui est le personnage secondaire. Elle est pour lui un adjuvant très indispensable qui sera prête à se faire hara kiri pour le sauver, nous pouvons dans cette logique relever trois cas. Le premier cas c'est lorsqu'elle décide de se suicider si son père n'accepte pas qu'elle soit l'épouse du jeune prince alors que ce dernier est le vainqueur de l'épreuve que son père avait proposé aux prétendants :

> *"Elle jura par Dieu disant : par*
> *la vie de Phrâ Harmakhis ! Si on me*
> *l'arrache, je ne mangerai plus, je ne*
> *boirai plus, je mourrai sur l'heure. "*

Le second cas c'est lorsqu'elle réussit à tuer deux des destins auxquels le prince est soumis :

*"Quand un serpent sortit de son
trou pour mordre le prince, (...) La
femme le mit en pièces avec des
coups de sa hache. "*

Le dernier cas que nous pouvons relever c'est quand elle parvient avec l'aide du géant à tuer le crocodile qui représentait le deuxième destin auquel était destiné le prince.

*"Elle sortit des roseaux, et, voici,
comme le crocodile ouvrait la
gueule, elle le frappa de sa hache. "*

Au terme de cette étude sur les personnages des contes négro-africains et Egyptiens anciens nous pouvons faire deux remarques.

La première remarque est que presque tous les règnes sont représentés. Il s'agit notamment : du règne humain plus nombreux qui comprend tous les hommes, les femmes et les enfants. Le règne animal tout aussi abondant qui rassemble entre autres le lièvre, la tortue, le lion, l'hyène, etc.

L'univers des idées, moins nombreuse, mais aucunement négligeable, qui comprend les deux ennemis de toujours que sont Vérité et Mensonge.

Outre ces êtres terrestres nous avons une quatrième famille qui regroupe les êtres surnaturels. Elle est représentée par les génies, le ciel et les dieux.

La deuxième remarque est que le portrait physique est le plus souvent l'objet d'une brève esquisse, tandis que le portrait moral est développé avec force détails. Un tel constat nous pousse à penser que c'est le portrait moral qui est d'une grande importance dans les contes dans la mesure où il est un tremplin facile qui permet de nous faire comprendre que les contes sont à travers les thèmes qu'ils développent des œuvres pleines de significations.

IV. STRUCTURES DISCURSIVES DES CONTES NEGRO-AFRICAINS ET EGYPTIENS ANCIENS

Au Chapitre précédent, nous avons conclu que la domination écrasante du portrait moral sur le portrait physique était dû au faite que les personnages des contes Egyptiens et Négro-africains sont des symboles. Comme tels, ils traduisent une certaine conception de la société africaine, à ce sujet Denise Paulme dira :

> « *Le Conte africain est une production commune du groupe social, il est dans une large mesure le reflet de la société traditionnelle ; ainsi, convient-il dans son analyse et son interprétation de tenir compte du vécu et des croyances, des peuples, de leur vision du monde et des choses* »[36]

Dans cet ultime chapitre consacré à l'étude des structures discursives que Greimas définit comme étant :

> *"Des structures qui reposent sur des concepts fondamentaux dont l'opposition donne une signification symbolique à la narration. Ce sont*

---

[36] Denise Paulme, cité par P. Ndakan dans *le conte et l'éducation*, Paris, L'harmattan,1984,p.82.

les structures les plus profondes au
plan de l'immanence. "[37]

Nous analyserons les thèmes et les significations des contes Négro-africains et Egyptiens anciens.

IV-1- ETUDE THÉMATIQUE

Sur le plan thématique, nous examinerons les thèmes communs et les thèmes spécifiques aux contes Négro africains et Egyptiens anciens

VI-1-1 LES THÈMES COMMUNS

Les thèmes communs aux contes Négro-africains et Egyptiens sont nombreux, mais nous nous limiterons aux thèmes suivants : l'amour, le mariage, la mort, la polygamie, la royauté et la ruse.

IV-1-2- LE MARIAGE

Dans sa définition première, le mariage est l'union entre deux personnes de sexes différents, c'est-à-dire entre un homme et une femme. C'est un acte social qui revêt une multitude de conceptions et de formes, selon les époques et les sociétés.

Chez les Egyptiens anciens, le mariage n'était pas obligé. L'Egyptienne était libre de se marier avec qui elle voulait. Loin d'être une institution, le mariage était un acte purement social qui engageait deux personnes qui avaient elles-mêmes décidé de se mettre ensemble, il n'y avait ni rituel religieux, ni contrainte administrative, mais la volonté de deux personnes qui s'étaient librement choisies. La filiation en Egypte pharaonique étant matriarcale, on se mariait non pour se faire un nom, mais pour être chez-soi, loin des dissensions et des désordres. Même un parent n'avait pas le droit de choisir le conjoint de sa fille, encore moins de lui interdire de se marier lorsqu'elle l'avait décidé. A ce propos, Christiane Desroches Noblecourt dira que le mariage était considéré comme :

---

[37] Algirdas, Greimas cité par F. Tsoungui dans *clés pour les contes africains et créoles* ,Paris,Edicef,1988,P. 186.

"L'idéal social et rien ne devait pouvoir entraver son déroulement harmonieux pourvu que les deux auteurs de ce simple "agrément mutuel " suivent la voie de Maât, donnée fondamentale de la conscience humaine"[38]

Quoique le mariage ne soit pas obligé, la sagesse égyptienne recommandait néanmoins aux jeunes de se marier, afin d'avoir des enfants et de remplir leurs maisons.

A l'opposé, le mariage était chez les Négro-africains une nécessité vitale pour l'homme comme pour la femme, car c'est dans le mariage qu'on pouvait contribuer au développement du clan, en faisant des enfants. En sus, le mariage assurait la pérennisation du nom de la famille.

Par ailleurs, cette union qui liait l'homme à la femme s'étendait au sein des deux familles, et parfois de deux tribus ou villages. Le mariage chez les négro-africains n'était donc pas une affaire qui concernait seulement deux personnes résultant comme dirait H Deschamps des « *inclinations du cœur* »[39]

Il n'avait rien en commun avec l'union d'un male et d'une femelle poussés par l'instinct ; c'était autre chose de plus, beau, de plus agréable, comme : « *Une mathématique nouvelle où Un et Un ne feraient pas Deux mais Un meilleur et plus complet* »[40]

---

[38] C, Desroches Noblecourt, *La femme au temps des pharaons*, Paris, Collection livre de poche, Edition stock, 1986, P. 215.

[39] H, Deschamps, *Histoire générale de l'Afrique noire, de Madagascar et des Archipels*, Tome 4, Paris, PUF, 1970, P. 97.

[40] THEIL, P, *Histoire et géographie du mariage*, Berger- Levrault, Nancy, 1969, P.

Dans une telle société où le mariage était presque une obligation tant pour l'homme que pour la femme, les célibataires étaient considérés de facto comme des inadaptés sociaux, des paresseux et parfois comme des sous-hommes. C'est sans doute sur cette conception du célibataire que Dominique ZAHAN revient lorsqu'il écrit :

> Il est notoire qu'en Afrique le célibat ne jouit d'aucune valeur et qu'à part les solitaires rituels ou les individus délaissés, hommes et femmes choisissent le mariage comme la formule par excellence de l'idéal humain en ce monde. Ceci est si vrai et si profondément ancré dans l'esprit des Africains que le célibataire, s'il en existait en dehors des cas particuliers déjà mentionnés, ils ne trouveraient aucune excuse à leurs yeux. Ils seraient traités avec mépris, voire chassés de la famille et de la société. Le célibat constitue pour le Noir un dérèglement incompréhensible de l'ordre social et religieux[41]

Le thème du mariage est récurrent dans 8 contes du corpus, il s'agit notamment de 4 contes Egyptiens anciens, les numéros 1, 2,7 et 8. Et 4 contes Négro- africains : les contes numéros 15, 19,24 et 28.

Dans le conte n°1 Tâ-Harakhty demande à Khnoum, le modeleur des corps d'enfants de donner une femme à Bata "Oh ! Fabrique une femme à Bata, afin qu'il ne reste pas seul".

Conte n° : Le roi Rhampsinite tient à sa promesse en donnant sa fille en mariage au larron."Il le jugea un oiseau rare, et il lui donna sa fille en mariage."

---

[41] ZAHAN, D. Religion, Spiritualité et pensée africaine, Paris, Payot, 1970, P. 21.

Conte n°7, on assiste à une union entre Khounaré le paysan et Baiti « *Après leur union bénie par les prêtres de la cour sous la bienveillante protection de Sésostris, les deux nouveaux époux se retirent et se recueillent main dans la main.* »

Conte n°8. Le jeune prince épouse la princesse de Naharinna « *Le chef lui donna sa fille pour femme* ».

Conte n° 15, jadis célibataire, Mesha'atsang a désormais une épouse « *Arrivée chez lui, la veille descendit à terre et resta là comme sa femme* »

Conte n°19. Mesut épouse la fille du roi "*Mesùt portait encore plus haut les destinées du grand royaume en s'unissant pour le meilleur et pour le pire à la fille du roi*"

Conte n° 24. Malgré leur sottise, les trois idiots se marient « Le vieux comprit qu'il n'arriverait *à rien avec les trois sots. Il leur donna ses trois filles pour femmes.* »

Conte n° 28. Devi épouse Eleni : « *Lorsqu'il vit comment sa fille et le jeune garçon se regardaient, il accorda à Devi la main de sa fille* ».

La lecture des contes qui précèdent nous amène à faire deux constats. Le premier constat c'est le nombre élevé de prétendants qui accourent lorsqu'une fille est proposée en mariage ; c'est le cas des contes n° 19 et n° 18.

Dans le conte N° 19 nous pouvons noter au moins neuf prétendants : Meshe la biche, Nsùen – l'Eléphant, Ngùe-la panthère, Nyet le Buffle, Rigbaa- l'Hippopotame, Kùkùnda le Caméléon et les autres animaux.. Tous ces prétendants investissent tout ce qu'ils ont pour pouvoir épouser la fille du roi. A ce sujet, le narrateur nous rappelle que :

> *Chez les prétendants, les préparatifs étaient multiples dans leur immensité. Dans les champs, dans les villages, sur les routes, dans les fleuves et rivières, les*

déploiements étaient merveilleux. (...) Il
faut dire que tous les prétendants s'en
remettaient aux devins et aux
gestionnaires du sacré.

Dans le conte n° 8, nous avons des prétendants qui ont fait le déplacement de la Syrie pour l'Egypte afin de participer à un concours dont le vainqueur épousera la princesse de Naharinna.

Le second constat c'est les différentes épreuves que doivent braver les prétendants. A titre illustratif, dans le conte n° 19 nous avons deux épreuves que propose le roi aux différents prétendants.

J'organiserai une compétition qui
comportera plusieurs épreuves ardues.
Celui qui en sortira victorieux épousera
Ntùtùere. (...) La première épreuve
consistait à aspirer un gobelet de piment
réduit en poudre sans éternuer. Pour la
deuxième et dernière épreuve, il fallait
que les pieds du prétendant se noient dans
le ruissellement de sueurs émanant des
trémoussements endiablés.

Dans le conte n° 8, le prince de Naharinna avait fait construire une maison de plusieurs étages, le vainqueur de l'épreuve devait atteindre la fenêtre de la princesse qui se trouvait sans doute au dernier étage :

Le prince de Naharinna (...) lui ayant
construit une maison dont les soixante-dix
fenêtres étaient éloignées du sol de
soixante-dix coudées. (...) et il leur dit :
Celui qui atteindra la fenêtre de ma fille,
elle lui sera donnée pour femme.

Ces deux constats qui précèdent nous inspirent deux commentaires. Le premier c'est que pour ces prétendants, le mariage devient une obligation, une nécessité vitale, ils rejoignent ici les points de vue de Joseph Mboui et de DESROCHES NOBLECOURT. Pour le premier, « *Quiconque ne se marie pas n'est qu'un paresseux* »[42]. Pour la seconde : « *Un homme est considéré en proportion du nombre de ses enfants* »[43].

Le second commentaire c'est que le mariage n'est pas un jeu, n'est pas l'affaire des aventuriers, mais des hommes capables d'assumer les responsabilités du foyer, capables de s'occuper et de veiller sur une femme. C'est pourquoi ne peut obtenir la main d'une femme que celui qui est sorti vainqueur d'un concours qui vise à tester la maturité d'un homme.

IV-1-3 L'AMOUR

Le mot amour est diversement apprécié. Le petit Larousse illustré le définit comme un sentiment très intense, sentiment englobant la tendresse et l'attirance physique entre deux personnes. A. Camus le définit comme étant « *Un mélange de désir, de tendresse et d'intelligence qui me lie à tel être* »[44]. Pour Denis de Rougemont :

> *Tout amour véritable est une relation, réciproque [...] cette relation s'établit tout d'abord à l'intérieur de chaque personne entre l'individu, qui est l'objet naturel, et la vocation qu'il reçoit, sujet nouveau, et tel est l'amour de soi-même. Elle s'établit ensuite à l'intérieur du couple, entre les deux sujets objets que constituent les deux personnes mariées. Elle s'établit enfin*

[42] Mboui, J, « *Essai sur la vie domestique des bassa du Sud Cameroun* », Thèse pour le doctorat ès lettres, Bordeaux, 1971 PP 352-354
[43] DESROCHES op cit p.202.
[44] CAMUS A, *le mythe de Sisyphe*, coté par P BRUNEL et ALII in Approches Littéraires, Paris, Bordas, 1976, P.141.

entre le couple et la communauté
humaine. Telle est la plénitude de
l'amour. [45]

Il découle de ces définitions qu'éprouver l'amour pour quelqu'un, c'est avoir une très belle histoire sentimentale avec celui-ci, c'est avoir de la dévotion, du dévouement qui souvent se rapproche de l'idéalisation ou de la divinisation de l'autre. L'amour est en définitive le fait d'avoir un goût prononcé, une passion pour quelque chose, quelqu'un de charmant, d'adorable, qu'il soit du même sexe ou non.

Dans notre corpus l'amour est diversement exprimé et orienté. Nous nous attarderons sur :

L'amour des humains pour les animaux, l'amour des pères pour leurs enfants, et l'amour d'un homme pour une femme et vice versa.

Le premier type d'amour est visible dans le conte n° 9 " Le prince" dans ce récit nous pouvons voir l'amour sans réserve et sans condition du jeune prince pour les animaux que sont : un petit chaton, un petit chien et un petit charognard.

Alors qu'il était en promenade, le petit prince va acheter à prix d'or trois petits animaux. Dès lors, il s'attachera à ces bêtes et veillera à ce qu'elles ne manquent de rien, pour manifester son amour à l'endroit de ces nouveaux amis, le prince va se sacrifier et sacrifier sa mère pour qu'ils ne dorment pas affamé. A ce sujet, le narrateur témoigne que :

> *Chaque jour, il part tuer des oiseaux :*
> *un pour le chaton, un pour le petit*
> *charognard, un pour le petit chien, un*
> *pour sa mère, et le cinquième pour lui-*
> *même. S'il en tue quatre, il en donne un à*
> *chaque animal et partage le quatrième*

---

[45] Denis de ROUGEMONT, *les mythes de l'amour*, Paris Gallimard, P 175.

entre lui et sa mère. Si le partage est impossible, c'est lui et sa mère qui dorment à jeun.

L'amour d'un père pour son fils est palpable dans le conte n° 28. Dans ce conte on peut lire : « *Le père de Devi était un homme bon et doux qui aimait beaucoup son fils* ».

Le troisième type d'amour qui existe dans notre corpus est le plus flagrant, on peut l'observer dans les contes numéros 1, 7, 8, 11,28.

Dans le conte n° 1, nous avons deux cas où l'homme aime sa femme. Le premier cas c'est celui de Baiti qui aime énormément sa femme :

> *Khnoum lui modela, pour demeurer avec lui, une compagne, la plus belle de toutes les femmes sur la terre entière. [...] Bata l'aimait, l'aimait beaucoup. Elle restait dans sa maison, tandis que tous les jours, il chassait les bêtes du désert pour les déposer à ses pieds.*

Le second cas est celui du pharaon à l'endroit de sa nouvelle femme :

> *Sa majesté fit alors partir beaucoup d'hommes et d'archers, et même des gens avec des chars de guerre pour ramener la créature. (...) Ils la ramenèrent en Egypte et on se réjouit de la voir dans la terre entière. Sa majesté l'aima beaucoup, beaucoup, et elle devint sa grande favorite.*

Conte n° 7, dans ce récit il existe un amour réciproque entre Khounaré et Baiti :

"*là, les deux jeunes gens inconnus l'un pour l'autre, (...)
succombèrent à un coup de foudre amoureux réciproque.*

Dans le conte n° 8, la princesse de Naharinna est prête à
mourir pour l'homme qu'elle aime.

"*Si on le tue, au coucher du soleil, je serai morte ; je ne passerai
pas une heure de vie, plutôt que de rester séparée de lui.*"

Conte n° 11, amour du cultivateur pour sa seconde épouse :
« *Elle eut sa première grossesse et enfanta un garçon. Cela fit la
joie de son mari, et l'amour grandissait au jour le jour.*"

Dans le conte n° 28, nous pouvons relever deux cas d'amour ;
le premier cas est celui du père de Devi à l'endroit de sa femme,
cet amour se traduit par son refus de vivre en société après le
décès de sa femme.

> "*Autrefois, l'homme avait été marié
> mais sa femme était morte en donnant le
> jour à leur fils. Son chagrin avait été
> tellement grand qu'il décida de ne plus
> vivre parmi les hommes.*

Le second cas est l'amour réciproque qui existe entre Devi et
Eléni, cette dernière déclare :

« *Si tu veux, tu pourras m'épouser (...) je t'aime et je vois que tu
m'aimes aussi. Tu deviendras riche et célèbre* »

IV-1-4 LA MORT

.L'homme dira M. Heidegger est : « *Un être pour la mort* »[46]. Le
petit Larousse définit la mort comme la cessation définitive de la

-----

[46] HEIDEGGER, M cité par A. VERGEZ et D. HUISMAN, *Histoire des
philosophes illustrée par les* textes,Hatier,Paris,1975,p.52.

vie d'un être humain, d'un animal et, par extension de tout organisme biologique.[47]

Chez les Négro-africains, la mort est une :

> *Séparation des constituants du moi suivi d'une destruction immédiate ou progressive, totale ou partielle de certains éléments tandis que les autres sont promus à un nouveau destin. Ainsi si elle apparaît comme destruction du tout dans son unité et son harmonie, elle n'est jamais destruction de tout ; en ce sens on a pu y voir un passage, une mutation, un changement d'état ou de statut* [48]

Loin d'être un anéantissement total, la mort chez les Négro-africains se présente comme une occasion de rachat offerte à l'humanité par Dieu. Ainsi, grâce à la mort, l'homme peut passer de sa finitude temporelle à la félicité éternelle. Pour y parvenir, il doit trouver au cours de son existence un terrain d'affirmation de soi qui lui permet de savoir exactement qui il est, qui il doit être afin d'être satisfait de sa destinée.

Cette conception de la mort chez les négro-africains est similaire à celle des Egyptiens anciens. En effet, JC GOYON qui s'est intéressé à l'approche définitionnelle de la mort « *aw* »[49] chez les Egyptiens anciens nous rappelle que

Lorsque la mort survient, les éléments constitutifs de la personne relevant du divin à savoir le Ba, le Ka, le Khu et le Ren, retournent vers le cosmos et la divinité dont ils émanent.

---

[47] *Le petit Larousse*, Paris, Larousse, 1997, P 674.
[48] L.V THOMAS, *Anthropologie de la mort*, Paris, Payot, 1975, P 246
[49] ROFAULKNER,A, *A consise Dictionary of Middle Egyptian*, Griffith Institute, Ashmokean Museum, Oxford, 1988, P.2.

D'après certains récits Cosmogoniques égyptiens, la mort est présente dans l'univers égyptien dès l'aube de la création. Pendant la période de cohabitation entre les dieux et les hommes, la mort fut introduite parmi le genre humain. En général, pour la divinité, après une longue vie sur terre, le repos éternel se faisait par un voyage vers l'univers. Ce voyage était compris comme le couronnement de l'existence terrestre. Au lieu qu'elle s'oppose à la vie, la mort était l'apogée glorieux des difficultés terrestres, la condition apodictique. En ce sens nous pouvons dire avec G. KOLPAKTCHY qu'elle était : « *Une porte de communication entre notre monde – visible et l'autre monde* »[50]

En gros, nous pouvons dire que chez les Négro-africains et les Egyptiens anciens, la mort n'était pas comprise comme un anéantissement total, mais une voie de transition vers l'au-delà. Ainsi, l'homme passe après la mort à une période de réadaptation et d'intégration auprès de Dieu et des ancêtres. Dès lors, la mort devient un aspect complémentaire de la vie terrestre, c'est sans doute ce qui justifie sa présence dans les Contes négro-africains et égyptiens.

La mort est évoquée dans 10 contes du Corpus. Il 'agit notamment des contes : n°1 **"La légende des deux frères "**dans ce récit, Bata le héros meurt et ressuscite quatre fois. Après avoir passé vingt ans au pouvoir, il quittera définitivement la terre la cinquième fois en laissant son frère Anoup au trône : « *Bata fut vingt ans roi d'Egypte, puis il quitta la vie et son grand frère occupa sa place le jour de ses funérailles* ». Outre la mort de Bata, nous pouvons évoquer les morts de la femme d'Anoup tuée par ce dernier. « *Le front souillé de poussière en signe de deuil. Arrivé à la maison, il tua sa femme, la jeta aux chiens et demeura en deuil de son frère* », des soldats tués par Bata au val de l'acacia :

---

[50] JC GOYON, *Rê, Maât et Pharaon ou le destin de l'Egypte antique*, Lyon, Coll-Egyptologie, Edition ACV 1988, P. 146.

"« *Seuls ne revinrent pas ceux qui étaient allés au val de l'acacia : Bata les avaient tués* » ; ou encore la mort du pharaon « *Et, après beaucoup d'années, sa majesté s'envola vers le ciel* ».

Dans le conte n°2 "**Le conte de Rhampsinite**" nous avons la mort du maçon qui a construit le caveau dans lequel le roi garde son trésor : « *Après leur avoir bien recommandé de prendre certaines précautions, qui feraient d'eux en secret les grands trésoriers du roi, il passa de vie à trépas* ». Après celle du maçon, nous avons celle de son fils qui, prit dans le piège qu'avait placé le roi, demande à son frère de lui trancher la tête afin que le roi ne le reconnaisse pas :

> *Se rendant bien compte du danger où il était, il appela vite son frère, lui montra sa piteuse situation et lui conseilla d'entrer dans le caveau pour lui trancher la tête, afin qu'il devint impossible de le reconnaître et que son frère ne fût pas compromis et perdu avec lui*

Dans le conte n°5 "**La femme adultère**" Nous avons la mort de la femme adultère et de son amant l'homme Vil.

Dans le conte n°8 "**Le prince prédestiné**", on peut noter la mort de la femme du prince qui meurt parce qu'elle voulait protéger son mari.

> *La femme se jeta devant son mari pour le protéger mais voici, une lance la frappa et elle tomba morte devant lui. Et le jeune homme tua l'un des princes de son épée, et le chien tua un autre de ses dents*

Après celle de la femme, suivront celle du chien et du prince :

> « *le jeune homme ouvrit les yeux et il vit sa femme étendue par terre, à côté de lui, comme morte, et le cadavre de son*

chien (...). Il retomba comme mort ». Fort heureusement pour eux, les sept Hathors les ressusciteront : « Les sept Hathor s'avancèrent et elles dirent : le destin est accompli : maintenant qu'ils reviennent à la vie ! Et ils revinrent à la vie sur l'heure. »

Dans le conte n°9, "**Le prince**" Nous avons la mort du père du prince : « *Quelques temps après, le papa meurt et le petit reste avec ses bêtes et sa mère* »

Conte n°12, "**La jeune fille et le lion**" dans ce récit il s'agit de la mort du lion qui voulait dévorer la jeune Warimangan : « *Au moment où le vieux lion voulait s'abattre sur la fille, sa mère lui planta sa lance dans le cœur, et le vieux lion mourut* »

Dans le conte n°19, le chasseur abat le crocodile et ses enfants : « *Machinalement il défit son fusil et tira plusieurs coups, tuant le crocodile et ses enfants* »

Dans le conte n°22, les gorilles pleurent leur chef tué par la femme. « *Des centaines de gorilles immenses et féroces s'étaient réunis pour pleurer autour du corps de leur chef mort* ».

Conte n° 28, évocation, de la mort de la mère de Dévi : « *Autrefois, l'homme avait été marié sa femme était morte en donnant le jour à son fils* ».

Dans le conte n°29, Itrimoubé le monstre meurt pendant qu'il essayait d'attraper la jeune Ifara : « *Ifara fut si effrayée qu'elle lâcha la corde et Itrimoubé tomba juste sur sa sagaie, où il s'empala* ».

IV-1-5 LA ROYAUTÉ

Une étude approfondie des sociétés Négro-africaines précoloniales et Egyptienne ancienne dans leur organisation politique établit un parallélisme entre ces deux sociétés. Cheikh

ANTA DIOP qui s'est longtemps penché sur la question nous présente l'organisation sociale suivante : [51]

EGYPTE

- Le roi
- Les prêtres, les guerriers et fonctionnaires,
- Les ouvriers spécialisés,
- Les paysans

AFRIQUE NOIRE

- Le roi
- Les prêtres, les guerriers et fonctionnaires,
- Les ouvriers spécialisés,
- Les paysans

Il découle de ce qui précède qu'à la tête de chaque structure sociale se trouvait un roi. Ces deux peuples reconnaissaient en leur souverain une nature divine, chez les Egyptiens anciens par exemple, le pharaon était considéré comme l'essence même des dieux, il était le représentant visible et en chair de dieu sur terre, le seul interlocuteur possible entre l'univers des dieux et celui des hommes, deux mondes intimement liés. Claire Lalouette affirme à ce sujet que :

> Réclamé par le peuple, choisi par la divinité, le souverain était, par son origine même, l'intermédiaire naturel entre le dieu et les humains, un divin médiateur [52]

Cette corrélation qui existait entre dieu et le pharaon sera davantage clarifiée par Pierre Grandet lorsqu'il insistera que :

> La dignité royale quelle que soit l'origine personnelle de celui qui la revêt à

---

[51] Cheikh Anta Diop, *Nations nègres et cultures I*, Paris, présence Africaine, 1979, P.24.
[52] Claire, Alouette, *Sagesse Sémitique de l'Egypte ancienne à l'islam*, Paris, Albin Michel, 1998, P.140.

un moment précis de l'histoire, tire sa
source d'une délégation au pharaon par le
dieu soleil Rê, créateur [...] du pouvoir de
commander qui est un attribut divin (...)
Le roi d'Egypte n'est donc que ce dieu,
auquel celui-ci a confié sa création
comme un Seigneur confierait sa terre à
un intendant pour qu'il l'administre en
son nom, au mieux de ses intérêt[53]

Par ailleurs le roi dans les deux cas détenait tous les pouvoirs politiques, militaires, juridiques de leur pays, des biens, des hommes, c'est sans doute ce qui justifie le fait que le centre administratif était au palais. Le palais jouait le rôle de magasin, d'atélier, de dépôt de vivres, de siège des institutions et de lieu de résidence du roi et de sa famille. En sus, les monarques étaient les garants et les chefs de l'organisation, de leur administration méticuleusement organisée selon le système fortement hiérarchisé distribuant les fonctions aux divers échelons.

Sur le plan militaire, C. Traunecker nous rappelle que : « *Le roi était avant tout un chef militaire soumis aux dieux* »[54] . A ce titre, les monarques avaient le devoir de repousser les forces du mal, de protéger le pays contre les invasions étrangères. Ils devaient au besoin être belliqueux et dépasser le cadre de protecteur pour épouser celui de conquérant dont la mission était d'étendre la puissance de leurs différents royaumes au-delà de leur frontière.

Sur le plan judiciaire, les monarques étaient considérés comme des garants de l'harmonie dans le pays, ils arbitraient les conflits, veillaient au respect des lois, des us et coutumes et

---

[53] P. Grandet, « *l'Etat et l'administration* », in pharaon, Paris, Institut du monde arabe, Pygmalion, 10 octobre – 10 avril 2005, P. 93.
[54] C, Traunecker, « *L'Egypte antique de la « description »*, in l'Expédition d'Egypte 1798-1801, Paris, Armand collin, 1989, P 363.

luttaient contre les abus. Ils devaient également promulguer de nouveaux décrets quand le besoin se posait et diriger l'appareil dissuasif et répressif. En gros, dans les sociétés négro-africaines et Egyptiennes anciennes, le roi devait afficher une attitude dominée par la sagesse, il devait être un savant à qui rien n'est sensé échapper, généreux, tolérant, altruiste et le pardon devait guider sa conduite. S'agissant du roi, G. Posener dira que :

Sa bonté n'a pas de limite ; il assure le bonheur de ses sujets, il protège le faible et fait régner la justice [55]

La présence d'un roi est manifeste dans 14 contes du corpus, il s'agit plus précisément de 8 contes Egyptiens anciens et 6 contes Négro – africains.

n° 1 : « *Le nouveau pharaon dit : "Qu'on m'amène les grands officiers de sa majesté* »

n°2 : « *Lorsque le caveau fut achevé, le roi y fit entasser toutes les richesses de son trésor, satisfait de le croire bien en sécurité* ».

n°3 « *Alors Mensonge fit un serment pour le roi- puisse-t-il vivre, être prospère et en bonne santé* »

n°4 « *Le roi des animaux n'est pas en colère d'entendre des paroles sincères.* »

n°5 « *Le roi de Haute et de Basse Egypte, Nebka, juste de voix, se mit en route* »

n°6 « *Le roi Snefrou parcourait toutes les pièces de son palais, à la recherche de quelque distraction et ne la trouvait point* »

n° 7 « *Chaque matin le pharaon Sésostris recevait les plaintes de ses sujets et rendait la justice* »

---

[55] G, Posener, *in dictionnaire de la civilisation Egyptienne*, Paris Fernand Hazan, 1998, P. 218.

n°8 : « *Il y avait une fois un roi, à qui il ne naissait pas d'enfant mâle* »

n°9 « *Mais le papa, le roi, s'y oppose en disant à sa femme : « Il ne faut jamais chasser un enfant à cause de ce qu'il ramène de sa promenade* »

n° 14 « *Le roi suit aussitôt ces conseils. Et notre homme se retrouve sur la colline qui domine le village* »

n° 18 « *Le roi fit remettre une grande outre à Tita Mesùt qui la fendit et la confectionna à sa manière* »

n° 20 « *De temps immémorial, tous les animaux tinrent conseil pour désigner leur roi* »

n°25 « *Dans un village vivait un roi qui avait une fille très belle* »

n° 28 « *Le roi était au désespoir. Il avait convoqué plusieurs sages afin de le conseiller* ».

IV-1-6- LA RUSE

La ruse est loin d'être un mot figé ou univoque, d'où ces définitions du Robert :

> *Moyen, procédé habile qu'on emploie pour abuser, pour tromper : artifice, astuce, détour fourberie, habileté, machination, manœuvre, stratagème, subterfuge, truc [...] intrigue, méandre, attrape-nigaud, piège [...] ficelle, chausse-trappe, embûche, rets [...] échappatoire, faux-fuyant, adresse, cautèle, finesse, malice, perfidie, roublardise, rouerie, subtilité.*

Pour Balandier et al :

La ruse, c'est bien plus que la ruse [...].
Ce double jeu de l'intelligence mise au
service d'un désir, qui se dissimule,
modifie l'usage que nous avons de
l'univers classique... La ruse en somme
s'oppose à la violence, comme la
persuasion et la philosophie à la force, ou
le droit à la vendetta, et la parole au sang
échangé de la jurée. Ruse du marin, du
paysan, du soldat, de l'aventurier, du
marginal, du croyant, de l'ouvrier contre
les forces cosmiques, mythologiques et
sociales qui veulent à tout prix se
maintenir dans l'ordre institué.

Les insectes, les mollusques, les
animaux connaissent le camouflage
comme les guerriers. Mais la ruse est au-
delà. Elle investit dans le possible, le
virtuel le non encore accompli[56]

Des définitions qui précèdent, la ruse semble être l'arme fatale des faibles ou des personnes à qui Dieu a refusé de donner un corps imposant et une force physique impressionnante. Généralement, on note chez ces personnes une aptitude, une disposition naturelle, surtout plus intellectuelle que physique qui leur permet parfois de s'en sortir devant des situations où la force physique présente des limites.

Ainsi, le rusé est d'après les mots de Bernard DADIE celui qui :

a dans sa tête plus d'un tour et sur sa
langue des phrases à le sortir de
l'embarras. Il aime les situations difficiles,

---

[56] Georges, BALANDIER, et al., *La Ruse*, Paris, Union général d'Edition, coll.101, 1977, PP.7-8.

les obstacles qui accroissent ses facultés,
décuplent son intelligence, fouettent son
ingéniosité.[57]

Les opérations de ruse se déploient dans huit contes du corpus, pour être plus précis, il s'agit des contes Egyptiens anciens numéros 1 et 3,et des contes Négro – africains numéros 13,18,19 et 23.

Dans le conte n°2 nous avons trois marques d'intelligence. La première consistera à faire une concession à la mort pour un plus grand bénéfice de vie, elle sera l'œuvre de l'un des fils du maçon qui, prit au piège tendu par le roi demandera à son frère de lui trancher la tête afin qu'on ne puisse pas l'identifier. En exigeant que sa tête soit tranchée, le jeune homme était conscient qu'à partir de sa tête, le roi pouvait attraper son frère et peut-être toute sa famille et leur exiger de lui rétrocéder son trésor volé.

La seconde marque d'intelligence sera d'endormir les gardiens de la morgue, pour récupérer le corps d'un fils, d'un frère et lui assurer l'enterrement nécessaire. Rappelons qu'après avoir découvert le corps sans tête du larron, le roi avait demandé de faire :

> *Pendre le corps du mort sur la*
> *muraille de la ville, de la faire surveiller et*
> *de charger les gardes d'arrêter et de lui*
> *amener toute personne, homme ou*
> *femme, qu'ils verraient pleurer auprès du*
> *pendu ou s'apitoyer sur le sort du mort*
> *sans tête*

La mère du défunt qui tenait absolument à avoir le corps de son fils afin de l'enterrer dignement, sommera le frère du défunt d'aller récupérer le corps de son fils. En cas de refus, elle promettait de le dénoncer au roi comme étant le voleur de son

---

[57] Bernard, DADIE, *le pagne Noir*, Paris, présence Africaine, 1955, P. 8.

trésor. Face à cette condition, le jeune homme sera obligé de mettre en exergue son intelligence afin de contourner cet obstacle qu'étaient les gardes. Après moult réflexions, il décidera d'enivrer les soldats.

Le narrateur nous rapporte que pour ce faire :

> *Il fit mettre le bât sur certains ânes qu'il se procura, les chargea d'outres en peau de chèvre pleines de vin, puis les chassa devant lui. Arrivé auprès des gardes, c'est-à-dire à l'endroit où était le pendu, il délia deux ou trois de ces outres en peau de chèvre, et devant le vin qui coulait à terre, se mit à pousser de grandes exclamations, à se donner de grands coups sur la tête, et à avoir l'air bien empêtré d'un homme qui ne sait par quel bout commencer pour réparer le désastre ni vers lequel de ses ânes il doit se tourner en premier.*

> *Les gardes, voyant se répandre à terre cette grande quantité de vin, coururent au secours, se disant que recueillir ce vin perdu serait pour eux autant de gagné. [...] Quand ils eurent tout bu, ils étaient tous ivres morts, le sommeil les prit et ils s'endormirent sur place, sans pouvoir bouger. Le marchand attendit, jusque bien avant dans la nuit, puis alla dépendre le corps de son frère.*

Le troisième signe d'intelligence sera d'affronter avec succès les jeux meurtriers de la parole. En effet, très courroucé par le vol du corps pendu, le roi qui tenait à tout prix à attraper le larron chargera sa fille d'attirer tous ceux qui passeront vers le palais et les amener à dire ce qu'ils avaient déjà fait de plus prudent et de méchant dans leur vie. La princesse avait pour mission spéciale de saisir celui qui par mégarde ou par vantardise raconterait le tour du larron. Très rusé, le larron cachera sous son habit le bras d'un mort, une fois devant la fille, il contera tous ses forfaits en insistant notamment sur la tête de son frère qu'il avait coupée et les soldats qu'il avait enivré avant de prendre le corps de son frère. Après ce récit, la princesse empoigna la main du larron, mais elle fut surprise de voir qu'à la place de la main du larron elle tenait plutôt celle d'un mort.

Dans le récit n°3, la finauderie est l'œuvre du fils de Vérité qui décidera de venger son père qui a été aveuglé par Mensonge. Conscient que ce dernier est un homme avide, le jeune profondément retors va confier son bœuf au berger de Mensonge. Après quelques mois, Mensonge qui venait inspecter son troupeau :

"Aperçut le bœuf laissé par l'adolescent, un bœuf très, très beau d'apparence, et dit à son berger : « Que l'on me donne ce bœuf afin que je le mange"

Malgré l'avertissement de son berger, Mensonge mangera le bœuf du fils de Vérité, lorsque ce dernier qui attendait avec impatience ce moment fut informé, il vint immédiatement réclamé son bœuf au berger qui lui proposa de choisir le bœuf qu'il désire dans le troupeau de bœufs de Mensonge. Mais le jeune homme rétorqua :

Existe-t-il un bœuf aussi grand que le mien ? Quand il se tenait debout dans l'île d'Amon, la touffe de sa queue reposait parmi les papyrus, tandis que l'une de ses cornes était la colline de l'occident, l'autre sur la colline de l'orient, le Nil en sa crue étant la place de son repos, et soixante veaux étaient mis au monde pour lui quotidiennement.

Mensonge qui ne croyait pas en l'existence d'un tel bœuf fut traîné en justice par le jeune homme. La sentence escomptée et souhaitée par ce dernier tomba : « *On frappera Mensonge de cent* coups, et cinq coups, et cinq blessures lui seront infligées ; ses deux yeux seront crevés et il sera placé en qualité de portier dans la maison de Vérité ».

Dans le conte n° 13, nous avons le lièvre qui, après s'être vengé en enfermant un lionceau dans le panier de son amie l'hyène, décide de la faire sortir des griffes du lion. Très matois, le lièvre parviendra à faire sortir l'hyène indemne de cette situation où elle se croyait définitivement perdue. Les extraits qui suivent sont à ce propos très illustratifs.

Quand les animaux de la brousse furent rassemblés, le lièvre dans sa ruse s'adressa au lion en disant :

> Grand oncle, laissons le calao creuser le trou. Son bec est une pioche. Le lièvre dans sa ruse dit aux animaux de la brousse : « Laissez-moi déblayer la terre pour voir la direction du trou et je sortirai vous la montrer. Quand le lièvre déblayait la terre, il remit à l'hyène un couteau tranchant : "Prends ce couteau Hyène. Quand le calao reviendra piocher tranche lui le bec.

Quand le calao alla piocher la terre, l'hyène lui trancha le bec.

> Le lièvre dans sa ruse dit aux animaux de la brousse : « Ce trou-là est mauvais ; voyez comme il l'a coupé le bec de mon grand frère calao. Maintenant faisons appel au sanglier pour creuser. Les défenses du sanglier sont des pioches.

> Le lièvre dans sa ruse se leva de nouveau et dit aux animaux de la brousse : "Laissez-moi déblayer la terre pour voir la direction du trou et je sortirai vous la montrer.

Quand le lièvre déblayait la terre, il remit du sel à l'hyène : "Prends ce sel, hyène. Quand le sanglier viendra pour piocher, tu lui souffleras dans les yeux le sel mâché.

Et quand le sanglier se mit à piocher, l'hyène lui souffla dans les yeux le sel mâché" Le sanglier se mit à grogner.

Le sanglier dit : « Compère lièvre souffle dans mes yeux » Le lièvre dit : « Sanglier mes joues ne sont pas assez volumineuses. Demande plutôt au Grand oncle de le faire. Ce sera mieux.

Dès que le lion a soufflé, il reçoit un morceau de sel dans la bouche. Et le lion murmurait de plaisir. Le lion dit : « Sanglier, tes larmes sont sucrées !, tes larmes sont très bonnes. »

Le lièvre dans sa ruse dit : « Pourtant, Grand oncle ses larmes ne sont pas si bonnes. La graisse de son entrejambe, si tu goûtais à cela, tu passerais tout ton temps parmi les sangliers ». Le lion dit alors : 'Sanglier, la graisse de ton entrejambe, il faut m'en donner un peu ». Le Sanglier poussa un cri de frayeur, et il s'échappa. Les animaux se mirent à sa poursuite.

Le lièvre dans sa ruse, encore clopin clopan alla dire à l'hyène : « Voilà, Hyène, comme les animaux de la brousse sont partis, sortons et rentrons à la maison.

Dans le récit n° 18, le Mesùt le lièvre nous gratifie de deux marques de sa roublardise. En effet, le roi des animaux avait décidé de donner sa fille en mariage au vainqueur de deux épreuves. La première épreuve consistait en l'aspiration d'un gobelet de piment en poudre sans éternuer ; pour la seconde, le vainqueur devait danser jusqu'à ce que ses pieds soient noyés dans une rivière de sueur. Très rusé, le lièvre va à la première épreuve réaliser l'exploit d'aspirer le gobelet de piment et d'éternuer sans que la foule ne se rende compte qu'effectivement il est en train d'exténuer. Pour réaliser une telle prouesse il va narguer ses adversaires en disant :

> *Voyez comme ils me regardent, ces pauvres animaux. Je me demande ce qu'ils me veulent. Tiens je me rappelle ! Ils croient que je vais jeter l'éponge comme eux...eux qui, depuis trois heures, éternuent à se faire sauter le crâne...Atchoum ! Atchoum ! Atchoum ! Atchoum ! Atchoum !*

A la seconde épreuve, Mesùt le lièvre réalisera une autre performance, à la différence de la première qui était une improvisation ; il se fera coudre un sac de peau dans lequel il cachera de l'eau. Le conteur nous informe qu'il :

Dansait, sautant, pressant vivement à l'intérieur de sa tunique le sac en peau et criant à tue-tête :

> -   *Un grand jour comme celui-ci mérite d'être fêté parce que notre roi donne sa fille en mariage : il mérite faste et solennité. Moi, je danse toute ma joie en ce grand jour...Kpata...Kpata, Kpata...L'eau coulait alors, drue.*

Et c'est ainsi que, très émerveillé et soucieux d'une probable inondation, le roi demanda à Mesût d'arrêter de danser et lui donna la main de sa fille comme il l'avait promis.

Dans le récit n° 19, Mesùt le lièvre va comme dans le conte précédent nous faire la démonstration de l'une de ses astuces dont lui seul a le secret. Cette fois-ci ça ne sera pas pour son propre compte, mais pour la cause d'un chasseur qui a sauvé la vie à un crocodile et ses enfants en les ramenant dans le fleuve. En guise de remerciements, le crocodile décidera de manger le chasseur. Après les points de vue de l'âne et du cheval qui plaideront en faveur du crocodile, Mesut arrivera à son tour au fleuve, au lieu de trancher immédiatement comme l'ont fait ses prédécesseurs, il demandera un peu plus d'explication avant d'intervenir dans l'affaire :

> *Cette histoire me paraît invraisemblable. Je n'arrive pas à m'imaginer qu'un poulet de cet acabit ait pu traîner tout seul un crocodile aussi misanthrope et ses enfants depuis les collines qui sont à quatre rivières d'ici jusqu'à ce grand fleuve. Non, c'est impossible ! (...) Je n'en crois pas mes oreilles. Vous n'avez qu'à tout recommencer.*

Le dénouement de l'histoire est connu, le chasseur empaquettera de nouveau le crocodile et ses enfants et les ramènera à la terre sèche où il les avait trouvés. Une fois sur les lieux, Mesût va amener le chasseur à se rappeler que le crocodile est un gibier et c'est ainsi qu'il va tuer le crocodile et ses enfants.

Mesùt le lièvre, va une fois de plus dans le récit n° 20 nous étaler ses talents de madré, cette fois-ci c'est Memvù le chien qui en fera les frais. Lorsque nommé chef des animaux, Mesùt le lièvre lui fera un coup d'état en l'affriandant avec un os à son tour de révérences.

Conscient que le chien est très friand des os, il jettera un os devant le chien. Ce dernier va faire table rase de son titre de chef et va bondir sur les restes d'os. Scandalisés par cet acte indigne d'un roi, les animaux vont le destituer et il sera remplacé par Mesùt.

Dans le conte n°21, Kimanga la tortue va emprunter de l'argent à Kùpù le porc en jurant de lui rembourser à l'arrivée des premières pluies. Mais, le moment venu, Kimanga qui avait passé tout son temps à faire bombance avec sa femme n'avait plus un radis. Très futé il va se substituer à la pierre à écraser de sa femme ; cette dernière fera tout pour le mettre en colère, dans son courroux il ramassera la pierre à écraser de la dame, et jettera dans les champs. La femme de Kimanga éclata en sanglots en demandant à kùpù de lui restituer sa pierre sur ces entrefaites, Kimanga qui était la pierre jetée dans les champs entrera et demandera à Kùpù de restituer la pierre à écraser de sa femme afin d'être remboursé ; Kùpù cherchera en vain la pierre et c'est ainsi que Kimanga ne lui remboursera plus jamais son argent.

IV-1-7- *LA POLYGAMIE*

La polygamie se définit comme étant la situation d'un homme qui a plusieurs femmes. C'était une pratique acceptée et encouragée chez les Négro-africains. Pour justifier la nécessité de la polygamie, les anciens évoquaient notamment quatre arguments à savoir :

-   Les femmes étaient plus nombreuses que les hommes, la polygamie permet à un grand nombre de femmes de se marier et de jouir d'une sécurité matérielle, physique et morale qu'elles n'auraient pas si elles étaient célibataire.
-   La polygamie réduit l'immoralité dans ce sens qu'avec elle, les hommes ne sont pas aussi infidèles qu'ils le seraient s'ils n'étaient mariés qu'à une seule femme. Elle réduit par ailleurs le nombre d'enfants illégitimes.
-   Elle peut empêcher les guerres ou les querelles tribales quand les femmes et le mari sont des tribus différentes.
-   La loi étant instaurée par les hommes et taillées à leur mesure, leur satisfaction sexuelle est totale grâce à leurs nombreuses épouses.

La polygamie est flagrante dans les contes :

Dans le conte n°1 "**La légende des deux frères**", dans ce récit le pharaon a plusieurs femmes, nous ne savons pas avec exactitude le nombre, ce que nous savons en revanche c'est que parmi ses femmes il a une préférée ou favorite : « *Sa majesté l'aima beaucoup, et elle devint sa grande favorite* »

Dans le conte n°11 **"Les coépouses"** : le titre est déjà très illustratif dans ce conte où nous avons un homme qui était pourtant monogame sans problème mais il décidera sans évoquer une quelconque raison de prendre une seconde femme : « *Un beau jour, il décida d'en prendre une deuxième.* »

Dans le conte n°16 **"Le fils de Nkan",** dans ce conte, Monsieur Nkan a trois femmes : « *Un homme nommé Nkan avait trois femmes : Kooko à Nkan, Gang à Nkan et Itütü à Nkan* ».

Dans le conte n°17 **"Les épouses de Kalak"** dans ce récit, le titre nous informe d'entrée de jeu que Monsieur Kalak est polygame et plus précisément de deux femmes : « *Un homme appelé Kalak avait deux femmes : Kooko et Gang* »

Dans le conte n° 18 **"Mesùt- le- lièvre épouse la fille du roi"** Le beau-père de Mesùt a plusieurs femmes : « *Le roi rassembla tous ses enfants et toutes ses femmes* ». Comme dans le récit "La légende des deux frères" le roi a parmi ses femmes une favorite : « *Décidément Sire fit la favorite, vous n'arrêtez jamais de nous surprendre.* »

IV-2- LES THÈMES SPÉCIFIQUES

Il s'agit des thèmes spécifiques aux contes Egyptiens anciens, dans le cadre de notre étude, nous nous restreindrons au modernisme.

Les contes Négro-africains de notre corpus remontent à l'époque précoloniale dans un environnement naturel (champs, savanes, forêts) où les populations exercent des activités essentiellement agricoles telles que la chasse, la pêche, les travaux champêtres.

A contrario, les contes Egyptiens anciens tout en gardant un fond Négro-africain confirment la thèse selon laquelle l'Egypte est le berceau de la civilisation moderne. Ce modernisme est manifeste sur le plan environnemental, technologique et culturel.

VI-2-1- L'URBANISME

Sur le plan environnemental, on peut remarquer la présence des villes dans les contes Conte n°2 : « *Il ordonna qu'on fit publier par toutes les villes de son royaume.* »

Conte n°3 : « *Tu garderas pour moi ce bœuf jusqu'à ce que je sois de retour de la ville.* »

En se basant sur le paysage, la ville est une réalité du monde moderne dont le cadre géographique est différent de la campagne. Sur le plan des activités c'est une agglomération urbaine où les hommes exercent surtout des activités non agricoles.

VI-2-2- L'INDUSTRIE

Sur le plan technologique, on note la présence des industries agro-alimentaires telles que les boulangeries où l'on fabrique les pains (conte n° 1, n° 3, n°5) et les brasseries où l'on fabrique les bières (contes n° 3, n° 6). Et de l'industrie hippomobile à l'instar des chars qui sont définis comme des voitures rurales à quatre roues et sans ressorts ou encore comme des voitures décorées, portant des personnages, des masques, figurant des scènes. (Conte n°1 « *Sa majesté (...) monta sur son char vermeil pour sortir du palais* »,conte n° 8 « *Les fils des princes (...) avaient rassemblé leurs fantassins et leurs chars* ».

VI-2-3- L'ÉCOLE

Sur le plan culturel nous avons la présence des écoles et de l'écriture. (Conte n° 3 : « *Il fut mis à l'école ; là, il apprit à écrire* ». Par ailleurs, on peut noter la présence des scribes qui étaient dans l'ancienne Egypte les fonctionnaires chargés de la rédaction des actes administratifs, religieux ou juridiques. (Conte n° 1 « *On alla chercher les scribes sorciers du pharaon* ».

IV-3 –SIGNIFICATION DES CONTES EGYPTIENS ANCIENS ET NÉGRO – AFRICAINS.

IV-3-1 LA SIGNIFICATION LUDIQUE

Chez les Négro-africains le moment unanime, indispensable et approprié pour la narration des contes c'est la soirée. Ce moment laisse entrevoir de manière très explicite que pour ces populations, le conte est avant tout une distraction. En effet, après une journée de travaux champêtres pour les uns et de pêche ou de chasse pour les autres, les populations se réunissent généralement en soirée et organisent des séances de contes. Le choix du conte pour égayer les soirées vient du fait que le conte est caractérisé par l'humour ou l'amusement, et si le narrateur est performant, le public sera davantage gâté parce que pendant sa prestation, il ajoutera des mimiques, il grimacera, il essayera d'imiter les animaux ou tout autre personnage dont il décidera d'entrer dans la peau. C'est sans doute cet intérêt ludique des contes qui pousse Emmanuel Matatéyou à déclarer que : « *Les soirées de diction des contes (...) étaient attendues par mes amis et moi parce que c'étaient des moments de joie* »[58]

Toutefois, cette fonction ludique qui semble être fondamentale aux yeux des Négro-africains ne doit pas être un alibi suffisant pour conclure hâtivement avec EQUILBECQ que les contes négro-africains sont :

> "*Exclusivement destinées à l'amusement des auditeurs et n'ont nullement pour but d'enseigner une*

---

[58] MATATEYOU, Emmanuel, *Les merveilleux récits de Tita-ki*, Yaoundé, éd clé, 2001 P.6.

morale, fût-elle uniquement pratique, ni
de dénoncer les abus sociaux.[59]

Accordé du crédit à un tel point de vue ce serait faire preuve de naïveté et de manque de discernement car dira Dominique Penel « *Ces récits, qui apparemment évoquent des évènement d'un autre monde, traitent en réalité des questions relatives aux situations réelles et quotidiennes d'une société* »[60]

IV-3-2- LA SIGNIFICATION SOCIALE ET MORALE

Le didactisme moral est l'aspect le plus visible du conte négro-africain. De manière général, il n'y a aucun conte chez eux qui ne diffuse explicitement ou implicitement un enseignement moral. Comme l'affirme Roland Colin, les contes africains sont une série de récits dont « *Le but premier est de poser les valeurs, de la morale sociale* »[61]

Il n'y a rien de plus pratique qu'une illustration de la vie morale par les contes. Le conteur montre généralement les conséquences d'un vice donné en le faisant, il amène l'auditoire ou le public à en tirer un enseignement.

Des deux contes **"L'ingratitude"** et **"Mesùt le lièvre sauve un chasseur"**, la leçon est la suivante : la récompense d'une bonne action doit être une bonne action. Si l'on fait l'inverse, la sanction est essentiellement négative. L'homme que le promeneur solitaire avait fait sortir du puits et qui en guise de merci avait demandé que son bienfaiteur soit arrêté et égorgé, sera tué et sa cervelle sera remise à son bienfaiteur. De même le crocodile et sa famille que le chasseur avait ramenés à la rivière

---

[59] EQUILBECQ, *Essai sur la littérature Merveilleuse des noirs in contes populaires d'Afrique occidentale.* Paris, Maison neuve et Laroche, 1972, P. 83.

[60] Dominique Penel, *Contes : l'amour et la violence*, Bangui, 1982, P.42.

[61] Roland COLIN, *les Contes Noirs de l'ouest-africains* Paris, présence Africaine, 1957 P.148.

alors qu'ils étaient mourants dans la forêt seront tués à la fin du récit pour n'avoir pas reconnu les bienfaits du chasseur.

Dans le conte n° 7 "**Le pharaon et le tisserand**" le méchant Marouitensi, le chef des pourvoyeurs du pharaon sera chassé par le pharaon et remplacé par Tehouti parce qu'il avait injustement condamné les paysans.

Chez les négro-africains, une épouse infidèle était automatiquement répudiée par son mari car l'adultère était un acte dangereux et plein de mépris. La femme adultère était sévèrement punie car la loi appelait l'adultère le grand crime ou la grande faute. Dans certains pays, avant la décision de l'époux, l'épouse adultère prenait la clé des champs ou bien avant de la répudier, on mettait d'abord du piment dans son vagin, le long du dos, des seins, dans les yeux et dans les narines. Au sujet de la punition de la femme adultère en Afrique, Bernabé Bilongo écrit : « *En cas d'adultère on écartelait la femme et on lui introduisait du piment dans le vagin* »[62]

En Egypte pharaonique le châtiment de la femme adultère était plus rude parce que la femme était considérée comme la tentatrice par excellence capable de corrompre un homme faible et innocent c'est pour cela que les textes des sages recommandaient toujours aux jeunes de ne pas approcher une femme mariée. L'exemple du conte n°1 **légende des deux frères**" est à ce titre absolument évocateur. Dans ce récit la femme d'Anoup tente de séduire son beau-frère Bata en ces mots :

> *Tu as bien du courage, chaque jour je*
> *constate que tu deviens de plus en plus*
> *fort. Elle le regardait en l'admirant.*
> *Soudain elle se leva et lui dit : "Tu es plus*

---

[62] BILONGO, Bernabé, *la femme noire africaine en situation ou si : La femme africain était opprimée*, Yaoundé, C.NE 1983, P.26.

fort que ton frère aîné. J'aurais dû
t'épouser.

Le conte africain étant un conte qui influence la société africaine par son contenu didactique, le roi ordonnera dans le conte n° 5 "*La femme adultère*" que la femme adultère soit brûlée et ses cendres versées dans le fleuve. La mort de l'homme vil et de la femme d'Oubaoner est une mise en garde au public contre toute tentative d'adultère.

A côté de ces quelques vices que la société africaine abhorre et condamne, le conte prône la préservation et la cristallisation de certaines valeurs chères aux négro-africains telles que le respect des aînées que l'on observe dans le conte n° 1, l'hospitalité qui est loué dans le conte n° 24, l'amitié dans le conte n° 4 et surtout la solidarité qui est manifeste sans le conte n° 7 où l'on voit des paysans très solidaires à l'endroit du tisserand Khounaré :

> *Ils se réunirent et bâtirent un projet pour sauver Khounaré. Ils décidèrent de s'asseoir à terre devant l'entrée du palais ; l'intendant constata avec fureur qu'on ne livrait plus ni fruits ni légumes pour son maître. Les paysans se laissèrent traîner par les soldats dans la poussière de l'esplanade, mais ne reprirent pas le chemin de leur champ ou jardin. Bientôt, sur l'ordre de Marouitensi gonflé de rage, les manifestants solidaires furent à leur tour enfermés dans les cachots. "*

Ces exemples qui précèdent montrent qu'il n'y a rien de gratuit dans les contes négro-africains. Tout est orienté vers la cohésion morale du groupe. Le conteur est loin d'être un partisan de l'art pour l'art parnassien, mais est comme le dit Jean Paul Sartre celui qui :

> « *Se met au service d'une position de l'esprit plus ou moins révolutionnaire par*

180

rapport à une structure traditionnelle de la société »[63]

IV-3-3- LA SIGNIFICATION POLITIQUE

La littérature orale étant une littérature populaire qui reflète la société, le conteur devient ipso facto un éveilleur de conscience qui se met au service de son peuple pour dénoncer tous les abus et toutes les injustices dont sont victimes le bas peuple. Le conte devient pour ainsi dire la tribune idéale où le peuple règle ses comptes en se vengeant de ses oppresseurs sur le plan de l'imaginaire en les ridiculisant et en les tournant en dérision. C'est le cas dans les contes n° 25

> *Le roi qui voulait épouser sa fille" et le n° 2 "Le conte de Rhampsinite". Dans le conte n°25 le roi se prête à une épreuve d'autoritarisme et de tyrannie, dans un élan conservateur excessif, il décide de priver sa fille de liberté de choix d'un époux et lorsque les prétendants arrivent, il les arrose d'injures. « Va-t'en pantalon troué "l'autre trop vilain : "Il est laid, on dirait grain de riz" "regarde-moi ce gawou".*

Malheureusement pour lui, c'est un écureuil qui va faire subir à la famille royale sa plus grande humiliation en engrossant la fille du roi malgré toutes les précautions prises par le roi.

Dans le conte n° 2 c'est un jeune homme très rusé qui va se moquer du roi en volant son trésor et en rendant ivres les gardes du palais.

---

[63] SARTRE, Jean Paul, *Qu'est-ce que la littérature ?* in Situation II, Paris, Gallimard, 1948, P.48.

A travers ces deux contes on peut lire en filigrane une invitation au peuple de ne plus se laisser jamais leurrer par ceux qui sont habiletés à veiller sur son épanouissement et sur son droit. Ceci résonne haut d'autant plus que le roi est censé être au service de sa population. Tous les hommes étant égaux, le conte a pour objet de rappeler aux puissants que les excès d'autorité finissent toujours par se retourner contre eux. En tournant en dérision ces puissants, le conte suscite dans le public le sens de la réflexion critique, le goût des interrogations fructueuses et la volonté d'analyser les problèmes, de les transcender et comprendre le fonctionnement de la société dans laquelle il évolue. En définitive on peut dire que le conte joue un rôle primordial dans la régulation des rapports entre les membres d'une société.

IV-3-4- *LA SIGNIFICATION COGNITIVE OU INTELLECTUELLE*

L'une des fonctions fondamentales du conte sur laquelle les sociétés négro-africaines sont unanimes, c'est sa fonction cognitive dans la mesure où il y a dans la plupart des contes une volonté d'expliquer d'une manière convaincante ce qui est parfois scientifiquement inexplicable. C'est le cas des contes qui nous propose des explications étiologiques édifiantes sur certains faits qui nous entoure. Dans notre corpus, huit contes sont des contes étiologiques. Il s'agit plus précisément des contes.

n°2 **"Le conte de Rhampsinite"** qui nous informe quant à l'origine de la malice chez les Egyptiens qui se considèrent comme étant les plus malicieux de la planète où la malice a vu le jour. A la fin du récit on peut lire : « *n'avait-il pas, en effet, donné la preuve de la malice des Egyptiens qui en remontent à toutes les nations* ».

n° 11 **"Les Coépouses"** est un récit qui nous explique pourquoi les fesses de la femme sont plus grosses que celles de l'homme.

n° 12 "**La jeune fille et le lion**" finit par : « *Ainsi prend fin cette histoire sur l'origine du courage de la femme* »

n° 22 "**L'origine du divorce**" nous informe sur ce qui a provoqué le divorce entre l'homme et la femme : « *Une fois rentrée chez elle, elle donna la flèche à son mari et décida de le quitter. Ainsi par eux, arriva le premier divorce.* »

n°23 "**Et le ciel recula**" est une tentative d'explication sur la distance qui existe entre le ciel et la terre.

« *C'est ainsi que par l'inadvertance d'une femme, la face du monde fut irrémédiablement changée.* »

n°24 "**Pourquoi y a-t-il tant d'idiots de par le monde** ? " Explique la présence des idiots dans tout le monde : « *Les idiots et leurs femmes construisirent une cabane et vécurent tant bien que mal. Ils eurent des enfants aussi bêtes qu'eux, les cabanes se multiplièrent et les idiots se répandirent dans le monde entie*r »

n° 27 "**Comment le tambour est arrivé sur la terre**" nous renseigne sur l'origine du tambour sur la terre.

« *C'est depuis ce temps-là qu'il y a des tambours sur la terre pour danser et faire la fête* ».

n° 21 "**La dette de Kimanga**" nous explique pourquoi le porc remue la terre avec son groin. Pour ce conte, le porc est à la recherche de la pierre à écraser de la femme de la tortue qu'il avait jetée dans les champs :

« *Jusqu'aujourd'hui Kùpù-le cochon cherche toujours la pierre à écraser de la femme de Kimanga avec son groin.* »

Des analyses qui précèdent nous pouvons dire que le conte ne se réduit pas essentiellement à sa fonction ludique, à côté on peut relever d'autres fonctions telles que les fonctions sociologiques, politiques ou encore intellectuelles. C'est fort de ce constat que Joseph Dong Aroga dira que : « *La pratique du contage participe donc de l'éducation en même temps qu'elle est recréation. »* [64]

Tout en charmant et en amusant, les contes permettent la transmission de la culture, l'apprentissage de la langue et l'initiation à l'éloquence.

---

[64] DONG AROGA, Joseph, *Au clair de la lune*, les contes du Cameroun, Yaoundé, PUY, 2001, P.7

CONCLUSION

Le présent travail qui a fait l'objet de notre étude était libellé **« Les contes Egyptiens anciens et les contes de l'Afrique subsaharienne : esquisse d'une analyse comparée »** .La problématique centrale de notre travail était de savoir si les contes pouvaient nous permettre d'établir une parenté culturelle entre l'Egypte ancienne et l'Afrique noire.

Parvenus au terme de notre analyse, nous ne saurions nous vanter d'avoir exposé tous les éléments communs aux contes Egyptiens anciens et négro-africains .Toutefois, notre travail nous a permis de confirmer l'hypothèse selon laquelle les contes Egyptiens anciens et négro-africains trahissent les rapports de parenté indéniables entre les deux civilisations. Aussi, notre tâche qui consistait à exposer les éléments de ressemblances et de divergences entre ces contes s'est faite en quatre chapitres.

Au premier chapitre, il était question d'analyser comparativement la manifestation et les procédés stylistiques des contes Egyptiens anciens et négro-africains. Nous sommes partis des formules et des figures de style qu'affectionnent les conteurs négro-africains pour ressortir les similitudes et les divergences qui existent entre ces contes. Pour ce qui est des similitudes, en dépit de la longueur des formules initiales et finales des contes n°5 **« la femme adultère »** et n°6 **« la boucle de la rameuse »** ,nous pouvons dire que presque tous les contes Egyptiens anciens et négro-africains ont des formules. En sus de ces formules ces contes ont en commun les répétitions qui sont palpables dans les contes **la légende des deux frères, le duel de Vérité et de mensonge, l'amitié des deux chacals, le prince prédestiné, pourquoi y a-t-il tant d'idiots de par le monde ? Les trois sœurs et Itrimoubé, l'histoire de Raboutity, le cultivateur sa femme et les génies, l'ingratitude et le fils de Nkan.** En ce qui concerne les procédés stylistiques nous avons relevés que le discours direct qui se traduit par l'absence de la première personne du singulier et du pluriel et les dialogues parsèment ces contes. Outre le discours direct et les dialogues, nous avons dans ces contes la présence des proverbes et l'anthropomorphisation où nous avons des animaux et des notions « **Vérité et Mensonge** » qui ont des attributs humains.

Au-delà de ces similitudes qui précèdent apparaît néanmoins un point de divergence, il s'agit notamment de l'absence des chants dans les contes Egyptiens anciens.

Au second chapitre de notre exposé, nous nous sommes évertués à analyser les structures narratives des contes Egyptiens anciens et négro-africains .Partant des analyses de Greimas, nous avons procédé à une analyse sémiotique qui nous a permis de remarquer que ces contes présentent les mêmes structures à savoir : une introduction, un corps du conte, et une conclusion. A la suite de cette structure nous avons pu ressortir les schémas fonctionnels et actanciels, en ce qui concerne les schémas fonctionnels ; nous avons observé que pareillement aux contes négro-africains, les contes Egyptiens anciens présentent une situation initiale, un évènement modificateur ou perturbateur, des épreuves et une situation finale. Pour ce qui est des schémas actanciels, notre étude nous a permis de constater qu'à l'instar des contes négro- africains, les contes Egyptiens anciens comportent une quête ou le héros qui va à la quête de l'objet de valeur a des adjuvants qui l'aident dans sa quête et des opposants qui ont pour ambition de freiner le héros dans son action.

Après avoir procédé à l'analyse sémiotique de ces contes, nous avons mis en exergue les différents types de contes africains tel que proposés par Denis Paulme. De manière plus précise nous nous sommes attelés à ressortir les huit types de contes regroupés en formes simples et complexes. De cette analyse typologique il est ressorti qu'à l'exception du type en divergence qui est spécifique au conte « **le lièvre et l'hyène** ». Les contes négro-africains et Egyptiens anciens ont en commun les types ascendant, descendant, cyclique, en spirale et en sablier.

Au troisième chapitre de notre analyse il était question d'étudier le fonctionnement des personnages des contes du corpus. Pour mener à bien cette étude nous nous sommes servis des analyses de Philippe Hamon qui a proposé une hiérarchisation des personnages en personnages principaux et personnages secondaires. Nous avons pu noter que cette hiérarchisation apparaît dans ces contes dans la mesure où nous avons dans tous les contes au moins un personnage principal. Ce personnage principal ou héros est dans ces contes le point de départ et d'arrivée de tous les évènements qui composent l'intrigue. A côté de ces personnages nous avons relevé des personnages secondaires divisés en deux catégories, d'un côté il y'a les adjuvants qui aident le héros à obtenir l'objet de sa quête et, de l'autre les opposants qui sont des obstacles à l'épanouissement du héros.

Outre cette hiérarchisation des personnages nous avons observé d'une part que dans ces contes, les conteurs ne font qu'une brève évocation du portrait physique tandis que le portrait moral fait l'objet d'une analyse plus soutenue. Cette carence nous laisse penser que le fondamental pour ce genre de récit est de présenter une peinture intérieure prompt à émouvoir l'auditoire. C'est sans doute dans cette logique que Mohamadou Kane a déclaré

> Qu'on peut déceler la permanence de la technique du conte populaire dans l'absence d'un portrait physique (...) Le conte se contente de « silhouetter » son personnage qu'il campe plus au moral qu'au physique. En général, l'orientation didactique commande ce portrait qui, quelque esquisse que ce soit, doit traduire l'âme du personnage

Et d'autre part qu'en plus du règne humain nous avons les règnes animaux, notionnels, célestes et surnaturels.

Au quatrième et dernier chapitre il s'agissait d'analyser les structures discursives des contes du corpus. Nous sommes partis d'une étude thématique pour ressortir les thèmes communs et les thèmes spécifiques aux contes Egyptiens anciens et négro-africains. Nous avons pu identifier 6 thèmes communs à savoir l'amour , le mariage, la mort, la polygamie, la royauté et la ruse. Ces thèmes communs nous ont permis de mettre en évidence une ressemblance très apparente qui nous pousse à remarquer que la culture Egyptienne ancienne survie encore en Afrique noire. En ce qui concerne les thèmes spécifiques, nous nous sommes limités à l'urbanisme, l'industrie et l'école. Nous avons signalé que les contes négro-africains de notre corpus étaient issus d'un environnement traditionnel qui n'avait pas encore connu l'influence de la modernité qui a commencé avec la colonisation. A l'opposé, les contes Egyptiens sont dans un environnement moderne parce que l'Egypte est le berceau de la civilisation moderne.

A la suite de cette étude thématique nous avons analysés les significations de ces contes, nous avons notamment relevés 4 significations à savoir les significations ludique, sociologique, politique et cognitive ; notre étude nous aura permis de constater que ces significations sont communes aux contes négro-africains et Egyptiens anciens.

En définitive, à la question de savoir si les contes peuvent nous permettre d'établir un continuum culturel entre l'Egypte ancienne et l'Afrique noire, nous sommes aboutir au résultat suivant :

Sur le plan de la manifestation et des procédés stylistiques nous remarquons qu'à l'exception des chants qui sont spécifiques aux contes négro-africains, les contes Egyptiens anciens et négro-africains ont en commun les formules, les répétitions, le discours direct, l'usage des proverbes et l'anthropomorphisation.

Sur le plan des structures narratives, ces contes ont en commun les schémas fonctionnel et actanciel ; outre ces schémas ils ont en commun les typologies ascendantes, descendante, cyclique, en spirale et en sablier. A ce niveau la seule différence que nous avons observée est l'absence du type en divergence dans les contes Egyptiens anciens.

En ce qui concerne les personnages, nous avons remarqué que l'étude menée sur les personnages des contes négro-africains est identique à celle menée sur les personnages des contes Egyptiens anciens.

Pour ce qui est des structures discursives, nous avons noté que ces contes ont en commun les thèmes de l'amour, du mariage, de la mort, de la polygamie, de la royauté et de la ruse.

Sur le plan thématique la seule différence était la spécificité des thèmes de l'urbanisme , de l'école et de l'industrie dans les contes Egyptiens anciens. Par ailleurs, ces contes ont en commun les significations ludique, sociologique, politique et cognitive.

Le présent résultat nous permet de constater que les points de ressemblances entre les contes Egyptiens anciens et négro-africains sont plus évidents que les différences. Le primat indéniable de ces ressemblances nous amène à conclure que l'Egypte ancienne berceau de la civilisation moderne survit toujours en Afrique Noire.

BIBLIOGRAPHIE

I- OUVRAGES GÉNÉRAUX

BALANDIER Georges et al, *La ruse*, Paris, Union Générale, 1977.

BILONGO Bernadette, *La femme africaine en situation ou si la femme africaine était opprimée*, Yaoundé, CNE, 1983.

CHAMPOLLION J. F., Le panthéon égyptien, collection des personnages mythologiques de l'ancienne Egypte, Paris, inter-livres, 1992.

DIOP Cheikh Anta, L'unité culturelle de l'Afrique noire, Paris, Présence Africaine, 1960.

_ _ _, Civilisation ou barbarie, Paris Présence Africaine, 1981.

_ _ _, Nations nègres et cultures, Paris, Présence Africaine ,1979.

CHEVRIER Jacques, Littérature nègre, Paris, Armand Colin, 1984.

COLLIN Roland, Les contes noires de l'ouest-africain, Paris, Présence Africaine, 1957.

DADIE Bernard, Le pagne noir, Paris, Présence Africaine, 1955.

DESCHAMPS H., Histoire générale de l'Afrique noire, de Madagascar et des Archipels, Tome 4 Paris, PUF, 1970.

DESROCHES Noblecourt, La femme au temps des pharaons, Paris, Collection livre de poche, Editions stock, 1986.

DONG AROGA Joseph, Au clair de lune :les contes du Cameroun, Presses Universitaires de Yaoundé, 2001.

ENO BELINGA Samuel-Martin, Découvertes des chantefables au Cameroun, Klincksieck, Paris,1970.

HAMON Philippe, Le personnage du roman, Genève, Droz, 1983.

HEGEL, La raison dans l'histoire, Paris, éd 10/18,1965.

JACQ C., Les Egyptiens, Paris, Champs Perrin, 1967.

KOLPAKTCHY G., Livre des morts des anciens égyptiens, Paris, Dervy, 1994.

LALOUETTE Claire, Sagesse sémitique de l'Egypte ancienne à l'islam, Paris, Albin Michel, 1998.

LEVIS-STRAUSS, La vie des masques, Editions Albert Skira, 1960.

MATATEYOU Emmanuel, Les merveilleux récits de Titaki, Presses Universitaires de Yaoundé, 2001.

NDAKAN P., Le conte africain et l'éducation, Paris, l'Harmattan, 1984.

OBENGA Théophile, La philosophie africaine de la période pharaonique ,2780 -330 avant notre ère, Paris, l'Harmattan, 1990.

PENEL Dominique, Contes : l'amour et la violence, Bangui, 1982.

PFOUMA O., L'harmonie du monde, anthropologie culturelle des couleurs et des sons en Afrique depuis l'Egypte ancienne, Editions Menaibuc, Paris, 1994.

POSENER G., Dictionnaire de la civilisation égyptienne, Paris, Fernand Hazan, 1998.

REUTIER Yves, Introduction à l'analyse du roman, Paris, Dunod, 1996.

ROFAULKNER A., Concise dictionary of middle Egyptian, Griffith Institute, Ashmokean Museum, Oxford, 1998.

ROUGEMONT D., Les mythes de l'amour, Paris, Gallimard, 1995.

SARTRE Jean-Paul, Qu'est-ce que la littérature ? in situation II, Paris, Gallimard, 1948.

THEIL P., Histoire et géographie du mariage, Berger-Levrault, Nancy, 1969.

THOMAS L., Anthologie de la mort, Paris, Payot, 1975.

ZAHAN Dominique, Religion, spiritualité et pensée africaine, Paris, Payot, 1970.

II- Ouvrages théoriques et méthodiques

AWOUMA Joseph-Marie, Contes et fables, études et compréhension, Yaoundé, Editions Clé, 1979.

BREMOND Claude, Logique du récit, Paris, Editions du Seuil, 1973.

BRUNEL Pierre et al., Qu'est-ce que la littérature comparée ? Paris, Armand colin, 1996.

CAUVIN Jean, Comprendre les contes, Paris, Les classiques africaines, 1972.

, Comprendre la parole traditionnelle, Yaoundé, Editions Saint-Paul, 1980.

CHEVREUIL Yves, La littérature comparée, Paris, PUF,1989.

COURTES Joseph, Analyse sémiotique du discours, de l'énoncé à l'énonciation, Paris, Hachette, 1991.

GENGEMBRE Gerald, Les grands courants de la critique littéraire, Paris Seuil, 1996.

GREIMAS Julien Algirdas, Du sens commun, Les mots du discours, Paris, Editions du seuil, 1970.

_ _ _,, Du sens II, Essais sémiotiques, Paris, PUF, 1995.

_ _ _,, Sémantique structurale, Paris, PUF, 1995.

HAMON Philippe, « Pour un statut sémiologique du personnage »,in Poétique, Paris Editions du seuil,1979.

LARIVAILLE Paul, « L'analyse morphologique du récit »,in poétique, Paris PUF,1974.

NGUIJOL NGUIJOL Pierre, Introduction à la littérature orale au Cameroun, Yaoundé, 1992.

ONGOUM Louis-Marie et TCHEHO Isaac-Célestin, Littérature orale de l'Afrique contemporaine, Approches théoriques et pratiques, Yaoundé, 1985.

PAULME Denise, La mère dévorante, essai sur la morphologie des contes africains, Paris, Gallimard, 1980.

PROPP Vladimir, La morphologie des contes, Paris, Le point, 1977.

TSOUNGUI Françoise, Clés pour le conte africain, Paris, Edicef, 1988.

III- ARTICLES

MBOW A., « Préface à l'histoire générale de l'Afrique », vol. 1, Paris, Jeune Afrique stock /Unesco, 1980.

OUM NDIGI Pierre, " Le bassa, l'Egyptien pharaonique et le copte. Premiers jalons révélateurs d'une parenté insoupçonnée", Ankh revue des civilisations africaines n° 2 mars 1993.

SARR NISSIRE M., "Le sens des lamentations funèbres en Egypte pharaonique et en Afrique noire : le cas des Djerti" Cahier caribéens d'Egyptologie, n° 7-8, février- mars 2005.

IV- Thèses et mémoires

IV. 1. Thèses

AWOUMA Joseph-Marie, Littérature Orale et Comportements Sociaux, étude littéraire et socio- culturelle des proverbes Bulu, Thèse de doctorat 3ème cycle, Paris, 1970.

FAME NDONGO Jacques, l'Esthétique du texte artistique traditionnel et son fonctionnement à travers l'écriture romanesque négro-africain, Thèse de doctorat d'Etat, Paris, 1984.

MBOUI Joseph, Essai sur la vie domestique des bassa du Sud Cameroun, Thèse pour le doctorat ès lettres, Bordeaux, 1971.

OUM NDIGI Pierre, les Bassa du Cameroun et l'antiquité pharaonique égypto-nubienne : recherche historique et linguistique comparative sur leurs rapports culturels à la lumière de l'égyptologie, Thèse de doctorat, Université Lumière Lyon II, Institut d'égyptologie Victor Loret, France, 1997.

IV-2 Mémoires

KAMGA, L'écriture de la ruse dans les contes, les nouveaux contes d'Amadou Koumba de Birago Diop et les contes de Nuits et de Jours aux Antilles de INA CESAIRE, Mémoire de maîtrise, Université de Yaoundé I, 2008.

OKALA EBODE Joseph Thierry, La succession royale chez les anciens Egyptiens et chez les Bamouns, Mémoire de Maitrise, Université de Yaoundé I, 2004.

V- Sites internet

htpp://www.webzinemaker- com/index-php3.
Htpp://mythesgrec.ibelgique-com/egypte-htm.
Htpp://feeclochette. Chez-com/ ailleurs/chacals.htm.
Htpp://sironimo-free.fr/L

Htpp://aesope-
org/contenu/chrysoteme/public/page2.shtml.

Htpp://www.mediterranée-
antique.info/masaspero/contes/contes_109.htm

Htpp://www.abcburkina.net/ancien/contes/conte-gouin-
htm.

Htpp://www. rezoivoir.net/litteratures/contes/html.

Htpp://www.monburkina.com/index-php/pdf/contes.

ANNEXES

LE CORPUS

Contes n°	Titre des contes	Sources	Pays d'origine
1	La légende des deux frères	http://www.webzinemaker.com/philo-/index.php3	
2	Le conte de Rhampsinite	Htt:// mythesgrec-ibelgique.com/egypte.htm	
3	Le duel de Vérité et de Mensonge	*Textes sacrés et textes profanes de l'ancienne Egypte II,* traductions ct commentaires par Claire Lalouette, connaissance *de* l'orient, Gallimard	Egypte
4	L'amitié des deux chacals	http://feeclochette.chez.com/Ailleurs/chacals.htm	
5	La femme adultère	*Textes sacrés et textes profanes de l'ancienne Egypte II,* traductions et commentaires par Claire Lalouette, connaissance de l'orient, Gallimard	
6	La boucle de la	*Textes sacrés et textes profanes de l'ancienne*	

	rameuse	*Egypte II, mythes, contes et poésies* traductions et commentaires par Claire Lalouette, et préface de Pierre Grimal p.175-177	
7	Le pharaon et le tisserand	Htt:// aesope.org/contenu/c hrisoteme/public/pag e2.shtml	
8	Le prince prédestiné	http://www.méditera nnée- antique.info/maspero /contes-109.htm	
9	Le prince	http://www.abcburki na.net/ancien/contes- gouin-14.htm	
10	Le cultivateur, sa femme et les génies	o.p. cit.	
11	Les coépouses	o.p. cit.	**Burkina** **Faso**
12	La jeune fille et le lion	o.p. cit............................	
13	Le lièvre et l'hyène	o.p. cit............................	
14	L'ingratitude	o.p. cit............................	
15	La femme de Mésha'atsang	DONG AROGA, Joseph, *Au clair de lune : les contes du Cameroun,*	**Cameroun**

		P.U.Y,2001,p.p 124-128.	
16	Le fils de Nkan	o.p. cit......................... ...., p.p. 15-19.	
17	Les épouses de Kalak	o.p. cit......................... ...., p.p. 114-116.	
18	Mesùt-le-lièvre épouse la fille du roi	MATATEYOU, Emmanuel, *Les merveilleux récits de Titaki* P.U.Y,2001,p.p 7-15.	
19	Mesùt-le-lièvre sauve un chasseur	Op cit......................... ...., p.p. 16-23.	
20	La destitution de Memvù-le-chien	Op cit......................... ...., p.p. 30-32.	
21	La dette de Kimanga-la-tortue	Op cit......................... ...., p.p. 42-47.	
22	L'origine du divorce	http:// www.rezoivoire.net/L itteratures/contes/6/	
23	Et le ciel recula	Op cit.........................	Cote-d'Ivoire
24	Pourquoi y'a-t-il tant d'idiots de par le monde ?	Op cit.........................	

25	Le roi qui voulait marier sa fille	Op cit..	
26	Les trois antilopes	Op cit..	
27	Comment le tambour est arrivé sur la terre	Op cit..	**Ethiopie**
28	Le prince de la pluie	htTP:// feeclochette.chez.com /ailleurs/pluie.htm	
29	Les trois sœurs et Itrimoubé	Op cit..	**Madagascar**
30	L'histoire de Raboutity	Op cit..	

Conte n° 1 : La légende des deux frères

Il y avait, dit-on, deux frères nés d'une seule mère et d'un seul père. Anoup (Anoupou = Anubis) était le nom de l'aîné, tandis que Bata (Baîti / Bêti / Bouti) était le nom du plus jeune. Anoup avait une maison, ainsi qu'une femme, tandis que son frère cadet vivait avec lui comme s'il eût été son fils ; c'est lui, le cadet, qui fabriquait les vêtements et qui menait le bétail aux champs, lui qui moissonnait et qui labourait, lui qui faisait tout le travail qu'il fallait accomplir aux champs. Car son frère cadet était un bel enfant viril et il n'existait pas son pareil dans le pays tout entier : la force d'un dieu était en lui.

Et tous les jours il revenait des champs, marchant derrière ses vaches, chargé d'un lourd fardeau d'herbes coupée, comme on fait au retour des champs pour la nourriture des bêtes pendant la nuit. Il déposait ce faix devant son frère, qui était assis avec sa femme, puis il allait dans son étable, avec las vaches, boire, manger et dormir. Et quand la terre s'éclairait et qu'un autre jour était venu, il faisait cuire les pains et les déposait devant son aîné. Et celui-ci lui donnait sa part de pain pour aller aux champs. Il emmenait alors les vaches au pâturage, les poussant devant lui. Et tandis qu'il allait derrière les vaches, elles lui disaient "Elle est bonne, l'herbe en tel endroit." Il écoutait ce qu'elles disaient, il les menait au bon herbage qu'elles souhaitaient. Et alors les vaches qui étaient avec lui devenaient belles, et bien grasses, et elles avaient de petits veaux.

Et une fois, à la saison du labourage, son frère aîné lui dit : "Prépare notre attelage pour nous mettre à labourer. Toi, va-t'en aux champs porter les semences et nous nous mettrons à labourer demain matin."

Ainsi parla-t-il et le cadet fit toutes les choses que son grand frère lui avait recommandées. Lorsque la terre s'éclaira et qu'un autre jour fut, ils allèrent aux champs avec leur attelage pour labourer et ils n'abandonnèrent pas leur tâche de toute la journée, et le travail rendit leur cœur joyeux.

Et après bien des jours ainsi employés, ils étaient encore aux champs en train de manier la houe ; le grand frère appela son frère cadet en lui disant : "Cours au village et apporte-nous les semences. !"

Le cadet retourna à la maison ; il y trouva la femme de son frère en train de se faire coiffer ; on refaisait les innombrables petites nattes serrées, qu'il fallait plusieurs heures pour arranger sur sa tête, et qu'elle gardait ensuite pendant longtemps.

Le cadet lui dit : "Debout ! Donne-moi les semences, que je les rapporte aux champs en courant, car mon frère aîné m'a dit en m'envoyant : point de paresse ! "

Sans se déranger, la femme lui dit : "Va, ouvre la huche de terre battue et emporte ce qu'il te plaire, mais je ne veux pas interrompre ma coiffure pour te servir." Le garçon pénétra dans l'étable, choisit une énorme jarre (car son intention était de prendre beaucoup de grains), la remplit de blé et d'orge et sortit, ployant sous le faix. Elle lui dit : "Ton épaule est bien chargée. Quelle quantité as-tu prise ?" Il répondit : "Orge : trois mesure ; froment : deux mesures. Total : cinq. Voilà ce que supporte mon épaule (=276 kg)." Elle reprit : "Tu as bien du courage, chaque jour je constate que tu deviens de plus en plus fort." Elle le regardait en l'admirant. Soudain, elle se leva et lui dit : "Tu es plus fort que ton frère aîné. J'aurais dû t'épouser !"

Le garçon, enragé comme un guépard du midi parce qu'elle avait l'air de critiquer son mari, se fâcha contre elle, l'accusa de tenir de vilains propos et elle eut peur, et la voilà qui se mit à chercher un moyen de se débarrasser de lui.

Il rechargea son fardeau et s'en alla aux champs. Quand il eut rejoint son grand frère, ils se remirent au travail.

Sur le moment du soir, tandis que l'aîné retournait à la maison, le frère cadet raccompagnait les bestiaux à l'étable et rapportait les outils. Comme la femme avait peur à cause des propos qu'elle avait tenus, elle prit de la graisse, un chiffon et imita sur sa propre peau les meurtrissures qu'on porte après avoir été roué de coups par un malfaiteur. En arrivant à la maison, selon son habitude de chaque jour, le mari trouva sa femme gisante et dolente ; elle ne lui versa point de l'eau sur les mains selon son habitude de chaque jour ; elle ne fit pas la lumière devant lui, mais la maison était sombre et elle gisait, toute souillée.

Son mari lui dit : "Qu'est-il donc arrivé ?" et voilà qu'elle lui dit : "C'est ton frère cadet. Lorsqu'il est venu prendre les semences pour toi, me trouvant assise toute seule, il s'est mis à dire du mal de toi, et à dire que j'aurais dû l'épouser, lui ! Et moi je ne l'écoutai point. Je lui dis : "Ton grand frère n'est-il pas pour toi comme un père ?" Il eut peur, il me roua de coups pour que je ne te fasse point de rapport. Si tu permets qu'il vive, je me tuerai ; car si, en revenant le soir, il apprend que je me suis plainte de ses vilaines paroles, qu'est-ce qu'il fera ?"

Le grand frère se monta comme un guépard du midi (= "en colère"), il affila son couteau et le prit bien en main. Il se tint derrière la porte de son étable pour tuer son frère cadet, lorsque celui-ci ferait rentrer ses bêtes dans l'étable. Et quand, le soleil couché, le frère cadet arriva selon son habitude de chaque jour, son fardeau d'herbes sur le dos, poussant les vaches devant lui, la vache de tête, dès son entrée, dit à son gardien : "Voici ton grand frère qui te guette, derrière la porte, avec son couteau, pour te tuer. Sauve-toi ! " Il entendit ce qu'elle disait et la seconde, entrant à son tour, répéta la même chose : "Attention ! Ton frère est derrière la porte, qui attend pour te tuer avec son couteau !" Il se baissa et regarde par-dessous la porte de l'étable ; il aperçut les pieds de son frère aîné qui se tenait derrière, son couteau à la main. Il posa là son fardeau d'herbes et se mit à courir de toutes ses jambes, et son frère partit à sa poursuite, le couteau à la main.

Le frère cadet invoqua Râ-Harakhty, le soleil, disant : "Mon bon maître, c'est toi qui fait la différence entre le juste et l'injuste !" Et Râ-Harakhty entendit sa plainte, et il fit apparaître une eau immense entre lui et son grand frère, une eau pleine de crocodiles ; l'un se trouvait d'un côté, l'autre de l'autre. Le grand frère par deux fois lança sa main pour le frapper, mais il ne put l'atteindre. De l'autre rive, le cadet le héla et lui dit : "Reste là jusqu'à ce que la terre s'éclaire. Quand le disque solaire s'élèvera, je plaiderai avec toi devant lui afin de rétablir la vérité, mais je ne serai plus avec toi, jamais, je ne serai plus dans les lieux où tu seras, j'irai au val de l'Acacia, sur les côtes du Liban ! "

Quand la terre s'éclaira et qu'un second jour fut, Râ Harakhty (le soleil) s'étant levé, chacun d'eut aperçut l'autre. Le garçon

203

adresse la parole à son grand frère, lui disant : "Pourquoi viens-tu derrière moi pour me tuer en traître, sans avoir entendu ce que ma bouche avait à dire ? Je suis ton frère et tu es comme mon père, n'est-il pas vrai ? Or, quand tu m'as envoyé chercher les semences, ta femme m'a dit : "Tu es plus fort que ton frère aîné." Je n'ai pas répondu et cela a été perverti pour toi en autre chose" Et il jura par Râ-Harakhty, disant : "Dire que tu es capable de te cacher, ton poignard à la main, pour me tuer en traître. Quelle trahison ! Quelle infamie !" Il prit une serpe à couper les roseaux, s'en donna un grand coup qui le blessa, puis s'affaissa et s'évanouit. Le grand frère maudit son propre cœur, et il resta là à pleurer ; il s'élança, mais il ne put passer sur la rive où était son frère cadet, à cause des crocodiles.

Alors le frère cadet le héla et lui dit : "Ainsi tandis qu'on m'accusait d'avoir dit une mauvaise parole, tu n'as pensé à aucune des choses que j'ai faites pour toi ! Ah ! Va-t'en à la maison, soigne toi-même tes bêtes, car je ne demeurerais plus à l'endroit où tu es, j'irai au Val de l'Acacia. Et voici ce qui arrivera. J'arracherai mon cœur par magie et je le placerai sur le sommet de la fleur de l'acacia. Et lorsqu'on coupera l'acacia et que mon cœur sera tombé à terre, tu viendras le chercher. Quand il te faudra passer sept années à le chercher, ne te rebute pas ; mais une fois que tu l'auras trouvé, mets-le dans un vase d'eau fraîche et je vivrai de nouveau pour rendre le mal qu'on m'aura fait. Or si la bière contenue dans la cruche qu'on met dans ta main jette de l'écume, ou si le vin se trouble lorsqu'on te donnera une cruche de vin, tu sauras qu'il m'arrive quelque chose. Ne tarde pas à te mettre en route tout de suite après, parce que j'aurai besoin de toi."

Et il s'en alla au Val de l'Acacia.

Et son grand frère s'en retourna à la maison, la main sur la tête, le front souillé de poussière en signe de deuil. Arrivé à la maison, il tua sa femme, la jeta aux chiens et demeura en deuil de son frère cadet.

Longtemps, beaucoup de jours après, le frère cadet vécut au Val de l'Acacia. Devenu " un corps sans âme ", il passait la journée à chasser les bêtes du désert et la nuit il dormait sous l'acacia au sommet de la fleur duquel était placé son cœur . Et il construisit de sa main, dans le Val de l'Acacia, une ferme bien aménagée pour avoir un toit sous sa tête et une maison où habiter.

Un jour, comme il sortait de sa maison, il rencontra l'Ennéade, les neuf dieux qui s'en allaient régler les affaires de l'Egypte. Les neuf dieux parlèrent tous ensemble pour dire : "Oh, Bata, n'es-tu pas seul ici pour avoir quitté ton pays à cause de la femme d'Anoup, ton grand frère ? Voici : il a tué sa femme et tu es vengé. "Leur cœur souffrit pour lui en le voyant vivre solitaire, et Râ-Harakhty dit à Khnoum, le modeleur de corps d'enfants : "Oh ! Fabrique une femme à Bata, afin qu'il ne reste pas seul."

Khnoum lui modela, pour demeurer avec lui, une compagne, la plus belle de toutes les femmes sur la terre-Entière. Les sept hâthors vinrent la voir et prédirent d'une seule bouche : "Elle mourra par le glaive." Bata l'aimait, l'aimait beaucoup. Elle restait dans sa maison, tandis que, tout le jour, il chassait les bêtes du désert pour les déposer à ses pieds. Il lui dit : "Ne vas pas dehors, de peur que le Nil ne te saisisse, tu n'échapperais pas, car tu n'es qu'une femme. Quant à moi, mon cœur est posé au sommet de la fleur de l'acacia et si un autre le trouve, il me faudra me battre avec lui." Et il lui confia donc tout ce qui concernait son cœur .

Et après beaucoup de jours encore, Baté étant allé à la chasse selon son habitude de chaque jour, comme la femme était sortie pour se promener sous l'acacia qui ombrageait sa maison, voici : elle aperçut le Nil envoyer ses vagues vers elle ; elle se mit à courir et se réfugia dans sa maison. Le fleuve cria : "Que je m'empare d'elle !" et l'acacia livra une tresse de ses cheveux.

Cette tresse, le Nil l'emporta jusqu'en Egypte ; il la déposa au lavoir des blanchisseurs du Pharaon et l'on gronda les blanchisseurs, disant : "Il y a une odeur de pommade dans le linge de Pharaon." Et de jour en jour on les réprimanda de plus belle, et ils ne savaient plus ce qu'ils faisaient, jusqu'à ce qu'enfin le chef des blanchisseurs de Pharaon vînt au lavoir, car son cœur était dégoûté des reproches qu'on lui faisait chaque jour. Il s'arrêta, il se tint devant le lavoir juste en face de la boucle de cheveux qui flottait dans l'eau. Il fit descendre quelqu'un et on la lui apporta. Trouvant qu'elle sentait bon, il la porta au Pharaon.

On alla chercher les scribes sorciers du Pharaons et ils dirent au maître :"Cette boucle de cheveux appartient à une fille de Harakhty qui est d'essence divine. Puisque c'est un hommage qui te vient d'une terre étrangère, envoie des messagers vers toutes les terres étrangères pour chercher cette créature, et envoie beaucoup d'hommes avec le messager qui ira au Val de l'Acacia pour la ramener." Et Sa Majesté déclara : "c'est parfais, parfais.", et on fit partir les messagers.

Et après beaucoup de jours encore, les hommes qui étaient allées vers la Terre-Etrangère vinrent faire leur rapport à Sa Majesté ; seuls ne revinrent pas ceux qui étaient allés au Val de l'Acacia : Bata les avaient tués ; il n'en avait épargné qu'un pour venir faire son rapport à Sa Majesté. Sa Majesté fit alors partir beaucoup d'hommes et d'archers, et même des gens avec des chers de guerre pour ramener la créature, et il y avait même une femme pour lui tenir compagnie et l'aider à se parer. Ils la ramenèrent en Egypte et on se réjouit de la voir dans la Terre-Entière. Sa Majesté l'aima beaucoup, beaucoup, et elle devint sa grande Favorite. On la fit parler de son mari et elle dit à Sa Majesté : "Qu'on coupe l'acacia et mon mari sera détruit !" On envoya des hommes et des archers avec leurs outils pour abattre l'acacia ; ils coupèrent la fleur sur laquelle était le cœur de Bata, et il tomba mort en cette heure malencontreuse.

Quand le second jour éclaira la terre après que l'acacia eut été coupé, Anoup, le grand frère de Bata, entra dans sa maison et s'assit après avoir lavé ses mains ; on lui servit une cruche de bière et voilà que la bière jeta de l'écume ; on lui en donna une autre de vin et voilà que le vin se troubla et devint lie. Il saisit ses sandales, son bêton, ses vêtements et ses armes et se mit en marche vers le Val de l'Acacia. Il entra dans la maison de son frère cadet et il trouva son frère étendu mort sur le cadre de son lit. Il s'en alla aussitôt pour chercher le cœur de son frère sous l'acacia à l'abri duquel le frère couchait le soir ; il chercha, il chercha trois années, se consumant à chercher sans rien trouver. Il entamait la quatrième année lorsque, obéissant au désir de son cœur de retourner en Egypte, il se dit : "Je partirai demain." Et quand un nouveau jour éclaira la terre, il alla sous l'acacia et passa la journée à chercher encore. Au soir, au moment de rentrer, comme il cherchait encore du regard autour de lui, il trouva une graine qu'il emporta. Et voici, c'était le cœur de son frère cadet. Il apporta une tasse d'eau fraîche, y jeta la graine et s'assit selon son habitude de chaque jour. Et lorsque la nuit vint, le cœur ayant absorbé l'eau, Bata tressaillit de tous ses membres et se mit à regarder fixement son grand frère. Anoup saisit la tasse d'eau fraiche où était le cœur de son frère cadet ; celui-ci but; et son cœur fut remis en place et Bata redevint comme autrefois.

Chacun d'eux embrassa l'autre et ils parlèrent ensemble comme deux compagnons, puis Bata dit à son frère aîné : "Voici, je vais devenir un grand taureau, un taureau sacré Apis : poil noir, tache blanche en triangle sur le front, un vautour aux ailes déployées sur le dos, l'image d'un scarabée sur la langue et tous les poils de la queue doubles. Toi, tu t'assiéras sur mon dos, quand le soleil se lèvera, et lorsque nous serons au lieu où est ma femme, je prendrai ma revanche. Toi, conduis moi à l'endroit sacré et on te fera bonne chère, on te chargera d'argent et d'or pour m'avoir amené au Pharaon, car je serai un grand miracle et on se réjouira dans la Terre-Entière, et puis tu t'en iras chez toi."

Et quand le jour suivant éclaira la terre, Bata se changea en la forme d'un taureau, comme il l'avait dit. A l'aube, Anoup son grand frère, s'assit sur son dos, et il arriva à l'endroit désigné. On fit connaître le taureau à Sa Majesté, elle l'examina, elle reconnut tous les signes ; elle eut de la joie, beaucoup, beaucoup, elle lui fit une grande fête, disant : "C'est un miracle qui se produit !" et on se réjouit à cause de lui dans la Terre-Entière. Le grand frère fut chargé d'or et d'argent et alla s'établir dans son village. Quant au taureau, il fut installé avec beaucoup de serviteurs et beaucoup de biens, car le Pharaon l'aimait beaucoup, beaucoup.

Et bien des jours après cela, le taureau en se promenant entra au harem et s'arrêta devant la favorite, et se mit à lui parler, disant : "Vois, moi, je vis tout de même." Elle dit : "Toi, qui es-tu donc ?" "Moi, dit-il, je suis Bata. Tu savais bien, quand tu as dit à Pharaon de faire abattre l'acacia, que c'était me mettre à mal et m'empêcher de vivre, mais moi, je vis tout de même, je suis taureau." Il sortit du harem et la favorite du Pharaon eut peur de ce que lui avait dit son mari.

Sa Majesté, étant venue passer un jour heureux avec elle, l'admit à sa table et fut bon pour elle et plein d'attentions polies. Elle dit à sa Majesté : "Jure moi par Amon Râ et dis : Ce que tu demanderas, je te l'accorderai." Il consentit et elle parla ainsi : "qu'il me soit donné de manger le foie de ce taureau." On s'affligea beaucoup de ce qu'elle disait, et la cour de Pharaon en fut malade, parce que le taureau était sacré. Mais quand le jour suivant éclaira la terre, on proclama une grande fête d'offrandes et de sacrifices en l'honneur du taureau et l'on envoya l'un des bouchers en chef de sa Majesté pour égorger le taureau.

Or, après que le boucher l'eut égorgé, tandis qu'il pesait sur les épaules des gens qui l'emportaient, il laissa tomber deux gouttes de sang près du double perron de sa Majesté. L'une tomba d'un côté de la grande porte de Pharaon, l'autre en face, et il en sortit deux grands perséas, chacun de toute beauté, ces beaux arbres à fruit merveilleux, dont le proverbe dit : "Une bouchée de perséa réconforte le cœur."

Vite, on alla dire à sa Majesté : "Il y a un grand prodige pour sa Majesté : deux grand perséas ont poussé auprès de la grande porte du palais royal." Et on se réjouit à cause d'eux dans la terre-Entière et on leur fit des offrandes comme à des arbres sacrés.

Et beaucoup de jours après, Sa Majesté se para du diadème de lapis-lazuli, suspendit à son cou des guirlandes de toutes sortes de fleurs et monta sur son char vermeil pour sortir du palais et voir les perséas merveilleux.

La favorite sortit sur son char à deux chevaux, à la suite du Pharaon. Sa majesté s'assit sous l'un des perséas et la favorite sous l'autre, en face. Quand elle fut assise, le perséa parla à sa femme : "Ah, perfide ! Je suis Bata et je vis, maltraité par toi. Tu savais bien que faire couper l'acacia par Pharaon, c'était me mettre à mal ; tu savais bien que faire égorger le taureau, c'était me tuer."

Et après beaucoup de jours encore, comme la favorite était assise à la table de Sa Majesté, et que Sa Majesté était bien disposé envers elle, elle dit à Sa Majesté : "Prête-moi serment par Amon-Râ, disant : Ce que tu demanderas, je te le donnerai. Parle !" Il accorda ce qu'elle voulait. Elle dit : "Fais abattre ces deux perséas et qu'on m'en fabrique de beaux coffres ! " Ce fut entendu et Sa Majesté envoya des charpentiers habiles qui coupèrent les perséas de Pharaon tandis que la favorite se tenait là, à regarder faire. Et voilà que tout à coup, un copeau s'envola et entra dans la bouche de la favorite. Les charpentiers fabriquèrent les coffres et on fit tout ce qu'elle voulut.

Et beaucoup de jours après, elle mit au monde un enfant mâle et on alla dire à Sa Majesté : "Il t'est né un fils !" On l'apporta, on lui donna des nourrices et des remueuses, et des berceuses. On se réjouit dans la Terre-Entière. Vous devinez que ce fils n'était autre que Bata.

On fit un jour de fête en son honneur. Sa Majesté l'aima beaucoup, beaucoup, sur l'heure, et on le salua fils royal, prince de Kaoushou, et plus tard Sa Majesté le fit prince héritier de la Terre-Entière.

Et après beaucoup d'années, Sa majesté s'envola vers le ciel. Le nouveau Pharaon dit : "Qu'on m'amène les grands officiers de Sa majesté, que je leur fasse connaître mon histoire." On lui amena son ancienne femme, il la jugea devant eux et les conseillers de la cour approuvèrent son jugement ; on lui amena son grand frère et il le fils prince héritier de la terre-Entière. Bata fut vingt ans roi d'Egypte, puis il quitta la vie et son grand frère occupa sa place le jour de ses funérailles.

Conte n°2 : Le conte de Rhampsinite

Le roi Rhampsinite possédait un trésor considérable, si grand que, parmi ses successeurs, non seulement pas un ne l'a dépassé, mais aucun n'a pu accumuler, de bien loin, autant de richesses. Soucieux de mettre ce trésor à l'abri des voleurs et pour le tenir en sûreté, il fit bâtir un caveau en pierre de taille, situé sur le côté du palais et de telle façon qu'une des murailles se trouvait en bordure et accessible du dehors. Le maçon qui construisit le caveau s'arrangea pour placer dans ce mur une pierre bien taillée et bien ajustée, si adroitement que deux hommes ordinaires, ou même un seul d'une force au-dessus de la moyenne, pouvaient, sans trop d'effort, la saisir, la tirer et l'ôter de sa place. Lorsque le caveau fut achevé, le roi y fit entasser toutes les richesses de son trésor, satisfait de le croire bien en sécurité. A quelque temps de là, le maçon, sentant approcher la fin de sa vie, fit appeler ses enfants, qui étaient deux fils, et leur révéla comment il avait pourvu à leur avenir en usant d'artifice, et comment le caveau du roi avait été construit de manière à leur permettre de vivre dans l'abondance.

Et après leur avoir clairement expliqué le moyen d'ôter la pierre, et de la remettre ensuite en place, après leur avoir bien recommandé de prendre certaines précautions, qui feraient d'eux en secret les grands trésoriers du roi, il passa de sa vie à trépas. Les enfants, bien entendu, ne tardèrent guère à se mettre en besogne. Ils allèrent de nuit rôder autour du palais du roi, reconnurent aisément la pierre, l'ôtèrent de sa place et emportèrent une bonne somme d'argent. Mais le sort voulut que le roi vint inspecter son caveau ; il fut tout étonné de constater que le niveau de l'or dans ses coffres avait fortement baissé. Il ne savait qui accuser ni qui soupçonner, le sceau apposé par lui-même sur la porte était intact et bien entier, le caveau exactement clos et fermé. Après y être retourné deux ou trois fois, il constata que le contenu des coffres ne cessait pas de diminuer. Alors, pour empêcher les larrons d'agir si librement et de retourner tranquillement chez eux ensuite, il fit fabriquer des pièges et les fit installer auprès des coffres qui contenaient son trésor.

Les voleurs arrivèrent une belle nuit selon leur coutume et l'un deux se glissa dans le caveau ; mais soudain, comme il approchait d'un coffre, il se trouva pris au piège. Se rendant bien compte du danger où il était, il appela vite son frère, lui montra sa piteuse situation et lui conseilla d'entrer dans le caveau pour lui trancher la tête, afin qu'il devint impossible de le reconnaître et que son frère ne fût pas compromis et perdu avec lui. Le frère pensa que le conseil était sage, et il l'exécuta sur-le-champ. Puis il remit la pierre en place et s'en retourna chez lui, en emportant la tête. Quand le jour reparut, le roi entra dans son caveau

Le voilà fort effrayé de voir le corps du larron pris au piège et sans tête, sans qu'il y eût nulle part trace d'entrée ni de sortie. Ne sachant comment se tirer de pareille aventure, le roi imagina de faire pendre le corps du mort sur la muraille de la ville, de la faire surveiller et de charger les gardes d'arrêter et de lui amener toute personne, homme ou femme, qu'ils verraient pleurer auprès du pendu ou s'apitoyer sur le sort du mort sans tête.

Lorsqu'elle vit le corps qui était ainsi troussé, haut et court, la mère, en proie à une grande douleur, ordonna à son fils, le survivant, d'avoir à lui apporter le corps de son frère. Elle le menaça, s'il se refusait à obéir, d'aller trouver le roi et de lui révéler qui pillait son trésor. Le fils, qui connaissait sa mère et qui savait qu'elle prenait les choses à cœur, et que rien ne la ferait changer, quelque remontrance qu'il lui fît, réfléchit et finit par inventer une ruse. Il fit mettre le bât (selle rudimentaire de bête de somme) sur certains ânes qu'il se procura, les chargea d'outres en peau de chèvre, pleines de vin, puis les chassa devant lui. Arrivé auprès des gardes, c'est-à-dire à l'endroit où était le pendu, il délia deux ou trois de ces outres en peau de chèvre, et devant le vin qui coulait à terre, se mit à pousser de grandes exclamations, à se donner de grands coups sur la tête, et à avoir l'air bien empêtré d'un homme qui ne sait par quel bout commencer pour réparer le désastre, ni vers lequel de ses ânes il doit se tourner en premier.

Les gardes, voyant se répandre à terre cette grande quantité de vin, coururent au secours, se disant que recueillir ce vin perdu serait pour eux autant de gagné. Le marchand, derrière les ânes, se mit à leur dire des injures et fit semblant d'être fort en colère. Les gardes furent donc bien polis avec lui, et complaisant ; peu à peu, il s'apaisa et modéra sa colère, et à la fin il détourna ses ânes du chemin pour rafistoler et recharger. La conversation continua de part et d'autre ; de petits propos en petits propos, un des gardes jeta au marchand une bonne plaisanterie dont celui-ci ne fit que rire et même, il finit par leur adjuger une outre de vin. Ils ne tardèrent pas à s'asseoir là et à se mettre à boire, et le marchand leur tint compagnie, et vu leur bonne volonté et leur soif, il leur donna encore le reste de son chargement, et ils burent le contenu de toutes les outres de peau de chèvre, pleines de vin. Quand ils eurent tout bu, ils étaient tous ivres-morts, le sommeil les prit et ils s'endormirent sur place, sans pouvoir bouger.

Le marchand attendit, jusque bien avant dans la nuit, puis alla dépendre le corps de son frère et, se moquant des gardes à son tour, il leur rasa à tous la barbe de la joue droite. Puis, il chargea le corps de son frère sur les ânes, les poussa du côté du logis, et rentra, ayant obéi aux ordres de sa mère. Le lendemain, lorsque le roi fut averti de ce qui s'était passé et qu'il sut comment le corps du larron avait été habilement dérobé, il fut grandement vexé. Voulant à tout prix retrouver celui qui l'avait si finement joué, il chargea une des princesses, sa fille, réputée pour son esprit malin, de rechercher le coupable. Il fut entendu qu'elle attirerait les passants au palais pour bavarder avec eux et qu'elle s'arrangerait pour leur faire dire, en les poussant à se vanter, ce que chacun d'eux avait fait en sa vie de plus prudent et de plus méchant ; et si l'un d'eux racontait le tour du larron, vite, elle devait le saisir et ne pas le laisser partir. La princesse obéit, mais le larron, entendant raconter tout ça, voulut encore jouer au plus fin avec le roi.

Et qu'est-ce qu'il inventa? Il coupa le bras d'un mort récent, et le cachant sous sa robe, il s'achemina vers le palais. Il rendit visite à la princesse et les voilà en grande conversation. Bien entendu, elle lui posa la même question qu'aux autres :" Contez-moi donc ce que vous avez fait dans votre vie, de plus malin et de plus méchant?" Il lui conta donc comment son crime le plus énorme avait été de trancher la tête de son frère pris au piège dans le caveau du roi, et que son action la plus malicieuse avait été d'enivrer les gardes afin de pouvoir dépendre le corps de son frère. La princesse, dès qu'elle eut compris à qui elle avait affaire, tendit la main. Mais le larron lui laissa prendre le bras du mort qu'il avait tenu caché, et tandis qu'elle l'empoignait ferme, il fila. Elle se trouva trompée, car il eut le loisir de sortir et de s'enfuir bien vite.

Quand la chose fut rapportée au roi, il s'étonna, émerveillé de l'astuce et de la hardiesse de cet homme. Il ordonna qu'on fît publier par toutes les villes de son royaume qu'il pardonnait à ce personnage, et que s'il voulait venir se présenter à lui, il lui donnerait de grands biens. Le larron eut confiance en la publication faite au nom du roi et il s'en vint vers lui se déclarer. Quand le roi le vit, il le jugea un oiseau rare, et il lui donna sa fille en mariage comme au plus malin des hommes. N'avait-il pas, en effet, donné la preuve de la malice des Egyptiens qui en remontrent à toutes les nations

Conte n° 3 Le duel de Vérité et Mensonge.

Mensonge réclame à son frère Vérité un couteau merveilleux qu'il lui a prêté ; Vérité ayant égaré celui-ci, Mensonge veut se faire rendre justice par le tribunal de la divine Ennéade.... Mensonge dit à l'Ennéade des dieux : Que l'on amène ici Vérité, et que ses yeux soient rendus aveugles et qu'il devienne désormais le portier de ma maison .L'Ennéade agit conformément à tout ce qu'il avait dit. De nombreux jours, après cela, Mensonge ayant levé les yeux pour regarder constata les qualités de Vérité son frère. Alors, il dit à deux des serviteurs de Vérité : Saisissez-vous de votre maître, et qu'il soit jeté à un lion féroce et des lionnes nombreuses...Ils le saisirent donc, mais tandis qu'ils le soulevaient, Vérité leur dit : Non, ne me saisissez pas... trouvez une autre à ma place...Il semble que la substitution ait pu avoir lieu ; le texte est très endommagé. Après que de nombreux jours encore se furent écoulés, une femme sortit de sa maison avec des servantes ; celles-ci aperçurent Vérité, étendu au pied de la colline ; rien n'était comparable à sa beauté dans le pays tout entier. Elles se rendirent alors au lieu où se tenait la femme, lui disant : Viens donc avec nous afin de voir un aveugle qui a été déposé au pied de la colline ; qu'on l'amène et qu'il devienne le portier de notre maison. La femme dit alors :Qu'on aille donc le chercher afin que je le voie. Une servante partit et le ramena. Lorsque la femme le regarda, elle ressentit très vivement le désir de lui, car elle avait remarqué qu'il était beau dans tout son corps. Durant la nuit, il coucha avec elle, et il la connu comme un homme viril peut connaître une femme ; et cette nuit même elle conçut un petit garçon. Après de nombreux jours ensuite, elle accoucha d'un fils qui n'avait pas son semblable dans le pays tout entier ; il était grand et il avait la façon et la forme d'un dieu. Il fut mis à l'école ; là, il apprit à écrire, excellemment, et il pratiqua tous les exercices virils, de telle sorte qu'il l'emportait sur ses compagnons plus âgés, qui étaient dans l'école avec lui. Un jour, ceux-ci lui dirent :De qui es-tu le fils ? Tu n'as pas de père ! Ils le rendaient malheureux et le tourmentaient :Tu n'as pas de père !Aussi l'adolescent parla à sa mère :Quel est donc le nom de mon père ? Je voudrais le dire à mes camarades, qui me parlent ainsi : "Où est ton père ?" Ces paroles me tourmentant. Sa mère lui dit :Tu vois cet aveugle assis près de la porte : c'est ton père. Elle dit cela en s'adressant à lui. Alors il s'exclama :Il faudrait commander la réunion des membres de ta famille, et que l'on appelât aussi un crocodile. L'adolescent alla chercher son père, le fit asseoir sur une chaise, mit un tabouret sous ses pieds ; il plaça devant lui des pains, afin qu'il pût manger, et fit en sorte aussi qu'il se désaltérât. Puis il parla ainsi à son père : Quel est celui qui t'a rendu aveugle, afin que moi je lui fasse réponse? Son père lui répondit :C'est mon frère qui m'a aveuglé.et il conta à son fils tout ce qui était arrivé ; celui-ci partit alors pour venger son père. Il emporta dix pains, un bâton, une paire de sandales, une outre et une épée ; il emmena aussi un bœuf de belle apparence. Il se mit en route vers le lieu où se trouvait le gardien du troupeau de Mensonge, et dit au berger : Prends pour toi ces dix pains, avec ce bâton, cette outre, cette épée et cette paire de sandales, et tu garderas pour moi ce bœuf jusqu'à ce que je sois de retour de la ville. Après de nombreux jours encore, le bœuf du fils de Vérité ayant passé plusieurs mois avec le berger de Mensonge, celui-ci s'en vint aux champs pour inspecter son troupeau de bœufs. Il aperçut le bœuf laissé par l'adolescent, un bœuf très, très beau d'apparence, et dit à son berger :Que l'on me donne ce bœuf afin que je le mange !Mais le berger lui dit :Il n'est pas à moi, je ne saurai donc te le donner. Alors Mensonge lui dit : Vois, tous mes bœufs, ils sont tous en ta possession, donne l'un d'eux au propriétaire de celui-là. Le jeune homme entendit dire que Mensonge s'était emparé de son bœuf. Il vint aussitôt à l'endroit où se tenait le berger et lui dit :Où est mon bœuf ? Je ne le vois plus au milieu des tiens. Le berger répondit :Tous les bœufs, tous sont pour toi ; emmène celui que tu désires. Le jeune homme dit :Existe-t-il un bœuf aussi grand que le mien? Quand il se tenait debout dans l'île d'Amon, la touffe de sa queue reposait parmi les papyrus, tandis que l'une de ses cornes était sur la colline de l'Occident, l'autre sur la colline de l'Orient, le Nil en sa crue étant la place de son repos, et soixante veaux étaient mis au monde pour lui quotidiennement. Le berger lui dit :Est-il un bœuf aussi grand que celui dont tu parles? Alors le jeune homme se saisit de lui et il l'entraîna jusqu'au lieu où résidait Mensonge, et il traîna celui-ci jusqu'au tribunal, en présence de l'Ennéade divine. Les dieux dirent au jeune homme :Ce ne peut être vrai. Nous n'avons jamais vu un bœuf aussi grand que celui dont tu parles. L'adolescent répondit :Mais existe-t-il un couteau de la taille de celui qui fut en question? Un couteau dont la colline d'Iar constituerait la lame, les arbres de Coptos le manche, la tombe du dieu en serait la gaine, et les troupeaux de Karoy la ceinture. Il dit encore à l'Ennéade divine :Départagez par un jugement Vérité et Mensonge. Je suis le Fils de Vérité et suis venu afin de le venger. Alors Mensonge fit un serment pour le roi - puisse-t-il vivre, être prospère et en bonne santé! - disant :Aussi vrai que dure Amon, aussi vrai que dure le royal régent, puisse-t-on retrouver Vérité en vie! Le jeune homme à son tour fit un serment pour le roi - puisse-t-il vivre, être prospère et en bonne santé ! –Aussi vrai que dure Amon, aussi vrai que dure le royal régent, puisse-t-on retrouver Vérité en vie...!On frappera Mensonge de cent coups, et cinq blessures lui seront infligées ; ses deux yeux seront crevés et il sera placé en qualité de portier dans la Maison de Vérité. Ainsi l'adolescent vengea-t-il son père et fut résolu le litige entre Vérité et Mensonge

CONTE N° 4 L'AMITIÉ DES DEUX CHACALS

Il y a fort longtemps, vivaient dans l'immensité du désert deux chacals qui s'aimaient d'une amitié sincère, un peu comme s'aiment deux frères. Ils s'entraidaient et chacun pouvait compter sur l'autre en cas de coup dur. Ils partageaient les mêmes peines mais aussi les mêmes joies. Ils ne frayaient avec aucun autre animal préférant passer tout leur temps ensemble. Ensemble, ils recherchaient leur nourriture. Ensemble ils buvaient et mangeaient. Ensemble ils se rafraîchissaient à l'ombre des mêmes rares arbres du désert lorsque le soleil les tourmentait de ses rayons trop ardents. Or un jour, alors qu'ils étaient à la recherche de nourriture, l'un à côté de l'autre, sur un terrain aride et brûlé de soleil, ils virent surgissant devant eux un lion affamé qui était lui aussi à la recherche d'une proie. Plutôt que de fuir, les deux amis s'immobilisèrent et firent face à l'ennemi avec opiniâtreté. Le lion fort surpris ne put s'empêcher de leur demander : - Eh bien, pourriez-vous m'expliquer par quel prodige vous ne vous êtes pas enfui à mon approche ? Etes-vous inconscients ? Ne voyez-vous pas que je suis affamé et à la recherche de nourriture ? L'un des deux chacals prit la parole et dit :- Pour sûr, ô seigneur ! Nous sommes fort conscients de cet état de fait. Nous avons vu que tu étais en chasse et que tu allais te jeter sur nous et nous dévorer. Nous avons cependant décidé de ne pas fuir. Quoi que nous fassions, aussi vite que nous puissions courir, tu nous rattraperais. Nous avons donc décidé de ne pas fuir. Nous préférons que tu ne sois pas épuisé au moment où tu décideras de nous dévorer. Nous préférons mourir rapidement et non souffrir par une mort lente. Le lion qui avait écouté avec attention les paroles du chacal lui dit : - Le roi des animaux n'est pas en colère d'entendre des paroles sincères. Il sait reconnaître le courage et l'audace de ses sujets. Il se doit d'être grand et généreux envers ses sujets sans défense. Sur ce, le roi du désert disparut et depuis ce jour-là il accorda la paix aux chacals.

Conte n° 5 : La Femme Adultère

Alors le fils du roi, Khephren, se leva pour parler et dit : « je vais raconter à Ta Majesté une histoire merveilleuse qui est arrivée au temps de ton père, le roi Nebka, juste de voix, un jour qu'il procédait vers le temple de Ptah à Ankh-Taoui. Lorsque Sa Majesté se rendait en ce lieu, il demandait que l'accompagnât le prêtre lecteur en chef Oubaoner. Or la femme de celui-ci... (*Deux lignes ont disparu. Elles devaient décrire la séduction de l'épouse d'Oubaoner par un homme vil*)

Elle fit porter à cet homme un coffre rempli de vêtements... et il s'en vint alors en compagnie de la servante. Des jours après cela, comme il y avait un pavillon de plaisance dans le jardin d' Oubaoner, le vilain dit à l'épouse de celui-ci : « N'a-t-il pas un pavillon ? Allons donc y passer un moment ». La femme parla donc à l'intendant qui était chargé de l'entretien du jardin : « fais préparer le pavillon de plaisance ». Puis elle s'y rendit et y passa le jour à boire ; ...l'homme vil descendit dans l'étang...

Après que la terre se fut de nouveau éclairée, un second jour étant venu... (*Nouveau passage assez mutilé. On comprend que l'intendant du jardin prévient son maître Oubaoner de ces évènements*). Celui-ci lui dit : « apporte-moi mon coffret de bois d'ébène et d'or. Et il fabriqua un crocodile de cire, de sept pouces de long. Il récita sur lui une formule magique : « Quiconque viendra pour se baigner dans mon étang, saisis-le et notamment ...cet homme vil ». Puis il le donna au serviteur en lui disant : « après que cet homme de peu sera descendu dans l'étang, selon sa coutume de chaque jour, alors tu jetteras le crocodile derrière lui ». Le serviteur s'en revint, emportant avec lui l :e crocodile de cire.

La femme d'Oubaoner dit à l'intendant chargé de l'entretien du jardin : « Fais préparer le pavillon de plaisance qui est près de l'étang, car je vais venir m'y reposer ». Le pavillon fut alors pourvu de toutes sortes de belles et bonnes choses. Ils s'y rendirent et y passèrent un jour heureux – ceci en compagnie de l'homme vil. Lorsque la nuit fut venue, celui-ci suivit sa coutume et descendit dans l'étang. Alors le serviteur jeta le crocodile de cire, derrière lui, dans l'eau. L'animal devint soudain un crocodile de sept coudées qui se saisit du vilain.

Oubaoner demeura avec la Majesté du roi de Haute et Basse Egypte, Nebka juste de voix, pendant sept jours, tandis que le vilain était au fond de l'étang, sans pouvoir respirer. Après ces sept jours, le roi de Haute et Basse Egypte, Nebka, juste de voix, se mit en route... Le prêtre-lecteur en chef, Oubaoner se plaça devant lui et lui dit : « Que ta Majesté vienne voir une merveille survenue en son temps ! Le roi alla avec Oubaoner ; celui-ci héla le crocodile, lui disant : « Amène jusqu'à moi le vilain... ». Alors la Majesté du roi de Haute et Basse Egypte, juste de voix, dit : « Assurément, ce crocodile est terrible ». Oubaoner se baissa, saisit l'animal, qui redevint dans sa main un crocodile de cire. Le prêtre-lecteur en chef conta alors au roi de Haute et Basse Egypte, Nebka, juste de voix, ce qu'avait commis cet homme vil dans sa propre maison avec sa femme, Sa Majesté dit le crocodile : « Emporte ce qui est désormais ton bien ! ». Et le crocodile redescendit dans le fond de l'étang, et l'on ne sut jamais où il était allé avec sa prise.

Puis le roi de Haute et Basse Egypte, Nebka juste de voix, fit saisir l'épouse d'Oubaoner, qui fut conduite sur un terrain sis au nord de la résidence royale. Il la fit brûler et ses cendres furent jetées dans le fleuve.

Vois ceci est une histoire merveilleuse qui fut accomplie au temps de ton père, le roi de Haute et Basse Egypte, Kheops, juste de voix, dit : « Que l'on donne en offrande mille pains, cent cruches de bière, un bœuf et deux mesures d'encens au roi de Haute et Basse Egypte, Nebka, juste de voix. En même temps, que l'on donne un pain, une cruche de bière, un morceau de viande et une mesure d'encens au prêtre-lecteur en chef Oubaoner, car j'ai pu constater un exemple de son savoir magique ». Et l'on agit conformément à tout ce que Sa Majesté avait ordonné.

Conte n°6 La boucle de la rameuse

Alors Baouefrê se leva pour parler et dit : " Je vais faire que Ta Majesté puisse avoir connaissance d'une autre histoire merveilleuse, qui est arrivée au temps de ton père, le roi Snefrou, juste de voix, et qui fut le fait du prêtre-lecteur en chef Djadjaemankh ... quelque chose qui n'était encore jamais arrivé...

Un jour, le roi Snefrou parcourait toutes les pièces de son palais royal, à la recherche de quelque distraction et ne la trouvait point. Il dit alors : " Allez et amenez jusqu'à moi le prêtre-lecteur en chef, le rédacteur des livres sacrés, Djadjaemankh ". Il lui fut amené sur le champ. Sa Majesté lui dit alors : " J'ai parcouru toutes les pièces du palais royal - qu'il soit vivant, prospère et en bonne santé ! - à la recherche de quelque distraction, et ne l'ai point trouvée. " Djadjaemankh lui répondit : " Que Ta Majesté procède donc vers l'étang du Palais royal. Là, on équipera pour toi une barque avec toutes les jolies filles qui appartiennent aux appartements privés de ton palais. Alors le cœur de Ta Majesté ne cessera de se divertir, tandis que tu les contempleras en train de ramer de ci, de là. Tu pourras voir aussi le bonheur des nids que recèle ton étang, tu verras les champs qui le bordent et ses fourrés heureux ; et ton cœur sera distrait à cause de tout cela ". - (Le roi :) " Je vais assurément organiser une partie de bateau. Que l'on m'apporte vingt rames faites de bois d'ébène et recouvertes d'or ; leurs poignées seront en bois de santal, recouvert d'or fin également. Qu'on amène aussi vingt femmes, dont le corps soit des plus beaux, que soit belle aussi leur poitrine, et bien tressée leur chevelure, des femmes que l'accouchement n'a point encore ouvertes ; qu'on leur donne, en même temps, vingt résilles, après qu'elles auront déposé leurs vêtements. " Et l'on agit conformément à tous les ordres qu'avait prononcés Sa Majesté.

Les voilà donc qui se mettent à ramer de ci, de là, et le cœur de Sa Majesté était heureux de les voir ainsi. Soudain, l'une d'entre elles, qui était à l'arrière du bateau, se mit à tresser sa natte ; et une boucle d'oreille, en forme de poisson, faite de turquoise neuve, tomba dans l'eau ; alors la jeune fille ne bougea plus, s'arrêtant même de ramer, et ses compagnes de rang firent de même. Sa Majesté dit : " Pourquoi ne ramez-vous plus ? " Elles répondirent : " C'est que notre 'commandant' s'est arrêtée ". Sa Majesté dit alors à celle-ci : " Pourquoi ne veux-tu plus ramer ? " Elle répondit : " Ma boucle d'oreille faite de turquoise neuve est tombée dans l'eau... " Sa Majesté : " Je te la remplacerai ". La jeune fille : " C'est celle-ci que j'aime et non sa semblable ". Sa Majesté dit alors : " Que l'on amène jusqu'à moi le prêtre-lecteur en chef Djadjaemankh " ; il lui fut amené aussitôt. Sa Majesté lui dit : " Djadjaemankh, mon frère, j'ai agi conformément à ce que tu m'as dit, et le cœur de Ma Majesté s'est diverti à contempler ces rameuses. Mais la boucle d'oreille, faite de turquoise neuve, appartenant au 'commandant', est tombée dans l'eau ; celle-ci s'est alors arrêtée, ne voulant plus ramer. Le trouble a gagné ses compagnes de rang. Je lui ai dit : " Pourquoi ne veux-tu plus ramer ? " Elle m'a répondu : " C'est que ma boucle d'oreille faite de turquoise neuve est tombée dans l'eau ". Je lui ai dit : " Rame donc. Vois, je te la remplacerai. Mais elle m'a dit alors qu'elle préférait celle-ci à une autre semblable ".

Alors le prêtre-lecteur en chef, Djadjaemankh, prononça les formules magiques qui étaient de sa connaissance. Il put alors placer la moitié de l'eau de l'étang sur l'autre moitié et il découvrit la boucle d'oreille gisant sur un fragment de roche ; il la prit et la rendit à sa propriétaire. Quant à l'eau de l'étang, qui mesurait primitivement douze coudées de profondeur en son centre, sa profondeur devint de vingt-quatre coudées après qu'elle eut été renversée (une moitié placée au-dessus de l'autre). Puis Djadjaemankh, à nouveau, prononça les formules magiques de sa connaissance et rétablit l'eau de l'étang en sa situation antérieure.

Sa Majesté, ensuite, passa un heureux jour en compagnie de toute la maison royale - puisse-t-elle être vivante, prospère et en bonne santé !- et il récompensa le prêtre-lecteur en chef Djadjaemankh au moyen de toutes sortes de belles et bonnes choses.

Vois, ceci est une histoire merveilleuse qui est arrivée au temps de ton père, le roi de Haute et Basse Égypte, Snefrou, juste de voix, et qui fut le fait du prêtre-lecteur en chef, rédacteur des livres sacrés, Djadjaemankh ".

Alors la Majesté du roi de Haute et Basse Égypte, Kheops, juste de voix, dit : " Que l'on donne en offrande mille pains, cent cruches de bière, un bœuf et deux mesures d'encens à la Majesté du roi de Haute et Basse Égypte, Snefrou, juste de voix. En même temps, que l'on donne un pain, une cruche de bière et une mesure d'encens au prêtre-lecteur en chef, rédacteur des livres sacrés, Djadjaemankh, car j'ai pu constater un exemple de son savoir magique ". Et l'on agit conformément à tout ce que Sa Majesté avait ordonné.

Conte n°7 le Pharaon et le tisserand

Près du Palais ou chaque matin le Pharaon Sesostris recevait les plaintes de ses sujets et rendait la justice, vivait un pauvre tisserand, du nom de Khounare . Il travaillait tout le jour à l'ombre de son figuier, avec entrain et sérieux

Mais l'étoffe de chanvre qu'il tissait était rude et sa faim si grande qu'il acceptait de vendre ce tissu aux paysans pour une "bouchée de pain ". Pour autant il ne se plaignait jamais de son sort : bien au contraire il louait les dieux de lui obtenir régulièrement de la besogne et de lui préserver jeunesse et sante pour vivre pleinement la condition assignée par le destin.

Or, en plein hiver, il remarqua pour la première fois que son figuier portait des fruits. Il en compta dix, disséminés dans la ramure : aussitôt il remercia le dieu Ré de ce cadeau inattendu et se remit a sa tâche quotidienne sans se troubler ni se divertir d'un pareil événement.

L'un des jours suivants, Tehouti, fils d'Asari, paysan du domaine de Pharaon, habituellement un peu plus attentif au courage et au talent de Khounare que la plupart des autres clients du tisserand, s'arrêta près du figuier ; comme à chaque fois qu'il venait commander une toile, il s'interrogea sur l'efficacité de la dernière crue du Nil pour la récolte annuelle des céréales.

Pendant cette conversation, le tisserand remarqua vite l'air plus soucieux que d'ordinaire de son client ; il s'enquit alors de la cause d'un visage aussi sombre ; l'autre se confia aussitôt, comme soulage de pouvoir partager sa détresse : son unique fille, Baiti, était son seul soutien pour cultiver son champ et tenir sa maison, depuis le décès déjà lointain de son épouse, et voilà qu'elle se mourait d'une mauvaise fièvre, après avoir pris froid dans un vent plus glacial que de coutume.

Sans connaitre la jeune femme, Khounare sentit de la compassion pour elle et son père. Il chercha rapidement ce qu'il pourrait trouver pour leur apporter son aide; machinalement, il tourna la tête vers le feuillage de son figuier et vit que l'une des dix figues découvertes la semaine précédente semblait mure à point.

Immédiatement, il se lève, la cueille et la tend au paysan : " Offre-la à ta fille, afin qu'elle goute quelques derniers plaisirs avant de mourir. Et si elle vit encore par la grâce de Thot dont la magie divine permet les guérisons, reviens demain en chercher une autre qui devrait à son tour être parvenue à maturité".

Heureux et reconnaissant du cadeau, le fellah s'en fut sans tarder. De retour chez lui, il déchira précautionneusement de menus lambeaux du fruit précieux pour les glisser au fur et à mesure entre les lèvres desséchées de sa fille, inconsciente, qui n'avait plus mange depuis quatre jours et régurgitait l'eau pure dont Tehouti avait tenté de la désaltérer; sans se décourager, il poussa entre les dents qui claquaient mécaniquement chaque morceau de chair violette et parfumée, avec l'espoir qu'il fondrait pour régénérer le corps exsangue de la mourante. A la deuxième bouchée, les violents frissons qui tordaient la malheureuse cessèrent soudain.

Le fellah continua l'opération, puis resta debout, immobile, a veiller sa chère fille en invoquant le secours d'Horus, roi des vivants; il suppliait aussi le père de ce dernier, Osiris, souverain des morts, d'attendre encore avant d'attirer Baiti dans son royaume. Ces prières parurent exaucées puisque la malade, après une légère déglutition, poussa un profond soupir et tomba dans le sommeil.

Le lendemain dès l'aube, Tehouti courut auprès de Khounare, qui se réjouit du mieux-être procure par la première figue.

De jour en jour et de figue en figue , l'état de la jeune fille ne cessa de s'améliorer : sa respiration fut régulière et paisible , libérée du râle rauque de l'agonie, le deuxième jour; le troisième, elle murmura " mon père " en ouvrant les yeux avec un sourire; elle retrouva des couleurs généralisées le quatrième ; le cinquième, elle put tendre la main vers celle de son père en balbutiant merci; elle mastiqua le fruit avec gourmandise le sixième jour et le septième, elle attend le fellah assise sur sa couche, toute rose et les yeux vifs : elle lui ouvre les bras, puis glisse elle-même derrière ses dents la septième figue, plus charnue et plus parfumée que les précédentes, avant de déclarer la bouche pleine qu'elle se sent revivre, prête à se lever....

Oui, mais voilà, depuis le quatrième jour, devant l'amélioration de la sante de sa fille, le paysan n'avait pu taire sa joie ni sa reconnaissance pour le tisserand : il en avait parlé à ses voisins les plus proches, qui a leur tour avaient transmis les bonnes nouvelles dès qu'elles leur parvenaient.

Hélas, le bonheur ne préserve pas des méchants ni des envieux ! Le chef des pourvoyeurs de Pharaon, Marouitensi, eut vent de cette convalescence et de la possession par un vulgaire tisserand de dix figues prodiguant leur pulpe juteuse et sucrée en plein hiver : " Comment ? Ce gueux n'a même pas proposé ces fruits au Pharaon, selon la bienséance ? Il les a gardés pour une souillon, une fille de basse classe ! Quel sacrilège ! La dégustation exceptionnelle revenait de plein droit à Sésostris et à son entourage.»

Khounare fut donc arrête et jeté dans une geôle souterraine, tandis que les trois magnifiques figues restant sur l'arbre étaient cueillies et portées à Pharaon au nom de l'intendant Marouitensi, qui, en remerciement de son cadeau original et apprécie, reçut une bourse bien remplie.

Pourtant, tous n'oublièrent pas le tisserand : Tehouti et ses voisins constatant son absence anormale et la disparition des trois dernières figues, interrogèrent en vain les soldats de garde; alors ils se réunirent et bâtirent un projet pour sauver Khounare. Ils décidèrent de s'asseoir à terre devant l'entrée du palais; l'intendant constata avec fureur qu'on ne livrait plus ni fruits ni légumes pour son maitre. Les paysans se laissèrent trainer par les soldats dans la poussière de l'esplanade, mais ne reprirent pas le chemin de leur champ ou jardin. Bientôt, sur l'ordre de Marouitensi gonfle de rage, les manifestants solidaires furent à leur tour enfermes dans des cachots, sauf Tehouti qu'un pressentiment avait poussé à se plaquer contre le mur extérieur du palais, à l'écart de ses compagnons, dissimule par l'obscurité de la nuit tombante.

Le matin suivant, anonyme parmi les sujets venus réclamer justice au Pharaon, Tehouti pénètre dans le palais et, dès que son tour survient, se prosterne devant le trône, raconte brièvement son histoire avant de présenter sa requête : que les fellahs et Khounare recouvrent leur liberté.

Quelques instants plus tard, devant tous les amis du tisserand, Pharaon lui rend justice, puis lui demande de quitter son figuier et ses clients paysans pour consacrer son art au tissage des parures royales.

Humblement, Khounare remercie Sesostris de cet honneur mais avoue qu'il préfère rester auprès de son figuier qui lui a procure la joie d'offrir du bonheur a d'autres; il désire aussi continuer d'être à la disposition de ceux qui se sont mobilisés pour le délivrer.

Alors la Reine se penche a l'oreille de son époux: elle suggère un compromis, aussitôt approuve par Pharaon et accepte par le tisserand. On bâtirait une enceinte autour du figuier miraculeux et dans cet enclos sacre, un oratoire dédie à Rê; Khounare en serait le gardien, abrite avec son métier à tisser dans une confortable maison de briques crues, avec terrasse; en échange, l'artisan devrait se rendre la première moitié de chaque mois au palais ou lui serait réservée une grande salle, pour y réaliser les commandes de la Cour, généreusement rémunérées, et former des apprentis après avoir sélectionné les plus doués des adolescents pauvres de la région.

Ainsi fut fait.

Entre temps, Tehouti le fidèle fut nommé chef des pourvoyeurs a la place du brutal et peu scrupuleux Marouitensi.

Or, quand on publia l'avis de recrutement pour l'apprentissage, Baiti voulut se présenter. Les yeux rehaussés d'un trait de khol noir, les formes juvéniles valorisées par un fourreau de lin blanc à larges bretelles et l'âme confortée par l'amulette en forme de scarabée dont le bleu brillait sur sa gorge, elle chemina vers le palais...... et Khounare. Là, les deux jeunes gens, inconnus l'un pour l'autre, mais déjà lies par la générosité de l'un et la maladie de l'autre, succombèrent a un coup de foudre amoureux réciproque.

Apres leur union bénie par les prêtres de la Cour sous la bienveillante protection de Sesostris, les deux nouveaux époux se retirent et se recueillent main dans la main sous le figuier. Machinalement, ils lèvent la tête et remarquent que, de nouveau, l'arbre porte des fruits: ils en comptent vingt.

Conte n°8 : Le Prince prédestiné

Il y avait une fois un roi, à qui il ne naissait pas d'enfant mâle. Son cœur en fut tout attristé ; il demanda un garçon aux dieux de son temps et ils décrétèrent de lui en faire naître un. Il coucha avec sa femme pendant la nuit, et alors elle conçut ; accomplis les mois de la naissance, voici que naquit un enfant mâle. Quand les Hathors vinrent pour lui destiner un destin, elles dirent : Qu'il meure par le crocodile, ou par le serpent, voire par le chien ! Quand les gens qui étaient avec l'enfant l'entendirent, ils l'allèrent dire à Sa Majesté, v. s. f., et Sa Majesté, v. s. f., en eut le cœur tout attristé. Sa Majesté, v. s. f., lui fit construire une maison de pierre sur la montagne, garnie d'hommes, et de toutes les bonnes choses du logis du roi, v. s. f., car l'enfant n'en sortait pas. Et quand l'enfant fut grand, il monta sur la terrasse de sa maison, et il aperçut un lévrier qui marchait derrière un homme qui allait sur la route. Il dit à son page qui était avec lui : Qu'est-ce qui marche derrière l'homme qui chemine sur la route ? Le page lui dit : C'est un lévrier ! L'enfant lui dit : Qu'on m'en apporte un tout pareil ! Le page l'alla redire à Sa Majesté, v. s. f., et Sa Majesté, v. s. f., ,dit : Qu'on lui amène un jeune chien courant, de peur que son cœur ne s'afflige ! Et, voici, on lui amena le lévrier.

Et, après que les jours eurent passé là-dessus, quand l'enfant eut pris de l'âge en tous ses membres, il envoya un message à son père, disant : Allons ! Pourquoi être comme les fainéants ? Puisque je suis destiné à trois destinées fâcheuses, quand même j'agirais selon ma volonté, Dieu n'en fera pas moins ce qui lui tient au cœur ! On écouta tout ce qu'il disait, on lui donna toute sorte d'armes, on lui donna aussi son lévrier pour le suivre, on le transporta à la côté orientale, on lui dit : Ah ! Va où tu désires ! Son lévrier était avec lui ; il s'en alla donc, selon son caprice, à travers le pays, vivant des prémices de tout le gibier du pays. Arrivé pour s'envoler vers le prince de Naharinna, voici, il n'était point né d'enfant au prince de Naharinna, mais seulement une fille. Or, lui ayant construit une maison dont les soixante-dix fenêtres étaient éloignées du sol de soixante-dix coudées, il se fit amener tous les enfants des princes du pays de Kharou, et il leur dit : Celui qui atteindra la fenêtre de ma fille, elle lui sera donnée pour femme !

Or, beaucoup de jours après que ces événements furent accomplis, tandis que les princes de Syrie étaient à leur occupation de chaque jour, le prince d'Égypte étant venu à passer à l'endroit où ils étaient, ils conduisirent le prince à leur maison, ils le mirent au bain, ils donnèrent la provende à ses chevaux, ils firent toutes sortes de choses pour le prince : ils le parfumèrent, ils lui oignirent les pieds, ils lui donnèrent ide leurs pains, ils lui dirent en manière de conversation : D'où viens-tu, bon jeune homme ? Il leur dit : Moi, je suis fils d'un soldat des chars du pays d'Égypte. Ma mère mourut, mon père prit une autre femme. Quand survinrent des enfants, elle se mit à me haïr, et je me suis enfui devant elle. Ils le serrèrent dans leurs bras, ils le couvrirent de baisers. Or, après que beaucoup de jours eurent passé là-dessus, il dit aux princes : Que faites-vous donc ici ? Ils lui dirent : Nous passons notre temps à faire ceci : nous nous envolons, et celui qui atteindra la fenêtre de la fille du prince de Naharinna, on la lui donnera pour femme. Il leur dit : S'il vous plaît, je conjurerai mes jambes et j'irai m'envoler avec vous. Ils allèrent s'envoler comme c'était leur occupation de chaque jour, et le prince se tint éloigné pour voir, et la figure de la fille du chef de Naharinna se tourna vers lui. Or, après que les jours eurent passé là-dessus, le prince s'en alla pour s'envoler avec les enfants des chefs, et il s'envola, et il atteignit la fenêtre de la fille du chef de Naharinna ; elle le baisa et elle l'embrassa dans tous ses membres.

On s'en alla pour réjouir le cœur du père de la princesse, et on lui dit : Un homme a atteint la fenêtre de ta fille. Le prince interrogea le messager, disant : Le fils duquel des princes ? On lui dit : Le fils d'un soldat des chars, venu en fugitif du pays d'Égypte pour échapper à sa belle-mère, quand elle eut des enfants. Le prince de Naharinna se mit très fort en colère. Il dit : Est-ce que moi je donnerai ma fille au transfuge du pays d'Égypte ? Qu'il s'en retourne ! On alla dire au prince : Retourne-t-en au lieu d'où tu es venu. Mais la princesse le saisit, et elle jura par Dieu, disant : Par la vie de Phrâ Harmakhis ! Si on me l'arrache, je ne mangerai plus, je ne boirai plus, je mourrai sur l'heure. Le messager alla pour répéter tous les discours qu'elle avait tenus à son père ; et le prince envoya des gens pour tuer le jeune homme, tandis qu'il était dans sa maison. La princesse leur dit : Par la vie de Phrâ ! Si on le tue, au coucher du soleil, je serai morte ; je ne passerai pas une heure de vie, plutôt que de rester séparée de lui ! On l'alla dire à son père. Le prince fit amener le jeune homme avec la princesse. Le jeune homme fut saisi de terreur, quand il vint devant le prince, mais celui-ci l'embrassa, il le couvrit de baisers, il lui dit : Conte-moi qui tu es, car voici, tu es pour moi un fils ! Le jeune homme dit : Moi, je suis l'enfant d'un soldat des chars du pays d'Égypte. Ma mère mourut, mon père prit une autre femme. Elle se mit à me haïr, et moi je me suis enfui devant elle. Le chef lui donna sa fille pour femme ; il lui donna une maison, des vassaux, des champs, aussi des bestiaux, et toute sorte de bonnes choses.

Or, après que les jours eurent passé là-dessus, le jeune homme dit à sa femme : Je suis prédestiné à trois destins, le crocodile, le serpent, le chien. Elle lui dit : Qu'on tue le chien qui court avant toi. Il lui dit : « S'il te plaît, je ne tuerai pas mon chien que j'ai élevé quand il était petit ! Elle craignit pour son mari beaucoup, beaucoup, et elle ne le laissa plus sortir seul. Or, il arriva qu'on désire voyager : on conduisit le prince vers la terre d'Égypte, pour s'y promener à travers le pays. Or voici, le crocodile du fleuve sortit du fleuve, et il vint au milieu du bourg où était le prince. On l'enferma dans un logis où il y avait un géant. Le géant ne laissait point sortir le crocodile, mais quand le crocodile dormait, le géant sortait pour se promener ; puis quand le soleil se levait, le géant rentrait dans le logis, et cela tous les jours, pendant un intervalle de deux mois de jours. Et, après que les jours eurent passé là-dessus, le prince resta pour se divertir dans sa maison. Quand la nuit vint, le prince se coucha sur son lit et le sommeil s'empara de ses membres. Sa femme emplit un vase de lait et le plaça à côté d'elle. Quand un serpent sortit de son trou pour mordre le prince, voici, sa femme se mit à veiller sur son mari minutieusement. Alors les servantes donnèrent du lait au serpent ; il en but, il s'enivra, il resta couché le ventre en l'air, et la femme le mit en pièces avec des coups de sa hache. On éveilla le mari, qui fut saisi d'étonnement, -et elle lui

-dit : Vois ! Ton dieu t'a donné un de tes sorts entre tes mains ; il te donnera les autres. Il présenta des offrandes au dieu, il l'adora et il exalta sa puissance tous les jours de sa vie.

Et après que les jours eurent passé là-dessus, le prince sortit pour se promener dans le voisinage de son domaine ; et comme il ne sortait jamais seul, voici son chien était derrière lui. Son chien prit le champ pour poursuivre du gibier, et lui il se mit à courir derrière son chien. Quand il fut arrivé au fleuve, il descendit vers le bord du fleuve à la suite de son chien, et alors sortit le crocodile et l'entraîna vers l'endroit où était le géant. Celui-ci sortit et sauva le prince, alors le crocodile, il dit au prince : Ah, moi, je suis ton destin qui te poursuit ; quoique tu fasses, tu seras ramené sur mon chemin (?) à moi, toi et le géant. Or, vois, je vais te laisser aller : si le... tu sauras que mes enchantements ont triomphé et que le géant est tué ; et si tu vois que le géant est tué, tu verras ta mort !

Et quand la terre se fut éclairée et qu'un second jour fut, lorsque vint...

La prophétie du crocodile est trop mutilée pour que je puisse en garantir le sens exact. On devine seulement que le monstre pose à son adversaire une sorte de dilemme fatal : ou le prince remplira une certaine condition et alors il vaincra le crocodile, ou il ne la remplira pas et alors il verra sa mort. M. Ebers a restitué cet épisode d'une manière assez différente. Il a supposé que le géant n'avait pas pu délivrer le prince, mais que le crocodile proposait à celui-ci de lui faire grâce sous de certaines conditions.

Tu vas me jurer de tuer le géant ; si tu t'y refuses, tu verras la mort. Et quand la terre se fut éclairée et qu'un second jour fut, le chien survint et vit que son maître était au pouvoir du crocodile. Le crocodile dit de nouveau : Veux-tu me jurer de tuer le géant ? Le prince lui répondit : Pourquoi tuerais-je celui qui a veillé sur moi ? Le crocodile lui dit : Alors que ton destin s'accomplisse ! Si, au coucher du Soleil, tu ne me prêtes point le serment que j'exige, tu verras ta mort. Le chien ayant entendu ces paroles, courut à la maison et il trouva la fille du prince de Naharinna dans les larmes, car son mari n'avait pas reparu depuis la veille. Quand elle vit le chien seul, sans son maître, elle pleura à haute voix et elle se déchira la poitrine, mais le chien la saisit par la robe et il l'attira vers la porte comme pour l'inviter à sortir. Elle se leva, elle prit la hache avec laquelle elle avait tué le serpent, et elle suivit le chien jusqu'à l'endroit de la rive où se tenait le géant. Alors elle se cacha dans les roseaux et elle ne but ni ne mangea, mais elle ne fit que prier les dieux pour son mari. Quand le soir fut arrivé, le crocodile dit de nouveau : Veux-tu me jurer de tuer le géant, sinon je te porte à la rive et tu verras ta mort. Et il répondit : Pourquoi tuerais-je celui qui a veillé sur moi ? Alors le crocodile l'emmena vers l'endroit où se tenait la femme, et elle sortit des roseaux, et, voici, comme le crocodile ouvrait la gueule, elle le frappa de sa hache et le géant se jeta sur lui et l'acheva. Alors elle embrassa le prince et elle lui dit : Vois, ton dieu t'a donné le second de tes sorts entre tes mains il te donnera le troisième. Il présenta des offrandes au dieu, il l'adora et il exalta sa puissance tous les jours de sa vie.

Et après que les jours eurent passé là-dessus, les ennemis pénétrèrent dans le pays. Car les fils des princes du pays de Kharou, furieux de voir la princesse aux mains d'un aventurier, avaient rassemblé leurs fantassins et leurs chars, ils avaient anéanti l'armée du chef de Naharinna, et ils avaient fait le chef prisonnier. Comme ils ne trouvaient pas la princesse et son mari, ils dirent au vieux chef : Où est ta fille et ce fils d'un soldat des chars du pays d'Égypte à qui tu l'as donnée pour femme ? Il leur répondit : Il est parti avec elle pour chasser les bêtes du pays, comment saurais-je où ils sont ? Alors ils délibérèrent et ils se dirent les uns aux autres : « Partageons-nous en petites bandes et allons de çà et de là par le monde entier, et celui qui les trouvera, qu'il tue le jeune homme et qu'il fasse de la femme ce qu'il lui plaira. Et ils s'en allèrent les uns à l'Est, les autres à l'Ouest, au Nord, au Sud, et ceux qui étaient allés au Sud parvinrent au pays d'Égypte, à la même ville où le jeune homme était avec la fille du chef de Naharinna. Mais le géant les vit, il courut vers le jeune homme et il lui dit : Voici, sept fils des princes du pays de Kharou approchent pour te chercher. S'ils te trouvent, ils te tueront et ils feront de ta femme ce qu'il leur plaira. Ils sont trop nombreux pour qu'on puisse leur résister : fuis devant eux, et moi, je retournerai chez mes frères. Alors le prince appela sa femme, il prit son chien avec lui, et tous ils se cachèrent dans une grotte de la montagne. Ils y étaient depuis deux jours et deux nuits, quand les fils des princes de Kharou arrivèrent avec beaucoup de soldats et ils passèrent devant la bouche de la caverne, sans qu'aucun d'eux n'aperçût le prince ; mais comme le dernier d'entre eux approchait, le chien sortit contre lui et il se mit à aboyer. Les fils des princes, de Kharou le reconnurent, et ils revinrent sur leurs pas pour pénétrer dans la caverne. La femme se jeta devant son mari pour le protéger, mais voici, une lance la frappa et elle tomba morte devant lui. Et le jeune homme tua l'un des princes de son épée, et le chien en tua un autre de ses dents, mais ceux qui restaient les frappèrent de leurs lances et ils tombèrent à terre sans connaissance. Alors les princes traînèrent les corps hors de la caverne et ils les laissèrent étendus sur le sol pour être mangés : des bêtes sauvages et des oiseaux de proie, et ils partirent pour aller rejoindre leurs compagnons : et, pour partager avec eux les terres du chef de Naharinna.

Et voici, quand le dernier des princes se fut retiré, le jeune homme ouvrit les yeux et il vit sa femme étendue par terre, à côté de lui, comme morte, et le cadavre de son chien. Alors il gémit et il dit : En vérité les dieux accomplissent immuablement ce qu'ils ont décrété par avance. Les Hathors avaient décidé, dès mon enfance, que je périrais par le chien, et voici, leur arrêt a été exécuté ; car c'est le chien qui m'a livré à mes ennemis. Je suis prêt à mourir, car, sans ces deux êtres qui gisent à côté de moi, la vie m'est insupportable. Et il leva les mains, au ciel et s'écria : Je n'ai point péché contre vous, ô dieux ! C'est pourquoi accordez-moi une sépulture heureuse en ce monde et la voix juste devant les juges de l'Amentît. Il retomba comme mort, mais les dieux avaient entendu sa voix, et la neuvaine des dieux vint vers lui et Râ-Harmakhis dit à ses compagnons : Le destin s'est accompli, maintenant donnons une vie nouvelle à ces deux époux, car il convient de récompenser dignement le dévouement dont ils ont fait preuve l'un pour l'autre. Et la mère des dieux approuva de la tête les paroles de Râ-Harmakhis et elle dit : Un tel dévouement mérite une très grande récompense. Les autres dieux en dirent autant, puis les sept Hathors s'avancèrent et elles dirent : Le destin est accompli : maintenant qu'ils reviennent à la vie ! Et ils revinrent à la vie sur l'heure.

CONTE N° 9 : LE PRINCE

Il y a bien longtemps, dans un village vivait un homme riche qui avait un fils unique. En revenant de se promener dans le village, le jeune prince aperçoit trois enfants qui jouent chacun avec un petit animal : un petit charognard, un petit chien et un petit chat. Le jeune prince leur demande : « Pourquoi maltraitez-vous ces petits animaux? Laissez-les ! »

Les enfants lui demandent : « C'est parce que nous sommes des petits que tu nous dis ça ? »

Le prince leur dit : « Je vais vous les acheter. »

Les enfants acceptent. Le prince donne une poignée d'or à chacun, prend les bêtes et revient à la maison. Sa maman veut le chasser à cause de ces bêtes, mais le papa, le roi, s'y oppose en disant à sa femme : « Il ne faut jamais chasser un enfant à cause de ce qu'il ramène de sa promenade ! »

Quelques temps après, le papa meurt et le petit reste avec ses bêtes et sa mère. Au bout de quelques années, ils ont fini de dépenser l'or et l'argent que le roi leur a laissés. La souffrance frappe à leur porte, mais personne ne les approche ni ne les considère. Le prince fabrique un lance-pierre pour nourrir sa mère et ses animaux. Chaque jour, il part tuer des oiseaux : un pour le chaton, un pour le petit charognard, un pour le petit chien, un pour sa mère, et le cinquième pour lui-même. S'il en tue quatre, il en donne un à chaque animal et partage le quatrième entre lui et sa mère. Si le partage est impossible, c'est lui et sa mère qui dorment à jeun, mais chaque fois sa mère se met à se plaindre.

Un jour, le prince fait une mauvaise chasse et ne rapporte même pas un oiseau. Il revient s'asseoir et regarde ses petits animaux; il ne sait que faire ni où trouver à leur donner à manger. Ce jour-là, le petit charognard dit à ses compagnons : « Aujourd'hui, notre tuteur a le cœur triste car il n'a rien pour nous, mais je vais l'aider. » Il part dire au prince : « Aujourd'hui, je vais t'aider, je vais te conduire chez moi, dans mon village. » Le prince est d'accord et va avertir sa mère qui lui dit : « Qu'est-ce que j'ai à voir avec tes promenades inutiles ? »

Le petit charognard dit : « Ferme les yeux ! » Et quand le prince les ouvre à nouveau, il se voit dans un endroit inconnu, au milieu d'un troupeau de charognards qui l'accueillent comme un roi. Après l'avoir salué, ils se retirent en le laissant avec son petit charognard qui lui dit : « Mon père et ma mère vont venir te saluer et te demander ce que tu veux ! Ne leur réponds pas que tu veux de l'argent ou de l'or, mais dis à mon père que tu veux ce qu'il a au doigt et à ma mère de souffler à ton oreille ! »

Le jeune prince dit : « J'ai compris ! » Ainsi dit, ainsi fait. Il reçoit ce qu'il a demandé : une bague magique. Il lui suffit de dire ce dont il a besoin et son souhait est exaucé. Avec cette bague, le jeune prince devient très riche et sa renommée se répand partout. Il est envié, on se demande où il a reçu toute cette richesse.

Poussé par sa femme, le griot du roi voisin va le trahir.

Un jour, ce griot dit à son roi : « Je vais voir ce qui se passe et où ce jeune a reçu toute cette richesse. Il entre dans la cour du jeune en son absence pour le louer. Sa femme le reçoit, tout en soulignant que son mari est absent. Le griot lui dit qu'elle n'est pas digne d'être la femme d'un si grand personnage et il réussit à la convaincre de lui donner la bague magique de son mari. Revenu chez son roi, il lui montre la bague. Le roi lui dit : « C'est tout ce que tu as ramené ? Qu'est-ce que cela peut faire ? »

Le griot dit : « Tu verras ce que ça peut faire ! » Il demande de l'or à la bague et la maison du roi en est aussitôt remplie. Le roi lui prend la bague et fait chercher le prince et sa femme, mais le prince bien ligoté. Le roi garde la femme et envoie le prince, toujours ligoté, au milieu de ses esclaves. Mais la femme intercède auprès du roi pour que son mari soit détaché et redevienne libre.

Quant à la mère du prince, le chiot et le chaton, ils restent seuls, toujours dans la misère, tandis que le griot, son roi et les gens de son peuple sont toujours en fête. Le roi a fait construire une maison à étage pour lui et la femme du prince. Il a suspendu au mur la bague magique, au-dessus de leur lit.

Un jour, le chaton dit au chiot : « Si tu peux me faire traverser le fleuve, j'irai aider notre maître ! » (Il y a un fleuve qui sépare les deux peuples).

« Si c'est pour traverser le fleuve, il n'y a pas de problème ! »

Arrivés au bord du fleuve, le chiot dit au chaton : « Accroche-toi à mon dos, je vais te faire traverser ! »

Le chiot fait monter le chaton et les voilà dans l'eau. Sur l'autre rive, le chaton dit : « Comme toi, le chien, tu n'es pas aimé des hommes, reste à l'écart et attends-moi. Quand tu me verras revenir en vitesse, sois prêt à retourner, car j'aurai la bague. »

Le chien se met à l'ombre d'un arbre à l'entrée du village pendant que le chaton part tout seul. Le chaton entre dans la cour, dépasse les gens qui festoient, monte à l'étage et s'assoit à côté de la femme. Le roi demande : « D'où vient ce chat ? » La femme dit : « C'est l'odeur des souris qui l'attire, et comme il y en a beaucoup... »

Le roi, la femme et ses parents les plus proches étaient ensemble. Ça buvait, ça riait, ça mangeait, partout c'était la joie. Tout à coup, en voyant une souris, le chaton lui parle dans son langage et lui demande de l'aider à décrocher la bague. La souris sait qu'avec le chat, il n'y a pas d'amusement : elle s'empare de la bague et la dépose vite aux pieds de son roi à elle. Une fois la bague remise, la souris s'enfuit dans son trou. Notre ami chat prend la fuite à son tour en direction de son compagnon chien. Le chiot, en le voyant revenir en vitesse, se tient prêt pour le retour. Une fois le chaton sur son dos, ils repartent comme une flèche. Au village du roi, c'est la pagaille : « Arrêtez le chat, il a avalé la souris avec la bague ! » Tout le peuple se met à leur poursuite. Ceux qui savent tirer à l'arc l'utilisent, mais en vain. Ils n'arrivent pas à les atteindre parce que la fête à pouvoir sur eux.

Après avoir semé leurs poursuivants, le chaton demande à la bague de ramener son maître à la maison et c'est fait.

Ayant presque atteint l'autre rive, le chiot s'arrête et dit : « Arrivé à la maison, que vas-tu dire ? Que c'est toi qui es allé récupérer la bague ? »

Le chat dit : « Ami, que veux-tu insinuer ? » Le chien dit : « Remets-moi la bague ! »

Sans dire un mot, il la lui remet et ils continuent leur traversée. A quelques pas de la rive, le chiot est mordu par un silure et, voulant crier, laisse tomber la bague dans l'eau. Arrivé sur la rive, il dit au chat que la bague est tombée dans l'eau. Le chat, ne pouvant rien faire, lui dit : « Tout cela est de ta faute; qu'est-ce qu'on va dire maintenant ? On a souffert pour rien ! » Ils continuent leur chemin. A la maison, ils racontent leur mésaventure au prince et à la vieille qui les félicitent.

Le prince leur dit : « Allons vider le fleuve. En route pour le fleuve, il prend un hameçon. Arrivé, il dit : « Petit charognard, je t'ai acheté, je t'ai nourri; toi, tu m'as donné une bague, mais elle est tombée dans le fleuve. Si tu m'as donné une bague avec bon cœur, fais que je la repêche et si un caïman ou un poisson l'a avalée, qu'il soit au bout de mon hameçon ! »

Une fois l'hameçon dans l'eau, le silure l'attrape. Le prince lui ouvre le ventre, récupère sa bague et le rejette à l'eau en disant à ses amis : « Nous allons gagner une viande meilleure que celle du silure. » La joie est revenue à la maison. Le prince a demandé à la bague de ligoter tous les gens du roi et de les lui amener, et ce fut fait ainsi.

Depuis ce temps, le chien et le chat vivent avec les humains et on dit qu'il ne faut pas envier le bien d'autrui.

CONTE N°10 LE CULTIVATEUR, SA FEMME ET LES GÉNIES

Il y a longtemps, un cultivateur travaillait dans son champ.

Un matin, l'homme part, comme d'habitude, à la recherche de termites pour ses poules. Sa femme allume le feu pour la cuisine. Or, une famille de génies vit à côté du champ. En voyant la fumée de la femme, le vieux génie envoie le plus jeune cherché du feu.

Ce dernier arrive et demande à prendre du feu. La femme lui dit : « Attends, quand mon mari sera de retour. Je vais prendre le rasoir. »

Le petit génie s'assit. Quelque temps après, le vieux est inquiet et envoie l'aîné voir ce que fait son frère. Il part trouver son petit frère assis et lui dit : « Kunkelen, le vieux t'a envoyé chercher du feu et tu es venu t'asseoir ? »

Le petit frère lui répond : « C'est cette femme bavarde qui veut me raser ».

Le grand frère dit : « Elle va me raser aussi. » Et il s'assoit.

Peu après, le vieux, toujours inquiet, envoie son troisième fils qui trouve ses deux frères assis l'un à côté de l'autre. Il demande à son frère cadet : « Kunkelen, le vieux t'a envoyé chercher du feu et tu es venu t'asseoir ? ».

Le petit frère lui répond : « C'est cette femme bavarde qui veut me raser ».

Le grand frère répète : « Elle va me raser aussi. » Il s'assoit à côté d'eux.

La même chose se répète avec le quatrième, le cinquième, jusqu'au neuvième fils. Le vieux vient alors lui-même demander à son plus jeune fils : « Kunkelen, je t'ai envoyé chercher du feu et tu es venu t'asseoir ? »

Le petit lui répond : « C'est cette femme bavarde qui veut me raser ».

Le vieux dit : « Elle va me raser aussi. » Il s'assoit à côté de ses fils.

La femme ne sait plus que faire de ces génies qui l'entourent. Elle cherche à résoudre ce problème. Son mari n'est pas là, elle est seule. Que faire ? Elle ne peut plus préparer sa cuisine.

Quelque temps après, le mari revient et voit sa cour remplie de génies. Pris de peur, il ne s'approche pas. Il reste à distance et demande à sa femme : « Pourquoi ces génies sont-ils dans la cour ? »

La femme répond : « Le plus petit est venu chercher du feu et je lui ai demandé de s'asseoir, lui disant qu'après ton retour, j'allais le raser. Les autres sont ensuite arrivés un à un en lui demandant : « Tu es venu t'asseoir, tu es venu t'asseoir ? »

Le mari lui jette le couteau qui était dans sa poche, laisse ses termites et s'enfuit. Le mari parti, la femme cherche un moyen de s'enfuir à son tour. Elle se lève, fait semblant de ramasser du bois mort, s'éloigne petit à petit et disparaît, prenant la fuite pour rejoindre son mari. Quand les génies s'aperçoivent que les propriétaires du champ ont pris la fuite, ils prennent tout ce qu'ils trouvent : moutons, chèvres, poules, pintades. Ils les tuent et les mangent.

Depuis ce jour, quand quelqu'un demande un champ, le chef de terre exige soit un mouton, soit une chèvre, soit une poule ou une pintade pour l'offrir aux génies.

C'est cette femme qui a provoqué cela : habituer les génies à manger les animaux.

CONTE N° 11 : LES COÉPOUSES

Il était une fois, un homme qui avait une femme.

Un beau jour, il décida d'en prendre une deuxième. L'arrivée de la deuxième femme, fut la joie de la famille, y compris celle de sa première femme.

Chaque jour, le soleil se lève, et se couche, et la paix et la joie règnent dans cette famille.

La deuxième femme était la préférée de son mari, et elle avait toutes ses faveurs.

Elle eut sa première grossesse et enfanta un garçon. Cela fut la joie de son mari, et l'amour grandissait au jour le jour.

A cause de son accueil et de son dévouement au travail, la deuxième femme faisait la joie de toute la famille, et même du quartier et du village.

C'était une femme toute souriante et pleine de zèle, disponible, respectueuse. Mais, la jalousie grandissait chaque jour dans le cœur de sa coépouse. Et voici qu'un jour celle-ci décida de lui enlever la vie. Mais comment faire ? Elle chercha tous les moyens possibles pour tuer cette dernière qui l'empêchait d'être heureuse et d'avoir l'amour de son mari. Ne trouvant pas de solution, elle décida de continuer sa réflexion. Un beau matin, leur époux les devança au champ et leur demanda de le rejoindre lorsque le repas de midi serait prêt.

C'est ainsi dit que, après avoir fini leurs travaux ménagers, les deux femmes, partirent rejoindre leur époux au champ pour lui apporter de quoi manger. A mi-chemin, le ciel qui était couvert de nuages laissa tomber ses premières gouttes. Elles continuèrent à marcher, mais bientôt se fut la tornade. N'ayant pas de quoi se protéger pour continuer le chemin, la première femme proposa d'aller se mettre à l'abri, avec le bébé, dans un tronc d'arbre mort. Etant à l'abri de la pluie, la femme aînée proposa à la plus petite d'attendre, qu'elle-même allait sortir pour s'assurer de l'état de la pluie et qu'elle reviendrait le lui dire.

Lorsqu'elle sortit, elle se mit à chanter et ordonna au tronc d'arbre de se fermer ; sous son ordre le tronc se ferma sur la pauvre femme et son fils.

Quand la première femme arriva au champ, son mari lui demanda où était restée sa plus jeune femme. Elle répondit qu'elle ne savait pas. Elle dit à son mari que son bien aimé l'avait devancé au champ.

Dans sa fureur, l'époux rentra au village, informa la famille, le quartier, et tout le village de la disparition de sa jeune femme. Sur-le-champ, le village sortit à la recherche de la jeune femme.

Les jours passèrent, ainsi que les nuits, mais sans résultat.

Désespérés la population reprit les activités de chaque jour. Et voici qu'un jour, en allant au champ apporter le repas à son mari, elle s'arrêta au même lieu, au pied du tronc d'arbre, et commença à chanter. Un chasseur l'apercevant de loin s'approche en se cachant pour bien l'observer, et écouter sa chanson.

Il entendit la femme qui chantait :

« *Bonjour, la bien aimée de mon mari,*
Je passe, je vais porter le repas à ton mari,
Je sais que tu as faim, toi et ton enfant,
mais que faire,
Il n'y a pas d'ouverture
pour que je te donne à manger.
Oh !, pauvre femme,
Le ciel s'occupera de toi.
Au revoir, je suis partie. »

Après avoir chanté, elle chargea sa corbeille et continua son chemin. Sans tarder, le chasseur se dépêcha d'aller informer son mari de ce qu'il a vu. Depuis ce jour elle fut soupçonnée. Son mari lui demanda de nouveau :

« Où as-tu laissé ta coépouse ».

Il menaça de la tuer si elle n'avouait pas.

Elle eut peur, et finit par avouer la vérité. Accompagnés de leurs voisins, ils se rendirent au pied du tronc d'arbre sec.

Elle commença à chanter en disant :

« *Arbre, ouvre-toi,*
Je te supplie, ouvre-toi,
Je reconnais mes torts,
ouvre-toi,

je ne recommencerai plus,
Pardon, ouvre-toi. »
    Et la femme du sein de l'arbre,
d'une voix tremblante répond :
      « Ayez pitié de moi.
    Je veux voir le jour.
    Sauvez moi et mon enfant.
    Nous avons soif, et faim.
    Venez à notre aide. »

Et soudain, le tronc d'arbre s'ouvrit et la pauvre femme et son enfant sortirent tous affamés. Les termites avaient mangé les fesses de la pauvre femme. Sans hésiter, ils prirent les deux plats de tôt qui se trouvaient dans les calebasses, et ils remplacèrent les fesses de la pauvre femme. Et depuis là, la jeune femme redevint normale.

Voici pourquoi les fesses de la femme sont plus grosses que celles de l'homme.

Conte n° 12 : La jeune fille et le lion

Il était une fois, une fille qui s'appelait Warimangan. Ses parents l'envoyaient garder les champs. Leurs champs étaient loin du village dans un endroit où il y avait beaucoup d'animaux sauvages. Le lion a observé que Warimangan venait toute seule chaque jour pour garder les champs, alors il décida de la croquer. Un jour que Warimangan était près de la hutte pour préparer son repas, le lion roi de la brousse s'approcha d'elle et la salua en ces termes :

« Wariman i ni kóngo ! » *Warimangan bonjour !*
Warimangan lui répondit en chantant :

1-Warimangan ni kóngo ! *Bonjour Warimangan !*

2-Warimangan jembe ni kóngo : *Warimangan tambour jembe bonjour*

3-Ne fa tun y'a fó ne ye ; *Mon père m'avait dit*

4-Ko na jara faga ne ye, *qu'il tuerait un lion pour moi*

5-Jara kameleba faga ne ye *un lion très galant pour moi*

6-K'o jeme kunba la ne kun, *et faire un tambour avec sa peau pour moi.*

7-O lón, o lón, o lón be bi ye (bis) *c'est ce jour qui est arrivé.*

Le lion en entendant cette chanson, prit peur et s'enfuie très loin.

Le lendemain le même lion revint avec l'intention de croquer Warimangan.

Le roi de la brousse se tint devant la fille et la salua en ces termes :

« Wariman i ni kóngo ! » *Warimangan bonjour !*
Warimangan lui repondit en chantant :

1-Warimangan ni kóngo ! *Bonjour Warimangan !*

2-Warimangan jembe ni kóngo : *Warimangan tambour jembe bonjour*

3-Ne fa tun y'a fó ne ye ; *Mon père m'avait dit*

4-Ko na jara faga ne ye, *qu'il tuerait un lion pour moi*

5-Jara kameleba faga ne ye *un lion très galant pour moi*

6-K'o jeme kunba la ne kun, *et faire un tambour avec sa peau pour moi.*

7-O lón, o lón, o lón be bi ye (bis) *C'est ce jour qui est arrivé.*

Le lion en entendant cette chanson prit peur et s'enfouie très loin.

Chaque jour les choses se passait ainsi, et la fille n'osait rien dire   à   ses   parents.
Un jour elle se décida à en parler à ses parents.

« Papa, chaque fois que je vais au champ un lion vient me provoquer pour me manger, je chante pour lui en disant que mon père va le tuer, alors il prend peur et s'enfuie. »

Le papa répondit à sa fille : « Ne t'inquiète pas, demain nous irons ensemble aux champs et ce vieux lion je vais le tuer. S'il vient te saluer ne prends même pas la peine de répondre.

Le lendemain matin, ils partirent tous deux aux champs.

Sans tarder, le vieux lion arriva et salua comme d'habitude, mais Warimangan ne répondit pas. Le lion salua avec fureur. Warimangan ne répondit pas. Le lion s'approcha de la hutte et salua en vociférant : Warmangan ne kongo ! Silence. Le lion était maintenant tout près de la fille, et son papa voyant la fureur du vieux lion eu peur, et dit à sa fille Warimangan de répondre comme d'habitude.

Warimangan répondit au lion comme de coutume en chantant :

1-Warimangan ni kóngo ! *Bonjour Warimangan !*

2-Warimangan jembe ni kóngo : *Warimangan tambour jembe bonjour*

3-Ne fa tun y'a fó ne ye ; *Mon père m'vait dit*

4-Ko na jara faga ne ye, *qu'il tuerait un lion pour moi*

5-Jara kameleba faga ne ye *un lion très galant pour moi*

6-K'o jeme kunba la ne kun, *et faire un tambour avec sa peau pour moi.*

7-O lón, o lón, o lón be bi ye (bis) *c'est ce jour qui est arrivé.*

Le lion en entendant cette chanson prit peur et s'enfouie très loin.

Le soir venu, Warimangan et son père rentrèrent à la maison. Le papa raconta à sa femme ce qu'il avait vu. "Vraiment ce lion est dangereux, on ne peut même pas le regarder de face. La mère de Warimangan dit : "c'est bon, moi j'irai voir ce vieux lion". Le lendemain matin Warimangan partit avec sa mère. Celle-ci était armée de sa lance. Ils arrivèrent aux champs. Ce jour-là le vieux lion était pressé de les voir arriver. Le Lion roi de la brousse et de la forêt, arriva majestueusement et salua : Warimangan ne kongo ! Pas de réponse. Warimangan ne kongo ! Silence. D'un bon le lion était tout proche de la fille: Warimangan ne kongo: silence. Au moment où le vieux lion voulait s'abattre sur la fille, sa mère lui planta sa lance dans le cœur, et le vieux lion mourut. La mère coupa la queue du lion pour l'emporter au village comme preuve de son action.

Le soir venu Warimangan et sa mère rentraient au village. Dieu descendit du ciel et arracha le fer de lance de la femme en lui laissant un bâton simple, en disant « : ***Il n'est pas bon que la femme soit si courageuse , et même plus courageuse que l'homme. C'est pourquoi je lui retire l'arme en fer, en lui laissant un simple bâton"***.

C'est pourquoi la femme bobo n'a que le bâton simple comme appui, tandis que l'homme a le bâton armé du fer de lance.

Ainsi prend fin cette histoire sur l'origine du courage de la femme.

Conte N°13 Le lièvre et l'hyène

1. Un jour, le lièvre alla / trouver l'hyène : « Allons chercher des termites pour nos pintadeaux ».

2. Pendant qu'ils partaient / chercher des termites, ils trouvèrent un trou à ouverture étroite. Le lièvre dit : "Hyène / vient voir ce petit trou ; en cas de danger, Hyène, tu y entreras aisément ".

3. L'hyène dit : "Compère lièvre / avec tes gros yeux-là, avec tes longues oreilles-là / si tu ne les mets pas ailleurs, quel danger peut me menacer, moi, l'hyène ; / avec tes propos insolents-là ".

4. Le lièvre dit : "Hyène, / allons chercher nos termites. Je n'aime pas les longues discussions".

5. Pendant qu'ils parlaient, / le lièvre entra dans une forêt. Il trouva un lionceau dans un fourré.

6. Le lièvre, dans sa ruse, / revint dire à l'hyène : "Commère hyène, / comme tu n'entre pas dans la forêt, donne-moi ton panier. / Assieds-toi sous l'arbre à karité. J'irai chercher les termites pour toi".

7. Il prit alors son panier, / le panier de l'hyène. Il alla assommer le lionceau, / (il le mit dans le panier de l'hyène) et l'enfouit sous les termites. Il rapporta le panier à l'hyène / et lui dit : "Retournons à la maison".

8. Pendant qu'ils rentraient, / arrivés au trou à l'ouverture étroite, le lion arriva à toute vitesse en colère.

9. Le lion dit : "Compère lièvre, / je ne vois plus mon petit, c'est pourquoi je suis à votre poursuite.

10. Le lièvre dit : "Grand Oncle, / si j'avais quelque chose de bon à la maison Je l'apporterai à ton petit en brousse / au lieu de vouloir l'emporter à la maison".11. Il renversa son panier de termites : / "Voilà, je n'ai rien dans mon panier".

12. "Demandez aussi à l'hyène ; : on ne sait jamais !"

13. L'hyène renversa son panier ; / et le lionceau s'y trouvait, mort.

14. Quand le lion bondit pour saisir l'hyène, / le trou à ouverture étroite l'hyène s'y engouffra aisément.

15. Le lion appela : " Animaux de la brousse, / venez tous dans la grande plaine".

16. Quand les animaux de la brousse furent rassemblés, / le lièvre dans sa ruse s'adressa au lion en disant : " Grand Oncle, / laissons le Calao creuser le trou. Son bec est une pioche".

17. Le lièvre dans sa ruse / dit aux animaux de la brousse : "Laissez-moi déblayer la terre / pour voir la direction du trouve et je sortirai vous la montrer".

18. Quand le lièvre déblayait la terre / il remit à l'hyène un couteau   tranchant : "Prends ce couteau, Hyène. / Quand le calao reviendra piocher Tranche-lui le bec".

19. Quand le calao alla piocher la terre, / l'hyène lui trancha le bec,
et le calao tomba à la renverse, évanoui.

20. Le lièvre dans sa ruse / dit aux animaux de la brousse : "Ce trou-là est mauvais ; / voyez comme il a coupé le bec de mon grand-frère calao. Maintenant faisons appel au sanglier pour creuser. / Les défenses du sanglier sont des pioches".

21. Le lièvre dans sa ruse / se leva de nouveau et dit aux animaux de la brousse : / "Laissez-moi déblayer la terre pour voir la direction du trou / et je sortirai vous la montrer".

22. Quand le lièvre déblayait la terre / il remit du sel à l'hyène : "Prends ce sel, hyène. / Quand le sanglier viendra pour piocher, tu lui souffleras dans les yeux le sel mâché".

23. Et quand le sanglier se mit à piocher, / l'hyène lui souffla dans   les   yeux   le   sel   mâché". Le sanglier se mit alors à grogner.

24. Le sanglier dit : « Compère lièvre / souffle dans mes yeux".

25. Le sanglier dit : « Sanglier / mes joues ne sont pas assez volumineuses.
Demande plutôt au Grand Oncle / de le faire. Ce sera mieux".

26. Dès que le lion a soufflé / il reçoit un morceau de sel dans la   bouche. Et le lion murmurait de plaisir.

27. Le lion dit : " Sanglier, / tes larmes sont « sucrées ! »".

28. Le lion dit : "Sanglier, / tes larmes sont très bonnes".

29. Le lièvre dans sa ruse dit : « Pourtant, Grand Oncle Ses larmes ne sont pas si bonnes. / La graisse de son entre-jambe, si

tu goutais à cela, / tu passerais tout ton temps parmi les sangliers' ».

30. Le lion dit alors : « Sanglier, / la graisse de ton entre-jambe,

il faut m'en donner un peu ».

31. Le sanglier poussa un cri de frayeur, / et il s'échappa. Les animaux se mirent à sa poursuite ; / les animaux de la brousse se mirent à sa poursuite.

32. Le lièvre dans sa ruse / encore clopin clopan alla dire à l'hyène : / « Voilà, Hyène, comme les animaux de la brousse sont partis, / sortons et rentrons à la maison ».

33. Depuis ce jour-là, / elle n'aime plus beaucoup discuter. L'hyène n'aime plus beaucoup discute

Conte N°14 : L'ingratitude

La famine régnait alors dans tout le pays. Un homme sort de chez lui, pour aller se promener en brousse. Il arrive au bord d'un vieux puits. Il se penche pour voir s'il y avait de l'eau, et il découvre, au fond du puits, un homme entouré d'un lion, d'un singe et d'un serpent. Il décide de les sortir de là.

Il part chercher de longues lianes. Il attache une extrémité des lianes à une grosse branche située près du puits, et il jette l'autre extrémité dans le puits. Le singe se précipite et sort le premier du puits. Il est bientôt suivi du lion, puis du serpent. Il ne reste plus que l'homme à tirer d'affaire. Les animaux sortis du puits conseillent alors notre promeneur :

« Attention, surtout ne laisse pas cet homme sortir du puits ! »

Mais notre homme réplique : « Comment ça ? Je vous ai aidés à sortir, et j'abandonnerai mon semblable au fond de ce puits ! ». Et il aide l'homme à sortir du puits. Tous remercient notre promeneur, et lui promettent qu'ils n'oublieront jamais ce qu'il a fait pour eux.

Quelques jours plus tard, la famine sévissait toujours. Notre homme décide d'aller à nouveau en brousse, en quête de fruits sauvages. Il rencontre le singe qui lui demande : « N'est-ce pas toi qui nous a aidés à sortir du puits, l'autre jour ? ». L'homme lui répondit : « C'est bien moi ! ». Alors le singe lui rappelle qu'il lui avait promis de l'aider quand l'occasion se présenterait. Puis il invite notre homme à s'asseoir. Le singe appelle alors ses congénères qui arrivent nombreux. Il leur dit :

« Cet homme m'a sauvé la vie. Allez chercher les fruits du néré, et apportez-moi tout ce que vous aurez trouvé. ». Ils partirent aussitôt. Ils apportèrent une telle quantité de gousses de néré, que notre homme n'a pas réussi à emporter le tout à la maison.

Quelques jours plus tard, notre homme sort de chez lui, pour parcourir la brousse à la recherche de nourriture. Il croise le lion qui lui demande :

« N'est-ce pas toi qui nous a aidés à sortir du puits, l'autre jour ? ». L'homme lui répond : « C'est bien moi ! ». Alors le lion se met à rugir longuement, et une foule d'animaux sauvages se rassemble. Le lion leur dit : « Écoutez bien ma parole. C'est un ordre que je vous donne. Retournez en brousse, et rapportez-moi sans tarder du gibier. »

Peu de temps après, les animaux sauvages reviennent avec quantité de gibier. Et voici notre homme, tout heureux, qui retourne à la maison ployant sous le poids du gibier.

Bientôt, il entend parler de l'homme qu'il avait sauvé. Ce dernier s'était mis au service d'un homme riche et puissant. Comme la famine sévissait toujours, il se dit qu'il va aller le trouver pour lui demander son aide.

Il arrive dans le village de cet homme riche et puissant au moment où la fête battait son plein. Il croise l'homme qu'il avait sauvé du puits. Mais le regard haineux de celui-ci en dit long sur ses intentions ! Cet homme connaissait bien le chef du village. Il va le trouver pour lui dire : « Prends garde à toi. Un étranger vient d'entrer dans ton village. C'est un homme mauvais. Chaque fois qu'il entre dans un village, ce n'est que malheurs et destructions pour tous les villageois. Le seul remède : Il faut l'attraper, le ligoter et l'abandonner sur une haute colline. Trois jours après il faudra l'égorger et faire une fête en l'honneur des esprits du village pour écarter le malheur. »

Le roi suit aussitôt ces conseils. Et notre homme se retrouve sur la colline qui domine le village, sous un soleil brûlant. Il ne peut pas bouger. Les cordes avec lesquelles il a été ligoté le font souffrir, et le blessent cruellement. Parfois il gémit, parfois il hurle de souffrances. Un serpent passait par là. Il entend notre homme et s'approche : « N'est-ce pas toi qui nous a aidés à sortir du puits, l'autre jour ? ». L'homme lui répondit : « C'est bien moi ! ».

Le serpent reprend : « Je vais te donner un remède, une feuille magique. A l'aide de cette feuille, tu iras ressusciter le fils du chef de village que je vais aller mordre mortellement tout de suite. Toi, pour l'instant, n'arrête pas de crier ceci : ' Chez nous, un serpent ne peut pas nous faire de mal. S'il mord l'un d'entre nous, notre médicament le protégera ou le ressuscitera. »

Et le serpent entre au village. Il n'a pas de mal à trouver le fils du chef qu'il mort à la jambe, et bientôt notre homme entend les pleurs et les cris qui montent jusqu'à lui depuis la cour du chef. Au même moment, une vielle femme passe devant lui : elle rentre de la brousse avec son fagot de bois sur la tête. Elle entend notre homme qui crie : « Chez nous, un serpent ne peut pas nous faire de mal. S'il mord l'un d'entre nous, notre médicament le protégera ou le ressuscitera ».

Quand elle a déposé son fardeau, on lui annonce la mort du fils du village, mordu par un serpent. Elle va trouver le chef et lui rapporte les cris de notre homme ligoté et abandonné sur la colline : « Chez nous, un serpent ne peut pas nous faire de mal. S'il mord l'un d'entre nous, notre médicament le protégera ou le ressuscitera. »

Le chef ordonne alors d'aller détacher notre homme, de lui donner à boire, et de le conduire auprès de son fils. Bientôt notre homme se trouve auprès de l'enfant du chef, étendu sur une natte, sans vie. Il pose la feuille que le serpent lui a donnée sur la tête de l'enfant. Celui-ci commence par éternuer, puis il se relève comme s'il sortait d'un profond sommeil.

Le chef se tourne alors vers notre homme pour le remercier, et lui promet de lui offrir tout ce qu'il demandera. Celui-ci, réclame alors la cervelle de celui qui a menti sur son compte. Ce dernier se trouvait alors auprès du chef. Celui-ci ordonne aussitôt de le saisir et de le mettre à mort, pour en donner la cervelle à notre homme. Ce qui fut fait sur le champ.

CONTE N°15 : LA FEMME DE MESHA'ATSANG

Il était une fois un certain danseur qui s'appelait Mesha'Atsang. Il avait très bon cœur. Il partit un jour pour la pêche et trouva sur sa route une vieille femme. Mère, dit-il , donne-moi ton fagot de bois, je t'accompagne à la maison. Il prit le fagot de bois, le porta sur la tête et accompagna la vieille chez elle. Fils, lui dit-elle, où vas-tu ? – à la pêche, lui, répondit Mesha'Atsang – Où ? A la rivière. Non, lui dit-elle, ne part pas à la rivière, vas plutôt où j'étais chercher le bois ; il y a deux mares : l'une claire, l'autre sale. Ne jette pas ta ligne dans celle qui est claire, jette-là plutôt dans la mare boueuse. Il partit, trouva en premier lieu la mare limpide et il vit beaucoup de poissons. " Comme je vois tant de poissons dans cette mare, dit-il, je ne vais pas pêcher dans l'autre là-bas"

Il jeta la ligne dans la mare limpide. Les poissons se mirent à bouffer l'appât. Quand il retira la ligne pour prendre le poisson, ce qu'il prit, ce n'était pas un poisson mais une vieille femme toute couverte de pians. Il voulut enlever l'hameçon pour remettre la vieille dans l'eau mais elle vola et le prit par les épaules. Il tenta de la projeter loin mais elle se colla à lui.

"Il rentra ainsi à la maison. Arrivé chez lui, la vieille descendit à terre et resta là comme sa femme. La nuit la vieille dit à son mari de lui faire du feu pour se réchauffer car ses pians lui faisaient mal. Il se mit à la menacer. Lorsqu'il voulut monter sur le lit, la vieille monta également sur le même lit. L'homme descendit et se coucha à même le sol. Il était bien dérangé et ne savait quelle conduite tenir.

Vint le jour de la danse. Comme Mesha'Atsang était un grand danseur, il se mit à danser, il dansa, il dansa. Il y avait là un baobab. La vieille femme alla enlever sa peau de vieille femme et devint une belle jeune fille. Voyant que son mari avait beaucoup danser, elle alla l'embrasser. L'homme en fut très heureux, oubliant que c'était sa vieille femme qu'il avait laissé à la maison qui s'était transformé en jeune fille.

La danse finie, les gens se mirent à rentre chacun chez soi. La belle femme disparut et alla sous le baobab remettre sa mauvaise peau de vieille femme. Arrivé à la maison Mesha'Atsang se mit à éprouver de la tristesse dans son cœur : " je viens de danser là-bas et une belle femme m'a embrassé, se dit-il et cette vieille chose est venue s'installer chez moi ! " la nuit, la vieille lui disait : " mon mari fais-moi du feu pour me réchauffer". Il se mettait à la menacer, lui demandant de ne plus lui adresser la parole.

Mesha'Atsang était très ennuyé par cette histoire. Il alla consulter un magicien. " Voici, lui dit-il, une histoire qui m'est arrivée quand je suis allé à la pêche. Je ne sais pas quelle conduite tenir pour éloigner cette vieille femme de chez moi. L'autre jour, lorsque je dansais, une belle jeune femme m'a embrassé. Je lui ai demandé de m'épouser et elle a refusé". Le magicien lui dit : la jeune femme qui est venue t'embrasser à la danse est ta vieille qui est à la maison. Pendant que tu danses, elle s'en va sous le baobab enlève sa peau habituelle pour revêtir une autre et devenir une très belle jeune femme. Voici ce qu'il faut : " la prochaine fois qu'il y aura danse au village, tu placeras des hommes sous le baobab. Avant le début de la danse elle ira enlever sa peau de vieille femme. Et tandis qu'elle viendra t'embrasser, ils prendront la peau dont elle s'est dépouillée et la brûleront. Tu verras comment sera ta femme.

Vint encore le jour de la danse. Mesha se mit à danser. Sa vieille femme alla sous le baobab, enleva sa peau habituelle et devint une belle fille. Son mari ayant beaucoup dansé, elle courut l'embrasser comme la première fois. Les hommes placés par Mesha sous le baobab brûlèrent la peau que la femme y avait laissée.

La danse finie, les gens se mirent à rentrer. La femme disparut pour aller revêtir la peau qu'elle avait enlevée. Elle ne la trouva pas. Elle se tue et ne parla plus. Elle devint complètement muette. Elle rentra quand même chez son mari Mesha'Atsang. L'homme s'étonna en son for intérieur disant : le magicien m'a donc dit la vérité ! Et il était heureux d'avoir une belle femme. Tentait-il d'adresser la parole à sa femme, elle le repoussait. Elle ne parlait pas. Il en fut ainsi pendant une année entière : la femme ne parlait pas.

L'homme retourna chez le magicien et lui dit que les choses s'étaient passées telles qu'il les avait annoncées, mais sa femme ne parlait pas. Depuis que sa peau lui a été volée et détruite, je n'ai pas entendu sa voix. Le magicien lui dit "ce n'est pas difficile. Rentre et fais ce qui suit : laisse les moutons en pâturage, mets le maïs à sécher sur le rocher, et un bébé dans la maison. Moi je vais faire pleuvoir. Quand la pluie se mettra à tomber, que tout le monde s'éloigne et laisse ta femme seule à la maison. Tu entendras comment ta femme va recommencer à parler".

L'homme rentra et fit ce que lui avait le magicien. Tous les habitants de la maison s'éloignèrent laissant la femme seule. La pluie menaçait et la femme était là. Les moutons bêlaient en pâturage ; l'eau et la pluie mouillait le maïs étendu dans la cour ; le bébé pleurait dans la maison. Lorsque la femme parut elle s'exclama : " oh ! Que vais-je faire à présent ? Le maïs est sur le rocher, les moutons sont en pâturage, l'enfant pleure dans la maison et il se met à pleuvoir en plus ! "

Tous les gens qui s'étaient cachés affluèrent : Hu, disait-on, la femme de Mesha'Atsang a parlé, la femme de Mesha'Atsang a parlé.

Voilà la situation que j'y ai laissée.

Mesha'Atsang et sa femme se mirent à parler.

Conte n°16 : Le Fils de Nkan

Un homme appelé Nkan avait trois femmes : Koolo à Nkan, Gang à Nkan et Itiitii à Nkan. Il leur ordonna de n'accoucher que des filles et non des garçons. Elles étaient toutes enceintes. Il alla un jour au champ accompagné de son petit esclave. Le champ était très loin du village où les femmes restèrent.

Koolo à Nkan accoucha d'une fille, Gang à Nkan accoucha d'une fille, Itiitii à Nkan accoucha d'un garçon. Alors on se mit à appeler leur époux.

Nkan-eh ! Nkan-eh !
Tes femmes que tu as laissées :
 Koolo à Nkan a accouché d'une fille
 Gang à Nkan a accouché d'une fille
 Itiitii à Nkan a accouché d'un garçon-eh

Le petit esclave lui dit :
- Maître, voilà qu'on appelle
- Ah non ! cesse de dire des folies.

Il lui coupa une oreille et la mit dans son sac. On appela encore :
Nkan-éh ! Nkan-éh !
Tes femmes que tu as laissées :
Kooko à Nkan a accouché d'une fille
Gang à Nkan a accouché d'une fille
Itiitii à Nkan a accouché d'un garçon-éh :
- Maître, lui dit encore le petit esclave, même cette fois tu n'as pas entendu ?
- Tu continues à me casser les oreilles ?
Il lui coupa l'autre oreille et la mit dans son sac.

Alors on appela pour la troisième fois et Nkan lui-même entendit. Il jeta une mouche dans une oreille du petit esclave puis dans l'autre. Ses oreilles se reconstituèrent et Nkan reprit le chemin de retour. Une fois à la maison, il prit place au salon et appela :
- Kooko à Nkan ! Kooko à Nkan !
- Oui !
- Kooko, apporte-moi l'enfant

- Sur le bras, sur le bras ;
- Que je l'asseye sur le tabouret lè dok,
- Dzai !

Kooko apporta l'enfant. Nkan le vit et le rendit à sa mère. Il appela de nouveau :
- Ngang à Nkan !
- Oui !
- Apporte-moi l'enfant !

Sur le bras, sur le bras,
Que je l'asseye sur le tabouret lè dok
Et lui applique les cornes sur la cuisse lè tok
Dzai !

Gang apporta l'enfant. Nkan le vit et le rendit à sa mère. Il appela pour la troisième fois : Itiitii à Nkan, Itiitii à Nkan !

Oui !
Apporte-moi l'enfant !
Sur le bras, sur le bras
Que je l'asseye sur le tabouret lè tok
Dzai !

Itiitii, apporta l'enfant. "Voyant qu'il était mâle, Nkan le prit lè boed ! Alla le jeter dans un tas de fourmis et rentra".

Kpong l'antilope naine était perchée sur un palmier à huile. Quand il vit la scène il s'écria :

Mère, mère
Apporte-moi de l'eau tiède
Je suis tombé d'un palmier
Je suis tombé d'un palmier

Il descendit en vitesse, prit l'enfant et se mit à arracher les hyménoptères. Sa mère apporta d l'eau tiède, ils lavèrent proprement l'enfant et l'emmenèrent.

L'enfant grandissait, grandissait. Quand il fut assez fort pour porter de l'eau, il se fabriqua une flûte de roseau. Lorsqu'il allait puiser de l'eau, il jouait de façon suivante :

Fooori fori fooori fori
Fori fori fori
Fori fori foriii
Mon père m'avait jeté dans un tas de fourmis
N'eût été Kpong-l'antilope naine

J'aurais perdu la vie

Foo

Lorsque sa mère entendait chanter elle éclatait en sanglot. Ce comportement du garçon devint pour lui une habitude. Le cœur du père en fût si touché qu'il voulut reprendre son enfant. Alors tout le village se réunit dans l'intention de placer le jeune homme devant Nkan et Kpong pour qu'il choisisse celui des deux qu'il reconnait comme son père. On prépara et mangea force nourriture. Nkan et Konpg furent invités à se tenir debout devant l'assistance et on attendait la venue du garçon. Il y avait grand monde sur la place quand l'enfant apparut, se tint devant la foule, prit sa flûte et se mit à en jouer comme de coutume :

Fooori fori fooori fori

Fori fori fori

Fori fori foriii

Mon père m'avait jeté dans un tas de fourmis

N'eût été Kpong-l'antilope naine

J'aurais perdu la vie

Fooo.

Sur ce, il alla embrasser Kpong. Aussitôt toute la place applaudit car, disait-on, il avait choisi son vrai père. Nkan était honteux d'avoir jeté son propre fils.

Conte N° 17 Les Epouses De Kalak

Un homme appelé Kalak avait deux femmes : Kooko et Gang. Tandis que la première était mère de deux enfants, la seconde était stérile. Celle-ci était pourtant la favorite. Le mari la gardait près de lui dans sa propre maison alors qu'il logeait la mère de ses enfants loin dans la savane. Kalak ne rendait visite à Kooko que pour voir sa progéniture.

Cette situation parut surprenante à ses compatriotes. Comment est-ce possible, se demandaient-ils, qu'un bigame aille loger la mère de ses enfants si loin et préfère vivre avec la stérile ?

On suggéra à Kalak de feindre de mourir afin de voir celle de ses femmes qui l'aime vraiment. Il acquiesça. Ses compatriotes lui dirent de chercher quatre marmites 72. Celle des épouses qui l'aime vraiment devra remplir deux marmites de ses larmes. Kalak chercha donc quatre marmites et envoya ses femmes au marché pour y faire des achats.

Rester seul à la maison, il fit le mort. De retour, ses épouses le trouvèrent sur le sol, raide mort. Les habitants du village sachant que Kalak n'était pas décédé mais feignait seulement, y allèrent en nombre important. On dit à Gang la plus ancienne de s'agenouiller près d'une marmite et d'y pleurer son mari. Gang alla s'agenouiller et commencer de pleurer :

Ngekeke je rentre à Bebis
Qu'il meurt, je rentre à Bebis
Qu'il vive, je rentre à Bebis
Ngekeke je rentre à Bebis
Qu'il meurt, je rentre à Bebis
Qu'il vive, je rentre à Bebis

On dit à Kooko de s'agenouiller à son tour sur une marmite pour pleurer son époux. Elle s'agenouilla et commença à pleurer :

J'ai épousé Kalak pour l'enfant
Kalak-éh
J'ai épousé Kalak, il m'a logé en pleine savane
J'ai épousé Kalak pour l'enfant
Kalak-éh
La première marmite fut remplie de larmes jusqu'aux bords.

On dit à Gang de prendre sa deuxième marmite pour y pleurer de nouveau son mari. Elle retourna se mettre à genoux et recommença.

Ngekekeke je rentre à Bebis
Qu'il meurt, je rentre à Bebis
Qu'il vive, je rentre à Bebis
Ngekekeke je rentre à Bebis
Qu'il vive, je rentre à Bebis
Pas une seule larme ne tomba.
Il te reste une marmite à remplir, dit-on Kooko
Elle alla s'agenouiller près de la marmite et se mit à pleurer :
J'ai épousé Kalak pour l'enfant
Kalak-éh
J'ai épousé Kalak il m'a logée en pleine savane
J'ai épousé Kalak il m'a logée en pleine brousse
J'ai épousé Kalak pour l'enfant
Kalak-éh

La deuxième marmite fut remplie de larmes jusqu'aux bords. Voyant cela, les gens dirent : « c'est donc ainsi ? »Kalak revint à la vie et dit à sa première femme « c'est donc ainsi ? Si je meurs tu regagnes ton village natal ? Fais donc tes bagages et rentre tout de suite » Gang fit ses bagages et rentra à Bepei. Kalak prit Kooko, la logea tout près de lui et vécut avec elle et ses enfants.

CONTE N° 18 : MESUT-LE LIÈVRE EPOUSE LA FILLE DU ROI

Le roi des animaux, un jour, eût un motif de grande satisfaction. Ntùtùère, sa fille, était ravissante et belle ; tous les contours de son corps étaient doux, toutes les courbes séduisantes ; l'Architecte de l'Univers s'était penché sur son berceau, cela était hors de doute. Malheureusement, en même temps il eût un sujet de tristesse dont il se garda seulement de s'assombrir. Il voulait donner cette fille en mariage, mais à qui ? Il ne suffisait pas d'avoir le bonheur d'épouser cette perle, il fallait encore le mériter.

Le roi rassembla tous ses enfants et toutes ses femmes et leur informa de cette décision.

- je vous ai réunis pour vous dire que je vais marier Ntùtùère , ma première fille ici présente, vendredi de la semaine. Son mari cumulera en lui d'étonnantes qualités : le courage, l'intelligence et une force d'athlète.

- Décidemment, Sire, fit la favorite, vous n'arrêterez jamais de nous surprendre. Avez-vous déjà choisi l'homme avec qui elle convolera en justes noces ?

- Pas encore, mais ne vous en souciez guère. Vendredi prochain tout ira comme sur des roulettes.

- Et comment ? interrogea la femme.

- J'organiserais une compétition qui comportera plusieurs épreuves ardues. Celui qui en sortira victorieux épousera Ntùtùère. Que tout le royaume soit donc informé, et que tous les hommes, jeunes ou vieux, accourent ici vendredi prochain pour tenter leur chance.

Les courtisans déployèrent une grande activité, et qui à gauche et qui à droite, ils répandirent la nouvelle à travers tout le royaume. Chez les prétendants, les préparatifs étaient multiples, indescriptibles dans leur immensité. Dans les champs, dans les villages, sur les routes, dans les fleuves et rivières, les déploiements étaient merveilleux. Le jour venu tous s'étaient levés, désireux de se distinguer, chacun par ses prouesses ;

La première épreuve consistait à aspirer un gobelet de piment réduit en poudre sans éternuer. Pour la deuxième et dernière épreuve, il fallait que les pieds du prétendant se noient dans le ruisseau de sueurs émanant des trémoussements endiablés.

Le décor fut planté : une tribune magnifiquement parée était dressée au fond de la cour. Y était superbement assis le roi, avec à ses côtés Ntùtùere richement vêtue, les nobles, les princes ainsi que d'autres dignitaires venus des royaumes voisins. En face de la tribune, au beau milieu de la cour, étaient alignés les prétendants. Ils étaient nombreux, accourus de toutes parts. L'immense désir de ravir la charmante Ntùtùere les surexcitait, et leur attente, comme un feu toujours attisé ne devenait que trop brûlante. Une foule immense et bigarrée composée de badauds, amis et parents des différents candidats inondait les pourtours de la cour.

Alors le signal fut donné ? Le premier candidat se présenta sous les encouragements des spectateurs: " ce sera très facile pour moi, pensa-t-il. Mes fétiches et mes ancêtres à qui j'ai offert des sacrifices m'ont rassuré". Il faut dire que tous les prétendants s'en remettaient aux devins et autres gestionnaires du sacré. Il passa donc, aspira la poudre de piment et éternua si fort que la foule se mit à s'esclaffer. Suivirent Meshe –la Biche, Nsuen-l'éléphant, Nguè-la panthère, Nyet-le Buffle, Rigbaa-l'Hyppopotame, Kùkunda –le Caméléon et les autres animaux. La chose ne fut pas bien simple et personne ne put braver cette étape.

Pendant que cette stagnation donnait lieu à bien des commentaires et que le suspense agrippait les cœurs, Mesùt s'avança.

- bien que cette épreuve soit top rude et que personne ne parvienne à la dompter, pensa-t-il, il ne me reste que l'audace. En quelques manœuvres habiles, je viderai ce gobelet.

Il fit une révérence devant la tribune royale et empoigna le gobelet de piment. Il regarda autour de lui, fit une moue et plongea la main dans le gobelet. Il prit une quantité de piment qu'il aspira et dans une logorrhée improvisée, il lança à l'endroit de ses rivaux :

\- voyez comme ils me regardent, ces pauvres animaux. Je me demande ce qu'ils me veulent. Tiens, je me rappelle ! ils croient que je vais jeter l'éponge comme eux... eux qui, depuis trois heures, éternuent à se faire sauter le crâne... Atchoum ! Atchoum ! Atchoum ! Atchoum ! Atchoum !

Après cette scène, il replongea la main dans le gobelet, prit une autre pincée de poudre de piment qu'il aspira en reprenant les mêmes paroles et les mêmes attitudes. Il répéta plusieurs fois le geste jusqu'à ce que le gobelet fût vide. Les autres étaient stupéfaits de surprise, dans un abîme d'étonnement. Cela assura le triomphe de Mesùt sur eux.

Il ne lui restait qu'une seule épreuve : comment allait-il s'y prendre ? Allait –il la franchir ou bien, au contraire allait-il faire un coup nul ? De toute façon, les autres prétendants, ceux qui présentaient une carrure herculéenne tout au moins, lui riaient au nez en le traitant de petit prétentieux.

Le signal fut donné pour l'ultime étape. Les musiciens se mirent à égrener des rhapsodies bien rythmées. Mesùt en sortit un boubou très ample de son sac et l'enfila. A l'intérieur de cette tunique, il avait fait coudre un sac en peau dans lequel il avait dissimulé de l'eau. Les autres ne se doutant de rien, Mesùt porta donc sa tunique et se mit à danser. Il frappait continuellement des pieds contre terre. Il dansait, sautant, pressant vivement à l'intérieur de sa tunique le sac en peau et criant à tue-tête.

Un grand jour comme celui-ci mérite d'être fêté parce que notre roi donne sa fille en mariage ; il mérite faste et solennité. Moi, je danse toute ma joie en ce grand jour. Kpata, kpata, kpata...

L'eau coula alors drue.

\- quel torrent ! cria le roi émerveillé. Nous serons inondés à ce rythme !

Il n'y avait plus rien à dire. La foule se réjouit vivement de cet exploit. Le roi se leva et déclara Tita Mesùt vainqueur. Au bout de la scène se trouvait une jeune fille, une vierge radieuse : c'était Ntùtùere.

Les paupières mi-closes, la bouche entr'ouverte, elle sourit à Mesùt et lui donna la main. Au même instant la cour éclata d'une immense joie.

Tous les échos du pays annoncèrent que Mesùt portait encore plus haut la destinée du grand royaume en s'unissant pour le meilleur et le pire à la fille du roi.

Le lendemain, Mesùt et sa femme informèrent le roi de leur intention de partir.

-   nous devons rentrer, ma femme et moi, au village. Je tiens à présenter Ntùtùere à ma mère avant qu'elle ne meure.

-   Avez-vous quelque souhait ? leur demanda le roi

-   Sire, procurez-moi une grande outre, dit Mesùt au roi.

Le roi fit remettre une grande outre à Tita Mesùt qui la fendit et la confectionna à sa manière. L'ouvrage terminé, il y introduisit sa femme, fit ses adieux à la cour et s'en fut.

Mais les autres malheureux concurrents voyant la radieuse Ntùtùere filer entre leurs doigts comme du sable, s'organisèrent sans perdre d temps et, furieux, ils jurèrent de lui tendre une embuscade habilement préparée et de la ravir. Mesùt eut l'intuition soudaine qu'il se tramait quelque chose. Il se fourra dans l'outre avec sa femme, puis roula vers son village. Chaque fois qu'il rencontrait une bande hostile, il bougonnait du fond de l'outre :

-   soyez vigilants ! je sors du palais à l'instant. Mesùt arrive de la cour avec sa femme, sur un cheval bien chargé. Je suis venu juste pour vous mettre la puce à l'oreille et vous demander de l'attendre de pied ferme.

Ainsi roulait-il vers son village, se jouant de tous ceux qui lui tentaient des embuscades

Mesùt arriva enfin devant un cours d'eau. Là se tenaient, farouches, des animaux qui attendaient impatiemment leur proie. Fous de rage, ces animaux se saisirent machinalement de la grosse boule, la lancèrent avec violence de l'autre côté de la rive et se mirent de nouveau à l'affût.

L'outre de fendit et, comble de surprise, la belle Ntùtùere en sortit et illumina toute la brousse.

-   Oui mais brave, cria Mesùt aux bêtes sidérées. A moi, il n'est point permis de vous nuire. Laissez donc que je vous ouvre ma bouche afin que dès maintenant nous puissions chanter à l'unisson : pour traverser la mer orageuse de la vie, point n'est besoin de barbarie. Ne méconnaissons aucun des moyens simples qui peuvent se trouver à notre portée.

Touchés aux vifs les animaux se dispersèrent la queue entre les jambes.

CONTE N°19 : MESÙT-LE LIÈVRE SAUVE UN CHASSEUR

L'histoire de Mesùt-le lièvre qui sauve un chasseur réclame toutes nos oreilles.

Le royaume des animaux souffrait d'une terrible sécheresse : aucune goutte d'eau n'était tombée depuis trente-cinq semaines. Toutes les rivières devinrent désertes, d'une aridité et d'une désolation dont rien ne peut donner l'idée. La gent aquatique en vint par conséquent à perdre la boussole. Ceux qui jusque-là s'étaient comportés en les maîtres incontestés des eaux s'épouvantèrent d'une si grave situation. En effet, les crocodiles, les hippopotames et bien d'autres animaux tinrent conseil sur conseil sans pouvoir conclure à leur avantage.

Un jour, un habile chasseur, fort de l'idée que ces bêtes affaiblies et décontenancées seraient une proie facile, s'arma d'un fusil et gagna la forêt. La canicule dardait de ses mille rayons poudreux les bois effeuillés.

D'instinct un pauvre crocodile et ses petits coururent jusqu'auprès du chasseur. Le récit qu'ils lui firent était de nature à jeter le désarroi dans l'âme la plus endurcie.

- Soyez le bienvenu, Sire ! Qui que vous soyez et quel que soit ce vous chercher, que la paix soit avec vous. Vous êtes le plus distingué des visiteurs de ce bois.

- La paix seulement, répondit le chasseur.

- Nous vous en prions, visiteur éminent, voyez notre misère. Mes enfants et moi sommes perdus du fait de la sécheresse. Sauvez-nous et nous vous en serons gré. Vous aurez une récompense, la plus belle et la plus grande qui soit. Songez seulement qu'aucun animal vertébré tétrapode ne vous a jamais tenu un tel langage.

Le chasseur tressaillit de la profonde consternation peinte sur la gueule du caïman et de l'égarement qui assombrissait le regard de ses rejetons.

- Visiblement vous pâtissez des conséquences fâcheuses de cette étrange sécheresse. Que puis-je donc pour vous ?

- Conduisez-nous, Sire, au bord du grand fleuve, nous sommes au bord du gouffre fatal, voyez ! Nous pourrions nous jeter à l'eau et nous abreuver ainsi à cette source de vie.

- Avec cette sécheresse, ce fleuve n'a-t-il pas tari ? Demanda le chasseur...

- Humm... non je ne crois pas répondit le crocodile. Son débit est souvent tel qu'une sécheresse ne saurait l'ébranler.

Sur ce, le chasseur devint éperdument compatissant. Il empaqueta sans façon le caïman et ses petits et se mit en route. Il longea les sentiers de cette forêt, sinueux et pleins d'obstacles. Il n'est point besoin de s'attarder sur les forces de la nature qu'il dompta çà et là avant de parvenir avec sa lourde charge au bord du fleuve. Là, le crocodile angoissé, les yeux suppliants, lança :

- Voulez-vous nous laisser ici au bord du fleuve, Sire ? Entrez dans l'eau et déposer nous, dit le crocodile. Nous sommes tellement affaiblis que nous ne saurions parvenir à l'endroit où le courant d'eau est quelque peu impétueux. Là, vous nous abandonnerez et pourrez retourner calmement chez vous.

Le chasseur s'exécuta et les délia lorsqu'il atteignit le milieu du fleuve. Au moment où il voulait s'en aller, le crocodile l'arrêta et, ironie du sort, se mit à le tutoyer avec véhémence.

- Veux-tu vraiment rentrer chez toi ?
- Oui ! Oui !
- Es-tu vraiment sérieux quand tu me le dis ?
- Mais oui ! Qu'y a-t-il d'anormal dans ce j'ai dit ?

A ces mots, le crocodile partit d'un grand éclat de rire qui fit trembler la forêt ; puis il devint coléreux car il jugeait que le chasseur le dérangeait avec ses sornettes.

- - Misérables homme que tu es ! Eh bien ! Tu n'as plus qu'à agir en homme ! ... Est-ce que tu peux imaginer le nombre de jours que j'ai passé avec mes enfants sans avoir quelque chose à me mettre sous le croc ?

- - Tiens ! Ton intention est donc de me tuer ? Est-ce là ta manière de me remercier pour ce que j'ai fait pour toi et tes enfants ? Quelle ingratitude !...

- - Silence ! Ici et maintenant mes enfants et moi avons faim, très faim !

En criant ainsi le crocodile s'était dressé : il se secoua frénétiquement, remua les eaux de sa singulière queue et de ses pattes atrophiés. Les yeux rouges et luisants. Le museau plutôt levé vers les nues. Il aurait apparu à tous que la terre était une assez petite boule sur laquelle le caïman seul se trouvait en relief.

Pendant qu'ils se disputaient, le cheval arriva tout à la fois essoufflé et assoiffé. Il se mit à se désaltérer. Lorsqu'il leva le front, il vit le chasseur aux prises avec le crocodile et lui demanda :

- Qu'est-ce qui peut bien t'opposer à cette ordure-là ? C'est un être très méchant. Regarde mon corps tout couvert de contusions et de blessures. Il monte sur moi et me fouette chaque fois sans raison. J'ai beau me plier en quatre en tout lieu et en tout temps, jamais il ne désarme. Je m'évertue à être fidèle et dévoué mais en retour je ne reçois qu'outrages et crachats. Quand je vieillis il m'abandonne sans remords. Me voici devenu une loque. Pourquoi tergiverser, crocodile ? dévore sans pitié.

Le cheval à peine parti l'âne arriva à son tour pour se désaltérer. A la vue du chasseur, l'animai tint ces propos :

- Joues-tu avec ce monstre placé devant toi ? interrogea l'âne adoptant des attitudes de dédain à l'endroit de l'homme. Quelle erreur est la tienne ! Voyez je suis criblé de cicatrices et de cors. C'est lui qui est la cause de toutes mes misères. Il est vrai que tant qu'il vivra, la gent animale ne s'épanouira point. Vas-y saute sur lui et dévore-le.

Chaque animal qui passait par là trouvait un subterfuge plus ou moins convaincant pour incriminer le chasseur et par là provoquer la foudre du crocodile. C'est alors que Mesùt arriva et fut mis au courant de querelle qui opposait le crocodile au chasseur.

- Ecoute, fit Mesùt au crocodile, en ce qui me concerne, ton désir de dévorer le chasseur est légitime. Mais comme chaque fait de la vie à son contrepoids, triture encore un peu tes méninges.

- Que veux-tu insinuer ? de manda le crocodile.

- Cette histoire me paraît invraisemblable. Je n'arrive pas à imaginer qu'un poulet de cet acabit ait pu traîner tout seul un crocodile aussi misanthrope et ses enfants depuis les collines qui sont à quatre rivières d'ici jusqu'à ce fleuve. Non, c'est impossible !

-    Ton attitude sceptique est légitime, Tita Mesùt, mais cela est malheureusement vrai.

-    Je n'en crois pas mes oreilles. Vous n'avez qu'à tout recommencer, si tant est que je puisse trancher ce litige en contentant les deux parties. Il faut que je voie de mes propre yeux comment ce chasseur va vous transporter d'ici jusqu'au point de départ.

Sitôt dit, sitôt fait. Le crocodile et ses petits furent de nouveau empaquetés et conduits vers les rivières desséchées sous la supervision de Tita Mesùt. Une fois revenus au lieu de départ, Mesùt demanda au crocodile

-    Est-ce ici que ce chasseur t'a trouvé ?

-    C'est ici qu'il m'a trouvé, fit naïvement le crocodile. Et je l'ai supplié de nous venir en aide, mes enfants et moi.

-    Ah bon ! c'est donc ici, à cet endroit desséché !

-    Oui Tita Mesùt, répondit le caïman.

-    Qu'es-tu donc venu chercher ici demanda Tita Mesùt au chasseur ?

-    Je me rendais à la chasse.

-    Et qu'allais-tu chercher ?

-    Du gibier.

-    Oh ! mon brave homme, je suis étonné que tu te fasses du mouron. Qu'as-tu devant toi ? L'homme est la seule créature à pouvoir accéder à la réflexion, et vous voulez vous en laisser accroire par une bête, fût-elle gigantesque ?

Machinalement le chasseur défit son fusil et tira plusieurs coups, tuant le crocodile et ses enfants.

Devant les corps inertes des crocodiles, le chasseur contemplait avec son œil torve l'exploit accompli avec l'aide de Mesùt.

L'on mesure ici la sottise de celui qui s'abandonne à l'ingratitude.

Conte n°20 : La Destitution de Memvu-le-Chien

De temps immémorial, tous les animaux tinrent un conseil pour désigner leur roi. Même ceux qu'on eût pris pour les plus monstrueux par leur forme, leur taille, leurs mœurs étrangères ou leur force, consentirent à admettre que Memvù seul méritait ce trône. En effet, tous se savaient misanthropes et rendaient un culte au chien qui resterait impartial dans toutes les circonstances.

Or Mesùt-le-Lièvre, si envieux parmi la gent poilue, lorgnait Memvù-le-Chien d'un mauvais œil et se mit à ourdir une trame pour renverser le roi des forêts. Il s'avança vers le trône pour le rituel cérémonial de révérences et se plia adroitement en criant :

- majesté, roi des rois, paix ! Ta face est plus vulnérable que la cime des montagnes ! Ton noble front renferme sans doute une idée propre à révolutionner les peuples qui tournent le dos au soleil ! Tu n'es certes pas le plus géant de tous les êtres mais tu es l'élu de la nature.

Puis il sortit de son sac un paquet de crabes grillés et un os qu'il se mit à coquer délicatement. A la vue de cet appât, Memvù-le-Chien perdu l'esprit.

- D'où vient cette odeur appétissante ? s'exhalerait-elle de ton sac, Mesùt ?

- Mesùt qui savait que Memvù est un goinfre, lança devant Sa Majesté un crabe et un os. Le roi fit un grand bond en avant et se précipita sur ces restes. Il ne se doutait pas que son attitude remplissait toute la cour de stupeur.

- Non ! criaient les bêtes consternées par ce spectacle déshonorant, un roi ne doit pas avoir le museau léger ! c'est très ridicule ! Nous ne méritons point un tel roi !

La honte opprimait Memvù-le-Chien qui prit ses jambes à son cou.

Le trône étant resté vide, Mesùt-le-Lièvre fut choisi et acclamé comme régent. De toutes parts fusaient des gerbes de voix : "Ah ! Ah ! Le curieux de la chose, lançaient-elles, c'est qu'une vérité nous est révélée. Quelque brève que puisse être notre vie, il nous faut du bien-être. Mais l'on ne recherche pas autrement celui-ci que dans la réserve et la dignité.

CONTE N°21 : LA DETTE DE KIMANGA-LA-TORTUE

En ce temps-là Kimanga-la-Tortue et sa femme vivait dans la misère. Une nuit dame Kimanga fit cette remarque à son mari :

- A cette allure nous allons tous crever avant les premières pluies. Il nous faut quelque chose à manger. Trouve-nous un peu d'argent.

- Quoi ! es-tu folle ?

- Un peu d'argent nous permettra de survivre pendant quelque temps.

- Mais où allons-nous trouver l'argent donc tu parles ?

- Ecoute. Ton ami Kùpù-le-Cochon est bien fortuné ! Il a toujours sa bourse pleine. Pourquoi ne pas lui demander de nous prêter une petite somme que nous lui rembourserons après l'arrivée des premières pluies. Nous aurons alors récolté nos ignames et leur vente nous permettra de lui rembourser son dû.

- Voilà une idée bien géniale.

- Le lendemain matin dès l'apparition des premiers rayons de soleil, ils se rendirent chez Kùpù-le-Cochon qui les reçut avec une certaine fébrilité :

- A l'arrivée des premières pluies, je te jure mon frère, je te rembourserai sans délai. Tu auras ton dû dans la totalité. Tu es vraiment un homme de bien. Fais-moi confiance. Mon épouse ici présente peut te confirmer tout ce que je dis, rassura Kimanga-la-Tortue.

- Kùpù-le-Cochon, très touché par les paroles du couple Kimanga leur remit la somme qu'ils avaient demandée. Une fois rentrés dans leur village, Kimanga et sa femme se mirent à faire bombance. Tous les jours ils mangeaient comme des rois. Ce bonheur ne dura pas longtemps. Les premières pluies étaient déjà là et il fallait rembourser l'argent de Kùpù.

- Mon mari qu'allons-nous devenir ? comment faire pour rembourser l'argent de... Tu connais le caractère de notre créancier.

- Calme-toi ma bonne femme. Ce n'est rien. Je sais comment nous sortir de là.

- Et comment donc ?

Kimanga expliqua longuement à son épouse la ruse qu'il avait ourdie pour venir à bout de leur créancier.

Lorsque Kùpù-le-Cochon vint plus tard pour réclamer son dû, il ne trouva que la femme de Kimanga qui écrasait le maïs sur une pierre au fond de la case.

- je te salue, femme de Kimanga. Où est ton mari ? il faut qu'il me remette mon argent aujourd'hui.

- Ecoute, je ne sais pas où il est allé. Vous les hommes, quand vous sortez, vous ne nous dites pas souvent où vous allez. Passe un autre jour pour ton argent. Je suis occupée à préparer le repas du soir et je ne peux te tenir compagnie. Au revoir.

- Femme ! femme ! femme ! Ecoute-moi bien. Je suis venu récupérer ce qui m'appartient et ton mari le sait.

- Mais penses-tu que mon mari n'a rien d'autre à faire ? Ne perd pas ton temps à vociférer ici. Tu perds ton souffle pour rien. Tiens... je me souviens il ne rentrera pas tôt aujourd'hui parce qu'il a été invité au mariage d'un noble qui vit à quatre rivières d'ici.

- Quoi ? ce salaud est allé au mariage alors que...

- Tu oses traiter mon mari de salaud ? Et toi-même n'en es-tu pas un ? je suis désolée... tu n'as aucune dignité, tu es désagréable.

- Répète encore ce que tu vins de dire ! répète !

Penchée sur sa pierre, dame Kimanga continua à écraser son maïs ignorant Kùpù qui s'enflamma davantage. Devant ce mutisme, fou de rage, Kùpù se jeta sur la femme et lui arracha d'entre les mains la pierre avec laquelle elle écrasait le maïs et la jeta loin dans les champs. Alors l'épouse de Kimanga se mit à pleurer à chaudes larmes appelant son mari à son secours tout en suppliant Kùpù de lui restituer sa pierre à écraser.

Sur ces entrefaites, Kimanga fit son entrée avec des habits mouillés et sales à la grande surprise de Kùpù. D'où venait-il ? Des champs où il venait d'être jeté. La fameuse pierre à écraser qu'utilisait la femme n'était rien d'autre que Kimanga lui-même. C'était là la stratégie ourdie par lui pour échapper à la colère de Nji kùpù qui était très brutal.

- Je te salue Nji kùpù ! tu as bien fait de venir nous voir aujourd'hui. Je vais tout de suite te donner ton argent. Mais pourquoi ma femme pleure-t-elle ? Qu'est-ce qui se passe ici ?

A ces mots, son épouse se mit à pleurer de plus belle et lui raconta dans une voix entrecoupée de sanglots tout ce que Kùpù lui avait fait subir. Kimanga s'indigna en apprenant cela.

-      Pourquoi as-tu violenté ma femme ? est-ce que tu crois que je suis incapable de te rembourser ton argent ? Va alors chercher la pierre de ma femme. Quand tu la lui remettras, je te payerai ton dû.

-      Je reviens dans un instant avec cette maudite pierre, lui répondit Kùpù ;

Puis il s'enfonça dans la brousse et commença à fouiller partout la pierre qu'il venait d'y jeter.

Il chercha pendant des semaines, des mois, des années et jusqu'aujourd'hui Kùpù-le-Cochon cherche toujours la pierre à écraser de la femme de Kimanga avec son groin.

Depuis ce temps-là, toute la gent animale se méfie de Kimanga-la-Tortue et personne n'entretient plus avec lui des rapports amicaux. Son acte d'ingratitude fut condamné par tous et l'on se demanda pourquoi cet obscur Personnage avait un cœur de pierre et toujours prompt à rendre le bien par le mal.

Conte n° 22   L'origine du divorce

Il était une fois un homme et une femme qui vivaient heureux. Lui allait à la chasse et elle cultivait un grand champ de maïs qui s'étendait à l'infini. Malheureusement, un groupe de gorille venait régulièrement piller la récolte. Un jour, il fut sollicité par sa femme pour chasser les gorilles qui endommageaient le champ. Mais il refusa, disant que s'il surveillait un coin les gorilles allaient saccager de l'autre côté.

Un matin, la femme en eut assez et décida de chasser elle-même les gorilles de son champ. Elle emporta au champ et le carquois de son mari pendant que celui-ci dormait. Arrivée là-bas, elle se mit à l'affût, bien cachée dans un buisson. Peu de temps après, tout un groupe de singes arriva pour prendre le petit déjeuner. La femme sorti une flèche du carquois et la décrocha sur le plus gros d'entre eux, leur chef, qui s'écroula. Les gorilles s'enfuirent en emportant avec eux le corps inanimé de leur chef.

De retour au village la femme alla annoncer à son mari qu'elle s'était elle-même occupée des bêtes qui ravageaient sa récolte.

Au lieu de la féliciter, l'homme se mit en colère sous prétexte qu'elle avait perdu sa flèche. Elle fut donc obligée de retourner sur ses pas pour la récupérer. Dans son chagrin elle se mit à chanter :

Tiandé kwoué oho dé kwoué, tiandé

Ta di tabassoué,tiandé

Bou ayé soun,tiandé

Soun ayé bou, tiandé

Djrou ayé cloui,tiandé

Cloui ayé djrou, tiandé

(L'auditoire reprend "tiandé" à la fin de chaque phrase du conteur)

Mince alors !aller chez les gorilles, aller chez les gorilles, mince alors !

La flèche a atteint quelle partie d'abord ? Mince alors !

La jambe ou le bras ? Mince alors !

Le bras ou la jambe ? Mince alors !

La tête ou le ventre ? Mince alors !

Le ventre ou la tête ? Mince alors !

Elle marcha pendant deux jours et une nuit en suivant les traces des gorilles avant d'arriver à leur village. Des centaines de gorilles immenses et féroces s'étaient réunis pour pleurer autour du corps de leur chef mort.

Et la fameuse flèche était encore plantée dans sa poitrine. Alors, elle se jeta dans la foule et se mit à pleurer tout en chantant (Tiandé kwoué) et en faisant de grande démonstration de douleur. Un peu surpris, les primates lui demandèrent qui elle était car en ce temps-là, les hommes et les animaux se comprenaient. Elle répondit qu'elle était venue de très loin dès qu'elle avait appris le décès du grand singe, qui était son parent éloigné mais adoré.

Au bout de plusieurs jours, même les enfants du chef étaient fatigués pleurer mais elle continuait à hurler et à se rouler par terre dans une mare de pleurs. De sorte que tous les singes se sentaient gênés qu'une parente éloignée soit plus chagrinée qu'eux- mêmes ses proches. Alors ils lui demandèrent si quelque chose pouvait diminuer sa peine. Elle leurs dit que s'ils pouvaient lui donner la flèche qui était à l'origine du décès, elle rentrerait chez elle avec un souvenir de son parent adoré. Ils lui donnèrent la fameuse flèche avant de la raccompagner aux portes de leur village. Une fois rentrée chez elle, elle donna la flèche à son mari et décida de le quitter. Ainsi, par eux, arriva le premier divorce.

CONTE N° 23 ET LE CIEL RECULA

Il y a longtemps, bien longtemps, avant que nos ancêtres ne viennent s'établir dans cette contrée, le Ciel et la Terre, non seulement vivaient en bonne compagnie, mais résidaient à proximité l'un de l'autre. Ils pouvaient ainsi se concerter lors de décisions importantes à prendre qui concernaient la survie de l'humanité aussi bien que des animaux, des plantes, des roches et minéraux dont le rayonnement apportait tant de bienfaits. Le Ciel penchait bien souvent son regard bienveillant vers les êtres vivant juste en dessous de lui. Il se courbait si fort qu'il lui arrivait de frôler la cime des manguiers et des fromagers. Parfois même, des vieux très grands de taille, comme ceux qui habitent les bords du fleuve, sentaient un frisson parcourir leur crâne aux cheveux soigneusement rasés. Ils savaient alors que le ciel leur témoignait une attention toute spéciale. Ils en retiraient un sentiment encore plus aigu de leur importance et de leurs responsabilités. Un jour, une jeune femme, saisit une jarre de terre cuite et la plaça sur les trois pierres qui constituaient le foyer. Le bois avait déjà donné de hautes flammes. A présent, les braises rougeoyaient en sifflant harmonieusement, comme pour donner le maximum de leur chaleur. La femme s'activait, maniant avec dextérité la longue spatule de bois qui servait à remuer le mélange d'eau et de farine fermentée dans l'eau, afin d'obtenir une pâte homogène, à la surface bien lisse. Elle réalisait toutes ces opérations en silence. Car la concentration était nécessaire à une pleine réussite de cet art demeurant délicat même s'il se répétait quotidiennement. Après avoir fini de cuire la pâte de maïs qui constituait l'essentiel du repas familial, la jeune femme racla soigneusement le fond de la marmite pour la débarrasser des morceaux qui y restaient attachés. Elle y versa deux ou trois calebasses d'eau qu'elle prit d'un énorme récipient, de terre cuite également, placé près du puits pour contenir la réserve pour la journée. Malencontreusement, elle remua la marmite en tout sens, puis, d'un geste distrait, elle lança le contenu bien haut, de toutes ses forces. Malheur ! L'eau s'éleva si haut qu'elle s'en vint cogner la voûte céleste. Le Ciel, bien entendu, se mit en colère. Il gronda de plusieurs coups de tonnerre sans qu'il fasse réellement de l'orage. Mais cela ne suffit point à l'apaiser.

- Que ferais-je pour manifester mon mécontentement ? dit-il à nouveau, dans un roulement sourd.

Tomber de toute ma puissance sur cette femme et l'écraser ? Cela ne convient pas à ma grandeur. Je ferais mieux tout simplement de me mettre désormais hors de la portée des humains. Depuis ce jour, le Ciel se retira loin, bien loin de la Terre. Il ne consentit plus jamais à descendre jusqu'à une distance de contact avec les humains. Quelques morceaux de pâte de maïs flottaient dans l'eau qui le toucha. Ils y restèrent collés et forment aujourd'hui les étoiles.

C'est ainsi que par l'inadvertance d'une femme la face du monde fut irrémédiablement changée.

Conte n° 24 : Pourquoi y a-t-il tant d'idiots de par le monde ?

Autrefois, il y avait beaucoup moins d'idiots qu'aujourd'hui. Quand il s'en trouvait un quelque part, aussitôt on le chassait du village. Aujourd'hui, par contre, il faudrait chasser la moitié du village et encore, cela ne suffirait pas. Mais comment se fait-il qu'il y en ait tant ? Voici comment les choses se passèrent : Un jour, trois idiots qu'on avait chassés pour leur bêtise se retrouvèrent à une croisée de chemins et se dirent : " Peut-être arriverons-nous à quelque chose d'utile en réunissant l'intelligence de trois têtes stupides. Et ils poursuivirent leur chemin ensemble. Peu de temps après, ils arrivèrent devant une cabane d'où sortit un vieil homme. " Où allez-vous ? " demanda celui-ci. Les idiots haussèrent les épaules : " Là où nous porteront nos jambes. On nous a chassés de chez nous pour notre bêtise. " Le vieux répliqua : " Alors, entrez. Je vais vous mettre à l'épreuve. " Il avait trois filles tout aussi bêtes et se montrait donc compréhensif. Le lendemain, il demanda au premier idiot : " Va à la pêche ! " Et au deuxième : " Va dans les fourrés et tresse des cordes ! " Puis au troisième : " Et toi, apporte-moi des noix de coco ! " Les idiots prirent un carrelet, une hache et un bâton et se mirent en route. Le premier s'arrêta au bord d'une mare et se mit à pêcher. Quand son carrelet fut plein, il eut tout d'un coup soif. Il rejeta tout le poisson dans l'eau et rentra boire à la maison. Le vieux lui demanda : " Où sont les poissons ? " " Je les ai rejetés à l'eau. La soif m'a pris et j'ai dû vite rentrer pour me désaltérer. " Le vieux se fâcha : " Et tu ne pouvais pas boire à la mare ? " " Tiens, je n'y ai pas pensé. " Pendant ce temps, le second idiot avait tressé un tas de cordes et se préparait à rentrer. Il s'aperçut qu'il n'avait pas de corde pour les attacher. Alors, il courut en chercher à la maison. Et le vieil homme se fâcha encore : " Et pourquoi n'as-tu pas attaché ton tas avec l'une des cordes ? " " Tiens, je n'y ai pas pensé. " Le troisième idiot grimpa sur un cocotier et montra les noix de coco à son bâton : " Tu vas jeter par terre ces noix, compris ? " Il descendit et commença à lancer le bâton sur le cocotier, mais il ne fit tomber aucune noix. Lui aussi rentra à la maison bredouille et une fois de plus, le vieux se fâcha : " Puisque tu étais sur le

cocotier, pourquoi n'as-tu pas cueilli les noix à la main ? " " Tiens,
je n'y ai pas pensé. " Le vieux comprit qu'il n'arriverait à rien
avec les trois sots. Il leur donna ses trois filles pour femmes et
les chassa tous. Les idiots et leurs femmes construisirent une
cabane et vécurent tant bien que mal. Ils eurent des enfants
aussi bêtes qu'eux, les cabanes se multiplièrent et les idiots se
répandirent dans le monde entier.

CONTE N°25 :   LE ROI QUI VOULAIT MARIER SA FILLE

Dans un village vivait un roi qui avait une fille très belle. Pour pouvoir la marier avec quelqu'un de son choix, il décida de l'enfermer dans une case sans porte. Ainsi, il était su qu'elle ne tomberait pas amoureuse de n'importe qui. Les servantes lui donnaient des repas par une minuscule ouverture par laquelle aucun homme n'aurait pu passer.

Ce printemps-là les prétendants arrivaient de toutes les contrées pour essayer d'obtenir la main de la merveilleuse princesse. Le roi n'en trouvait pas à son goût. L'un était trop pauvre, bien que fils de roi : « va-t'en, pantalon troué » l'autre trop vilain : « il est laid on dirait grain de riz » ; le suivant trop rustre « regarde-moi ce gawou ! » et ainsi de suite. Une année passa et le roi n'avait pas toujours trouvé son gendre.

Un matin, les servantes qui apportaient à manger à la princesse entendirent des pleurs de nouveau-né venant de la case. Affolées, elles accoururent chez le roi pour lui annoncer la mauvaise nouvelle. Le roi les menaça de leur couper la tête pour avoir porté atteinte à l'intégrité de la dignité de la famille royale mais il dut se rendre à l'évidence : tout le pays avait entendu les peurs de son petit-fils et ne parlait plus que de ça. Il envoya donc les gardes casser le mur de la case et ramener sa fille pour lui faire avouer le nom de l'infâme séducteur qui l'avait enceinté. La fille lui répondit qu'elle ne connaissait ni son nom ni son visage car elle le recevait dans l'obscurité de sa case sans porte ni fenêtre.

Le roi décida de convoquer une grande assemblée dans le but de confondre celui qui a fait un enfant à sa fille bien aimée et de le tuer. Au jour du neuvième mois de son petit-fils, chacun vient chanter devant l'enfant les paroles suivantes pour que celui-ci désigne son père en marchant vers lui.

Nan djou oh,
Toi to toi,
Nan djou oh,
Toi to toi,
Bo ni ma djou èh,
Mè nan yeh dji oh,

Toi to toi,
Toi to toi,
Toi to toi,
Enfant qui commence à marcher oh,
A pas mal assuré,
Enfant qui commence à marcher oh ,
A pas mal assuré,
Si tu es mon fils ,
Marches et viens vers moi,
A pas mal assuré,

Tous les hommes de la tribu passent sans que l'enfant ne se manifeste. On fait donc venir ceux des tribus voisines, mais aucun n'est le père. Finalement le roi se résigne à soumettre les animaux de la forêt à l'épreuve. Dans son orgueil de roi, il fait passer en premier les animaux les plus forts mais le chant du lion, de l'éléphant ou du léopard ne font qu'effrayer l'enfant.

Arrivé à l'écureuil, l'assemblée riait parce qu'il n'avait pas l'air d'être capable de séduire et d'enceinter la belle princesse. Malgré les quolibets de la foule, il entonne la chanson et aussitôt, le « Nan djou », qui écoutait avec attention, se lève et va « toi to toi » vers son père. Un long silence se fit dans la foule stupéfaite. Avant, que les gardes du roi n'aient réalisé ce qui se passait, l'écureuil prend son fils et disparaît dans les arbres. En fuyant, le bracelet de l'enfant tombe dans un champ d'arachide. C'est pourquoi quand on croise un écureuil entrain de fouiller dans un champ d'arachide, il montre son bras pour dire qu'il cherche le bracelet de son fils avant de se réfugier dans les arbres. D'autres que les wobés diraient que l'animal fait un bras d'honneur au propriétaire du champ dont il vient de manger les graines.

Conte n°26 : Les trois antilopes

Autrefois, il y avait moins de gibier qu'aujourd'hui. Les antilopes surtout étaient peu nombreuses. En fait, leur troupeau se résumait à deux femelles, si bien que les antilopes ne pouvaient pas se reproduire. Très malheureuses, les femelles n'arrêtaient pas de se plaindre, mais personne ne savait les conseiller ni les aider. Ces plaintes incessantes agaçaient prodigieusement l'Esprit des Eaux, qui habitait la fontaine à laquelle les antilopes venaient s'abreuver. Exaspéré, il leur dit : " Je suis las de vos lamentations. Je vous promets de transformer en antilope mâle le premier animal qui viendra boire à ma fontaine. Ainsi, vous serez trois. " Heureuses, les antilopes se dissimulèrent dans les buissons pour guetter leur futur compagnon. Voilà qu'un homme suivi de son fils arriva à la fontaine, et nos antilopes recommencèrent à se plaindre : " Nous ne voulons pas d'homme ! " L'homme dressa l'oreille : " Quelles sont ces voix ? " Mais le jeune homme, assoiffé, but à la fontaine sans plus attendre. Aussitôt, il se transforma en antilope sous le regard médusé de son père. Celui-ci comprit, cependant, ce qui venait d'arriver. Il soupira : " Hélas, mon fils ! Si tu rencontres les hommes, enfuis-toi. Si tu croises les éléphants, sauve-toi. Mais si tu aperçois les antilopes, joins-toi à elles. " Sur ces paroles, il s'en alla. Nos deux antilopes voulurent s'enfuir, mais le nouveau venu les rattrapa. Une nouvelle vie commença. Bientôt, les deux femelles eurent des petits, et le premier troupeau se forma. Depuis ce temps, les antilopes se multiplièrent au point qu'aujourd'hui nul ne saurait les compter.

CONTE N°27 : COMMENT LE TAMBOUR EST ARRIVÉ SUR LA TERRE

Il y a très longtemps, une corde reliait le ciel et la terre. En ce temps- là, toutes les créatures les humains et les animaux, parlèrent le même langage et se comprenaient.

Ils travaillaient ensemble, ils dansaient ensemble, ils partageaient tout. Les humains et les bêtes aimaient la musique mais il n'y avait pas de tambour sur la terre. Le seul tambour de la création était là-haut, au ciel. Ceux qui avaient envie de danser se réunissaient chez Dieu pour faire la fête.

Un jour, Renard qui ne pense qu'à danser monte le long de la corde jusqu'au ciel et se joint à une grande fête. Le tambour résonne et les danseurs s'en donnent à cœur joie, ils dansent nuit et jour, jusqu'à épuisement. Renard se réjouit du bonheur qu'il peut lire sur le visage des danseurs. Il a pourtant un regret : pourquoi faut-il laisser le tambour au ciel ? Il serait bon de l'avoir sur la terre, à portée de main ! Cela éviterait de devoir monter sur la corde. Il n'a qu'une envie, emporter le tambour avec lui.

Il attend que tout le monde soit parti et, quand il est tout seul, il attache le tambour à sa queue et descend le long de la corde. Quand Renard est à mi-chemin entre le ciel et la terre, Dieu s'aperçoit que le tambour a disparu. Il le cherche partout et, quand il regarde en bas, il voit Renard le tambour attaché à la queue. La queue frappe la peau du tambour et la fait résonner. Dieu est en colère, il ne sait que faire. Soudain, il prend le couteau et coupe la corde.

C'est depuis ce temps- là qu'il y a des tambours sur la terre pour danser et faire la fête, c'est depuis ce temps-là aussi qu'il n'y a plus de lien entre le ciel et la terre.

Conte N°28 : Le prince de la pluie

Il y a très longtemps, un homme et son fils vivaient dans une cabane au fin fond des forêts éthiopiennes, là où personne ne va presque jamais. Autrefois, l'homme avait été marié mais sa femme était morte en donnant le jour à leur fils. Son chagrin avait été tellement grand qu'il décida de ne plus vivre parmi les hommes. Il voulait vivre seulement avec son chagrin et son fils Dévi. Un jour, il s'enfonça profondément dans la forêt et y construisit une simple cabane pour eux deux. Devi grandit en solitaire. Son père lui apprit toutes les choses de la vie : à marcher, à parler, à chasser et à pêcher, mais hélas, Devi ne rencontrait jamais personne.

Dans ce coin perdu de la forêt, il pouvait tout au plus apercevoir quelque voyageur égaré. Fort heureusement, père et fils s'entendaient bien. Le père de Devi était un homme bon et doux qui aimait beaucoup son fils. Il en était également très fier, car Devi devenait un beau jeune homme qui assimilait à merveille tout ce que son père lui enseignait. Lorsque Devi eut atteint l'âge de dix-huit ans, une sécheresse épouvantable s'abattit sur le royaume voisin d'Anga. La pluie n'était plus tombée suffisamment depuis plus d'un an et chacun commençait à s'inquiéter. Les fermiers se plaignaient de leurs champs asséchés et l'eau des rivières ne suffisait pas à donner à boire à tous les habitants, les animaux et les cultures du pays. La famine ne tarderait donc pas à s'abattre sur le pays tout entier. Le roi était au désespoir. Il avait convoqué plusieurs sages afin de le conseiller. L'un dit :

-   Que tous les hommes qui possèdent un âne aillent chaque jour chercher deux sacs d'eau dans la mer afin d'irriguer les champs. Un autre répondit :

-   Non, Sire, cela ne se peut, car l'eau de mer nuit aux plantes. Elles mourront tant à cause du sel qu'à cause de la sécheresse.

Un autre encore voulait faire sortir tous les animaux du pays, afin qu'il y ait davantage d'eau potable pour les hommes et les cultures, mais le roi refusa à nouveau. Aucune des solutions proposées n'étaient bonnes. Il fallait tout simplement que de l'eau de pluie fraîche et limpide tombe du ciel pour que le pays tout entier en ait à nouveau à suffisance.

- Sire, il n'y a qu'une seule solution, dit un conseiller âgé et sage. Cherchons un jeune homme pur et intact, un jeune homme qui n'ait jamais fait de mal et qui n'a que de bonnes intentions. Ramenons-le à Anga et il pleuvra.

Les autres conseillers approuvèrent d'un signe de tête. Puisque seule de la vraie pluie pourrait satisfaire le roi, c'était la meilleure des solutions. Seul un jeune homme pur saurait contenter les dieux du temps. C'était une vérité vieille depuis des siècles ; restait à savoir où le trouver !

- Anga grouille de jeunes gens, mais aucun d'eux n'est entièrement pur de corps et d'esprit.

- J'en connais bien un, dit un gentil conseiller en se caressant la barbe. C'était un homme qui était originaire du même village que le père de Devi et connaissait son histoire et celle de son fils. Il la raconta au roi et aux autres conseillers.

- Je crains cependant que le père n'accepte jamais que nous ramenions son fils à Anga, dit-il, découragé.

Le roi réfléchit un instant. Soudain, son visage s'éclaira.

- Je connais le moyen de faire venir ce jeune garçon à Anga, dit-il en riant. Avez-vous donc oublié que j'ai une fille ? Elle est la plus belle du pays et, en plus, elle est intelligente. Si je lui explique l'affaire, elle fera de son mieux et je ne doute pas un instant qu'elle ne parvienne à persuader ce jeune garçon de l'accompagner.

Aussitôt dit, aussitôt fait. Le roi parla immédiatement à sa fille qui trouva très amusante l'idée de séduire un gentil garçon avec l'accord de son père.

- Est-il très beau? demanda-t-elle avec curiosité.

Tu le verras toi-même, répondit le roi avec impatience. Tu n'as pas à l'épouser de toute façon. La princesse préféra ne pas répondre et commença immédiatement à préparer ses valises pour ce long voyage. Le conseiller lui expliqua où et dans quelle partie de la forêt elle devrait chercher le jeune homme.

- Essaie de n'attirer que son attention à lui, car si son père le remarque, notre ruse échouera! lui dit le conseiller, alors que la princesse était déjà à cheval. Il veut seulement vivre tranquillement avec son fils dans la forêt.

Après un long et pénible voyage, la princesse arriva enfin à l'orée de la forêt où vivaient Devi et son père. La princesse descendit de cheval, revêtit sa plus jolie robe et se faufila à travers la végétation touffue jusqu'au fin fond de la forêt. Soudain, elle entendit des voix. Elle se dissimula rapidement derrière un gros arbre. juste à temps, car le père de Devi était sur le point d'aller chercher des fruits dans la forêt. Il adressa quelques mots à son fils.

- Je serai de retour avant le coucher du soleil, lui entendit dire la princesse. D'ici là, nettoie la cabane et mets une bouilloire sur le feu.

Sur ces mots, il partit. La princesse patienta quelques minutes pour plus de sûreté et se dirigea à pas feutrés vers la cabane. De l'intérieur, on entendait le bruit du balai qui fouettait le sol. Le jeune garçon était manifestement obéissant et courageux.

- Bonjour! dit la princesse doucement.

Un garçon aux cheveux bruns et bouclés passa la tête par l'embrasure de la porte d'un air surpris et fixa sur elle ses yeux étincelants. Comme il était beau! Elle n'avait jamais vu de jeune homme aussi beau et aussi aimable. La princesse se sentit rougir jusqu'à la racine des cheveux. Devi aussi était troublé. Il n'avait jamais rencontré d'autres personnes et ne connaissait que son père. Quelle était cette personne bizarre sur le pas de la porte ? Il regarda d'un air admiratif le fin visage, les longs cheveux ondulés et les magnifiques vêtements, dont dépassaient deux petits pieds.

- Qui êtes-vous ? demanda-t-il poliment, car son père lui avait appris les bonnes manières.

- Mon nom est Eleni et je viens d'Anga, répondit la princesse timidement. Et vous, qui êtes-vous ?

Devi se présenta à son tour. Il offrit à boire et à manger à la princesse et ils parlèrent tout l'après-midi comme de vieilles connaissances. La princesse connaissait également toute une série de jeux auxquels Devi participa volontiers. Ils riaient et se poursuivaient. Ils jouèrent à cache-cache, à "coucou! Qui est là?"

et tressèrent des colliers de fleurs pour garnir leurs cheveux. Le soir arriva beaucoup trop vite à leur gré.

- Je dois partir, dit la princesse effrayée, lorsque le soleil eut disparu derrière la cime des arbres. Pensez donc ! Le père de Devi ne tarderait pas à rentrer et il n'apprécierait guère sa visite. Relevant ses jupes, elle courut chercher refuge à l'abri des arbres.

- Attends! Mon père ne va pas tarder à rentrer. Tu pourras faire sa connaissance, lui cria Devi, mais il était déjà trop tard, la princesse avait déjà disparu à l'ombre des arbres.

Devi en était tout dérouté. Il aurait bien suivi la princesse, mais ce n'était pas possible, car son père se serait fait du mauvais sang. Mais d'un autre côté, sans la princesse, il se sentait terriblement seul.

Lorsque le père de Devi entendit ce qui s'était passé, il sut immédiatement que Devi avait reçu la visite d'une femme.

- Méfie-toi, le mit-il en garde. Si ça continue, elle t'entraînera avec elle loin d'ici. Qui sait où tu te retrouveras. Quelques jours plus tard, le père de Devi dut à nouveau aller dans la forêt constituer des réserves. Il mit de nouveau son fils en garde contre la jeune fille, mais sitôt son père hors de vue, Devi oublia son avertissement. Cela faisait plusieurs jours que la princesse guettait derrière le grand arbre et elle put enfin se montrer. Devi était fou de joie. il la serra dans ses bras et lui offrit toutes sortes de friandises. Ils se remirent à jouer ensemble. Cet après-midi-là, Eleni lui raconta aussi la terrible sécheresse qui s'était abattue sur son pays. Elle raconta également à Devi qu'il était le seul à pouvoir amener la pluie.

- Mais pour ça, il faut que tu m'accompagnes à Anga, lui dit-elle doucement. Si tu restes ici, tu ne pourras rien faire pour notre pays.

Mon père se fera du souci, si je ne suis pas là à son retour, résista mollement Devi. Je dois attendre qu'il revienne pour lui expliquer.

Mais Eleni ne voulait rien entendre. Imaginez-vous! Si son père lui interdisait de l'accompagner, elle aurait fait tout cela pour rien.

- Si tu le veux, tu pourras m'épouser, dit-elle pour l'amadouer. Je t'aime et je vois que tu m'aimes aussi. Tu deviendras riche et célèbre. Dès qu'il pleuvra à Anga, nous reviendrons chercher ton père et tu pourras t'occuper de lui autant que tu le voudras, bien mieux que tu ne pourras jamais le faire dans cette cabane. S'il te plaît, partons. Maintenant !

Le cœur de Devi fondit lorsqu'il vit les yeux suppliants de la princesse. Il rassembla ses maigres affaires et suivit la princesse. Dès que Devi posa le pied dans le royaume d'Anga, une pluie torrentielle se mit à tomber. Tous les habitants du pays asséché sortirent de leur maison et, à genoux, ils remercièrent le ciel de leur envoyer cette eau claire. Les rivières coulèrent à flots et les plantes relevèrent la tête, toutes revigorées. Le roi était fou de joie, car le malheur était conjuré. Il voulut remercier Devi en lui offrant un grand sac rempli de pièces d'or, mais lorsqu'il vit comment sa fille et le jeune garçon se regardaient, il accorda à Devi la main de sa fille. Nulle part ailleurs, il ne trouverait meilleur gendre. Le mariage fut célébré en grande pompe dans tout le pays. Le roi envoya chercher le père de Devi et lorsque celui-ci vit combien son fils était heureux avec la princesse, il embrassa sa nouvelle belle-fille et souhaita aux jeunes mariés tout le bonheur du monde. Devi emmena son père dans le château que le roi avait fait construire pour le jeune couple. Depuis ce jour-là, il n'y eut plus jamais de sécheresse dans le royaume d'Anga qui devint le pays le plus fertile d'Afrique.

Conte n° 29 : Les trois sœurs et Itrimoubé

Il y avait une fois un homme et une femme qui avaient trois filles. La plus jeune, appelée Ifara, la plus était la plus jolie. Une nuit, Ifara fit un rêve et le lendemain elle le raconta à ses sœurs.

- J'ai rêvé, dit-elle, que je voyais le Fils du Soleil descendant sur la terre pour chercher une femme et, le croiriez-vous ? Il me choisit pour être son épouse.

Les deux autres sœurs furent vexées en entendant cela et elles se dirent : " Elle est certainement bien plus jolie que nous, et qui sait si un grand chef ne viendra pas pour l'épouser ? Il nous faut chercher un moyen de nous débarrasser d'elle. Mais voyons d'abord si tout le monde la trouvera la plus jolie. "

Elles appelèrent Ifara et lui dirent de s'habiller pour sortir avec elles. La première personne qu'elles rencontrèrent fut une vieille femme.

- Oh! Bonne mère, crièrent les deux sœurs, quelle est la plus jolie de nous trois ?

- La vieille répondit : " Ramatoua n'est pas mal, Raïvou non plus, mais c'est Ifara qui est la plus belle."

Alors Ramatoua enleva à sa jeune sœur sa robe de dessus. Elles rencontrèrent un vieillard et lui dirent :

- Oh ! bonhomme, quelle est la plus jolie de nous trois ?

Le vieillard fit la même réponse que la vieille femme, et Raïvou dépouilla Kara de sa robe de dessous. Ensuite elles rencontrèrent Itrimoubé, un monstre moitié homme, moitié taureau, avec une longue queue pointue.

- Voici Itrimoubé, dirent les deux sœurs.

Et elles lui crièrent : " Itrimoubé, quelle est la plus jolie de nous trois ? "

Itrimoubé poussa un grognement et répondit : " Ça n'est pas difficile à dire, c'est Ifara. " Les deux sœurs étaient pleines de rage, et elles se dirent : " Nous ne pouvons pas la tuer nous-même mais nous lui ferons cueillir les légumes d'Itrimoubé alors, il sera en colère, et il la mangera". Elles appelèrent Ifara et lui dirent:

- Jouons à qui ramassera les plus grosses ignames.

- Où faut-il aller ? dit Ifara.

-   Là-bas, dirent ses sœurs en lui montrant champ d'Itrimoubé. Mais cueille seulement ceux viennent juste de pousser.

Quand Ifara rapporta ses ignames, elle vit qu'ils étaient beaucoup plus petits que ceux de ses sœurs. Elles se moquèrent d'elle et lui dirent : " Va vite en chercher d'autres. " Quand Ifara fut de retour dans le champ d'ignames, elle vit arriver Itrimoubé galopant sur ses quatre pieds ; il la saisit en s'écriant : " A présent, je t'y prends ; c'est toi qui voles mes ignames; je vais t'avaler. "

-   Oh ! non, non, dit la pauvre Ifara pleurant, laissez-moi plutôt être votre femme, et je vous servirai bien.

-   Viens, alors, dit Itrimoubé, et il l'emmena dans sa hutte, mais son idée était de l'engraisser pour la manger ensuite.

Les deux sœurs furent ravies voir le monstre emmener Ifara. Elles coururent à leur maison, racontèrent à leurs parents qu'Ifara avait volé les ignames d'Itrimoubé, et que celui l'avait mangée. Le père et la mère pleurèrent amèrement sur le sort de leur chère fille.

Pendant ce temps, Itrimoubé engraissait Ifara; il la tenait enfermée dans la maison, cousue dans une natte, pendant qu'il allait chercher toutes sortes de choses pour lui donner à manger, et il commençait à penser qu'elle était bien dodue et qu'elle devait être bonne à rôtir.

Un jour qu'Itrimoubé était sorti pour toute la journée, Ifara vit une petite souris qui lui dit : " Donne-moi un peu de riz blanc, Ifara, et je te dirai quelque chose. " Ifara lui donna un peu de riz blanc, et la petite souris lui dit »

-   Demain, Itrimoubé va te manger, mais je rongerai le fil qui tient la natte et tu pourras te sauver. Prends avec toi un œuf, un balai, un bâton et un caillou bien roulé et poli, et mets-toi à courir du côté du sud.

Quand la petite souris eut rongé le fil qui tenait la natte, Ifara prit un œuf, un balai, un bâton et une pierre polie, et elle se sauva bien vite, après avoir mis à sa place un tronc de bananier et fermé la porte.

Quand Itrimoubé rentra, apportant un grand pot et une sagaie pour tuer Ifara et la faire bouillir, il trouva la porte fermée. Il frappa et appela; personne ne répondit.

- Bien, pensa-t-il. Ifara est devenue si grasse qu'elle ne peut plus bouger !

Il brisa la porte et, courant droit vers le lit, il enfonça son arme dans le tronc de bananier, croyant tuer Ifara.

- Comme Ifara est grasse, dit-il, ma sagaie s'enfonce toute seule ! Il la retira et passa la langue dessus.

- Elle est toute en graisse et tout à fait insipide. Elle sera peut-être meilleure rôtie !

Mais, en ouvrant la natte, il vit le tronc de bananier, et il fut très en colère. Il sortit et huma l'air vers nord : rien ; il huma l'air vers l'est : rien ; vers l'ouest rien ; il huma l'air enfin vers le sud : " Ah! cette fois, je la tiens ! "

Il se mit à galoper, et bientôt il atteignit Ifara.

- Maintenant, je t'aurai ! cria-t-il.

Ifara jeta à terre son balai, criant : " Par ma mère et par mon père, que ce balai devienne un fourré qu'Itrimoubé ne puisse pas traverser ! "Voilà le balai qui s'allonge, qui grossit, et qui devient un énorme fourré !

Mais Itrimoubé enfonça sa queue pointue dans fourré et se fit un chemin et il cria :

- Maintenant, je t'aurai, Ifara !

Ifara jeta l'œuf à terre, en criant : " Par mon père et par ma mère, que cet œuf devient un étang qu'Itrimoubé ne puisse pas traverser! "

L'œuf se cassa et devint un étang très profond.

Mais Itrimoubé se mit à boire l'eau et quand l'étang fut à sec, il passa et cria :

- A présent, je t'aurai Ifara!

Alors Ifara jeta son bâton à terre, en criant : " Par mon père et par ma mère, que ce bâton devienne une forêt qu'Itrimoubé ne puisse pas traverser! "

Le bâton devint une forêt dont toutes les branches s'entrelaçaient.

Mais Itrimoubé coupa les branches avec sa queue jusqu'à ce qu'il ne restât plus un arbre debout. " Maintenant, je t'aurai, Ifara! "

Mais Ifara jeta un caillou roulé à terre en criant : " Par mon père et par ma mère, que ce caillou devienne une barrière de rochers. " Le caillou grossit, grandit, et devint un rocher perpendiculaire, et il fut impossible à Itrimoubé de le gravir. Alors, il cria :

- Tire-moi en haut, Ifara, je ne te ferai point de mal.

- Je ne te tirerai pas en haut, si tu ne plantes d'abord ta sagaie dans la terre ", dit Ifara.

Itrimoubé planta sa sagaie dans la terre, et la bonne Ifara commença à le tirer en haut avec une corde. Mais, quand il fut près du bord, il cria : " En vérité, en vérité, je t'aurai à présent, Ifara !"

Ifara fut si effrayée qu'elle lâcha la corde et Itrimoubé tomba juste sur sa sagaie, où il s'empala. Ifara ne savait plus où trouver son chemin et s'assit en pleurant. Bientôt un corbeau vint se poser près d'elle et elle lui chanta :

" Joli corbeau, joli corbeau,
Je lisserai tes plumes noires
Si tu veux m'emporter avec toi
Vers le puits de mon père. "

- Non, dit le corbeau, je ne t'emporterai pas ; tu n'aurais pas dû raconter que je mangeais des arachides vertes!

Il vint ensuite un milan, et elle lui chanta :

" Mon beau milan, mon beau milan
Je lisserai tes plumes grises
Si tu veux m'emporter avec toi
Vers le puits de mon père.

- Non, dit le, milan, je ne t'emporterai pas. Tu n'aurais pas dû raconter que je mangeais des rats morts.

La pauvre Ifara regrettait bien d'avoir été si bavarde, et elle pleurait amèrement, quand elle aperçut un joli pigeon bleu qui roucoulait : " reou, reou, reou " et elle lui chanta :

"Joli pigeon, joli pigeon,
Je lisserai tes plumes bleues,
Si tu veux m'emporter avec toi

Vers le puits de mon père.

Reou! reou! reou!"

- Viens, jeune fille, roucoule le pigeon bleu. J'aime à prendre pitié de ceux qui souffrent. Et il l'emporta vers le puits de son père et la posa sur un arbre, juste au-dessus de la source.

Elle n'y était pas depuis longtemps quand leur petite esclave noire vint puiser de l'eau, et, en se penchant, elle vit comme dans in miroir le visage d'Ifara dans le puits, et elle crut voir sa propre figure.

- Vraiment! pensa l'esclave, je suis bien trop jolie pour porter cette vilaine cruche !

Et elle jeta la cruche par terre et la brisa, pendant qu'Ifara criait :

- Mon père et ma mère dépensent-ils leur argent à acheter des cruches pour que tu les casses ?

L'esclave regarda partout autour d'elle, mais ne vit personne et retourna à la maison. Le lendemain matin, elle revint avec une autre cruche et, voyant la figure d'Ifara dans l'eau, elle cria :

- Non, jamais plus je ne porterai de cruche; je suis bien trop jolie! et elle cassa encore sa cruche.

- Mais Ifara chanta de nouveau :

Mon père et ma mère dépensent-ils leur argent à acheter des cruches pour que tu les casses ?

L'esclave regarda de tous les côtés, et, ne voyant personne, elle courut à la maison, et raconta qu'il avait dans le puits quelqu'un qui parlait avec la voix d'Ifara. Le père et la mère se mirent à courir, et quand Ifara les vit elle descendit de l'arbre, et ils pleurèrent de joie de se retrouver. Les parents d'Ifara furent fâchés contre leurs deux aînées qu'ils les chassèrent de la maison et vécurent heureux avec Ifara.

CONTE N°30 : L'HISTOIRE DE RABOUTITY

Un jour, Raboutity grimpa sur un arbre, mais comme la branche était pourrie, il tomba et se cassa la jambe. Assis par terre, et tenant sa jambe cassée entre les mains, il dit :

-    L'arbre a cassé la jambe de Raboutity; il n'y a rien de plus fort que l'arbre.
-    C'est vrai, je suis fort, dit l'arbre, mais le vent me plie et me casse.
-    Le vent plie l'arbre; l'arbre casse la jambe de Raboutity, il n'y a rien de plus fort que le vent.
-    C'est vrai, je suis fort, dit le vent; mais le mur se dresse et je ne peux plus passer.
-    Le mur arrête le vent; le vent plie l'arbre; l'arbre casse la jambe de Raboutity; il n'y a rien de plus fort que le mur.
-    C'est vrai, je suis fort, dit le mur; mais le rat ronge le mortier et fait un trou.
-    Le rat troue le mur; le mur arrête le vent; le vent plie l'arbre; l'arbre casse la jambe de Raboutity; il n'y a rien de plus fort que le rat.
-    C'est vrai, je suis fort, dit le rat; mais le chat me mange.
-    Le chat mange le rat; le rat troue le mur; le mur arrête le vent; le vent plie l'arbre; l'arbre casse la jambe de Raboutity; il n'y a rien de plus fort que le chat.
-    C'est vrai, je suis fort, dit le chat; mais la corde m'étrangle.
-    La corde étrangle le chat; le chat mange le rat; le rat troue le mur; le mur arrête le vent; le vent plie l'arbre; l'arbre casse la jambe de Raboutity; il n'y a rien de plus fort que la corde.
-    C'est vrai, je suis forte, dit la corde; mais le couteau me coupe.
-    Le couteau coupe la corde; la corde étrangle le chat; le chat mange le rat; le rat troue le mur; le mur arrête le vent; le vent plie l'arbre; l'arbre casse la jambe de Raboutity; il n'y a rien de plus fort que le couteau.
-    C'est vrai, je suis fort, dit le couteau; mais le feu me brûle.
-    Le feu brûle le couteau; le couteau coupe la corde; la corde étrangle le chat; le chat mange le rat, le rat troue le mur; le

mur arrête le vent; le vent plie l'arbre, l'arbre casse la jambe de Raboutity; il n'y a rien de plus fort que le feu.

- C'est vrai, je suis fort, dit le feu, mais l'eau m'éteint. L'eau éteint le feu; le feu brûle le couteau; le couteau coupe la corde; la corde étrangle le chat; le chat mange le rat ; le rat troue le mur; le mur arrête le vent; le vent plie l'arbre; l'arbre casse la jambe de Raboutity; il n'y a rien de plus fort que l'eau.

- - C'est vrai, je suis forte, dit l'eau ; mais le bateau flotte sur moi.

- Le bateau flotte sur l'eau; l'eau éteint le feu; le feu brûle le couteau; le couteau coupe la corde; la corde étrangle le chat ; le chat mange le rat; le rat troue le mur; le mur arrête le vent; le vent plie l'arbre; l'arbre casse la jambe de Raboutity; il n'y a rien de plus fort que le bateau.

- C'est vrai, je suis fort, dit le bateau, mais si je donne contre un rocher, il me brise.

- Le rocher brise le bateau; le bateau flotte sur l'eau éteint le feu; le feu brûle le couteau; le couteau coupe la corde; la corde étrangle le chat; le mange le rat; le rat troue le mur; le mur arrête le vent; le vent plie l'arbre; l'arbre casse la jambe de Raboutity; il n'y a rien de plus fort que le rocher.

- C'est vrai, je suis fort, dit le rocher, mais le crabe me perce.

- Le crabe perce le rocher ; le rocher brise le bateau ; le bateau flotte sur l'eau éteint le feu ; le feu brûle le couteau; le couteau coupe la corde; la corde étrangle le chat; le mange le rat; le rat troue le mur; le mur arrête le vent; le vent plie l'arbre; l'arbre casse la jambe de Raboutity; il n'y a rien de plus fort que le crabe.

- C'est vrai, je suis fort, dit le crabe, mais l'homme m'attrape et m'arrache les pattes.

- L'homme attrape le crabe; le crabe perce le rocher; le rocher brise le bateau; le bateau flotte sur l'eau éteint le feu; le feu brûle le couteau; le couteau coupe la corde; la corde étrangle le chat; le mange le rat; le rat troue le mur; le mur arrête le vent; le vent plie l'arbre; l'arbre casse la jambe de Raboutity; il n'y a rien de plus fort que l'homme.

- C'est vrai, je suis fort, dit l'homme, mais Zanahary, le dieu malgache, me fait mourir.

- Zanahary fait mourir l'homme; l'homme attrape le crabe; le crabe perce le rocher; le rocher brise le bateau; le bateau flotte sur l'eau éteint le feu; le feu brûle le couteau; le couteau coupe la corde; la corde étrangle le chat; le mange le rat; le rat troue le mur; le mur arrête le vent; le vent plie l'arbre; l'arbre casse la jambe de Raboutity; le rocher; l'arbre casse la jambe de Raboutity; rien n'est plus fort que Zanahary.

TABLE DES MATIERES

317

www.ingramcontent.com/pod-product-compliance
Lightning Source LLC
Chambersburg PA
CBHW020644030726
47498CB00002B/361